U0450578

天壹文化

从声音到文字，分享人类智慧

楚国兴亡史

华夏文明的开拓与融合

张宏杰 ◎ 著

天地出版社 | TIANDI PRESS

图书在版编目（CIP）数据

楚国兴亡史：华夏文明的开拓与融合 / 张宏杰著
. — 成都：天地出版社，2023.6
ISBN 978-7-5455-7256-8

Ⅰ.①楚… Ⅱ.①张… Ⅲ.①中国历史—楚国(?-前223)—通俗读物 Ⅳ.①K231.09

中国版本图书馆CIP数据核字（2022）第176335号

CHUGUO XINGWANGSHI：HUAXIA WENMING DE KAITUO YU RONGHE

楚国兴亡史：华夏文明的开拓与融合

出 品 人	陈小雨　杨　政
作　　者	张宏杰
责任编辑	柳　嫒
责任校对	杨金原
装帧设计	水玉银文化
责任印制	王学锋

出版发行	天地出版社
	（成都市锦江区三色路238号　邮政编码：610023）
	（北京市方庄芳群园3区3号　邮政编码：100078）
网　　址	http://www.tiandiph.com
电子邮箱	tianditg@163.com
经　　销	新华文轩出版传媒股份有限公司
印　　刷	玖龙（天津）印刷有限公司
版　　次	2023年6月第1版
印　　次	2023年7月第2次印刷
开　　本	880mm×1230mm　1/32
印　　张	12.25
插　　页	8
字　　数	242千字
定　　价	78.00元
书　　号	ISBN 978-7-5455-7256-8

版权所有◆违者必究

咨询电话：(028) 82361282（总编室）
购书热线：(010) 67693207（营销中心）

如有印装错误，请与本社联系调换

序

对那个存在了800年、在春秋战国史上举足轻重的楚国,今天大部分人已经所知甚少了。

楚国是春秋战国时代面积最大的诸侯国。它崛起不久就地跨丹水、淮河和长江流域,"江南之地皆为楚土、江南之民皆为楚人"(闫德亮:《楚人的华夏观及其神话论略》)。据统计,被楚国先后统治过的土地大约占周王朝全部国土的二分之一。

它一度是当时世界的"第一大国"(张正明:《从考古资料看屈原在世时的楚国》),也就是说,在全世界范围内,它是发展最好的"国家"之一。迄今为止,考古学家挖掘出的最早的一幅帛画、最早的一支毛笔,都出现在这里。它不仅曾是华夏大地上一个文化灿烂的诸侯国,也曾经是全世界文明的高峰之一。

然而,这一切,到今天似乎已不太为人所知。在战国争雄的过程中,楚国本来有实力和秦国一竞高下,成为统一天下的"终结者",不过最后的结果是秦胜楚败。

秦统一中国后烧毁了各诸侯国的史书和文献,关于这个伟大

图1　楚王熊肯鈂（yí）鼎

王国的一切，关于它创造的种种物质成就，就渐渐地被人们遗忘了。楚国的历史，被风干成了《春秋》中的寥寥数语，被风干成了一部《楚辞》，加上"楚材晋用"等几个成语。20世纪30年代以前，人们对楚文化的了解是如此之少，以至于安徽出土的一批精美的楚国铜镜，一度被当成了秦式镜。

幸运的是，从20世纪30年代起，中国考古学家在江汉大地上发现了一处又一处楚国的遗址和墓葬。这个沉睡了2000多年的古老王国，终于渐渐显露出它独特的面容。

20世纪30年代，安徽寿县出土了一批楚王用的青铜器，人们第一次一睹楚铜器的丰采。（图1）

20世纪60年代，人们在湖北江陵楚墓中发现了一座精美

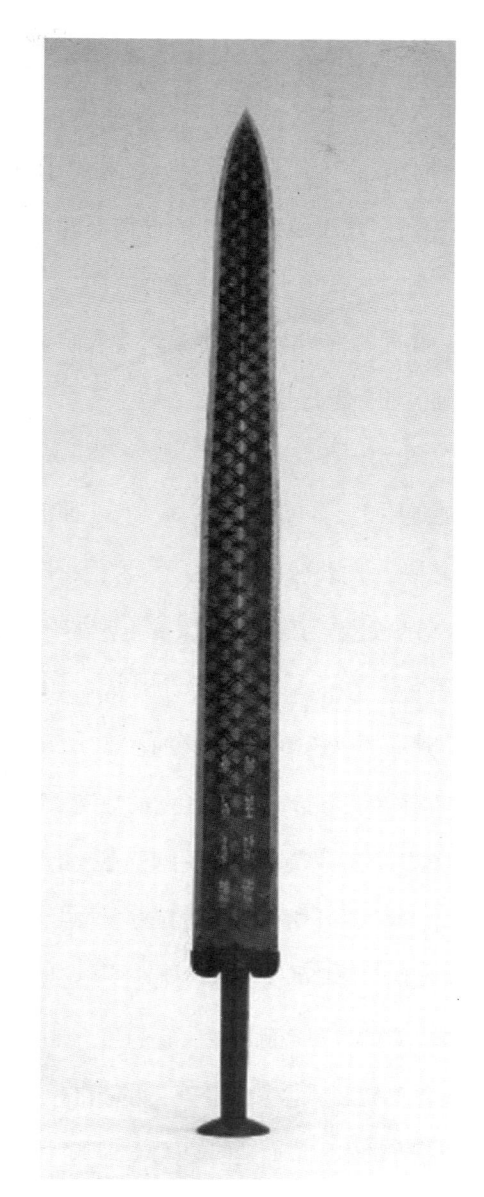

图2　越王勾践剑

的虎座凤架鼓。不久，人们又在这里发现了锋刃如新的越王勾践剑（图2）。

20世纪70年代末，人们在湖北随州发掘出了后来举世闻名的曾侯乙编钟，还有总重量达10吨的青铜器和4000多件兵器。其工艺之繁复、数量之众多引起全世界的关注。

21世纪初，在湖北荆州附近的熊家冢，人们又发现了一座可与秦始皇陵相媲美的巨型古墓，打开之后，三乘"天子驾六"让考古学家们震惊不已……

这些墓葬遗址中出土的文物，大都具有一种神秘而瑰玮的气质。它们想象奇特、张扬恣肆，图案精彩绝艳、恢诡谲怪。它们表现出一种惊人的浪漫、狂放，交织着不凡的气度和喷薄的活力，迥异于中原文化。

张荫麟说，楚国的成长环境是独特的，"江汉流域的土壤肥美，水旱稀少……楚人的生活充满了优游闲适的空气，和北人的严肃紧张的态度成为对照"（张荫麟：《中国史纲》）。因此楚人的性格和北方民族相当不同。这是一个非常爱美的民族。与中原人崇拜龙与虎不同，他们崇拜凤凰。楚国的凤凰是一种凌驾于一切之上的最高贵、最有神性的动物，它的色彩瑰丽绚烂，它的翅膀如同火焰般升腾流动，它的爪和喙雄健锐利。它象征着美、力量和对世俗的超越。在中原文化中，凤是龙的附庸。而楚国的凤凰却脚踩猛虎，嘴衔巨龙，头向着蓝天。在长沙陈家大山楚墓的《人物龙凤帛画》（图3）中，

图3 人物龙凤帛画

凤凰处于画面中心,雄武有力,神采飞扬,而龙则可怜巴巴地蜷缩在一边,如同一条丑陋的蛇。

　　随着一个又一个惊人的考古发现,越来越多的文化学家意识到,中国早期文化史需要相当程度的改写:以前,人们的观念中一直认为黄河中下游是中华文明最主要的发源地;近数十年来,人们越来越意识到,包括楚文化在内的长江文化,是中国文化同样重要的一个摇篮。它与北方的黄河文化双峰并峙,二水同流,在文明高度上不相上下。

从考古发现可以看出，春秋战国时代最先进的青铜冶铸出自楚国，最富有创造力的丝绸刺绣出自楚国，最早的铁器也出自楚国。现在发现的所有先秦的金币和银币，全部都是楚币。至于先秦的漆器，数量之大，类型之多，图案之精美，无过于楚器。先秦的所有竹简，几乎都是楚简。楚国的编钟音乐水平之高，居当时全世界的领先水平。在政体创新上，楚人最早在今湖北荆门设立县制，引发了中国政治制度史的重大变革。总之，如果说东周文化的精华一大半集中在楚文化里，并不过分。

那么，就让我们翻开这个古国的800年历史，追溯它的源头，同时对春秋战国时代，以及中华文明的早期发展历程进行一次深入探索吧。

目录

第一章　楚国的源头——黄帝之后，还是三苗之裔 / 001

第二章　楚国的建立——四夷之君不得正式盟会 / 023

第三章　周昭王之死——争夺铜矿的漫长战争 / 035

第四章　蛮夷性与后发优势 / 045

第五章　青铜的力量 / 061

第六章　楚人的威胁和争霸的开始 / 073

第七章　宋襄公主义 / 091

第八章　强大了的蛮夷更可怕 / 103

第九章　晋文公为什么退避三舍 / 113

第十章　从"一鸣惊人"到"问鼎中原"——楚庄王的出现 / 129

第十一章　楚国终于登上霸主宝座 / 147

第十二章　楚国贵族的生活 / 167

第十三章　晋楚双霸下的弭兵大会 / 197

第十四章　吴国的崛起 / 207

第十五章　楚灵王的"中原病" / 215

第十六章　伍子胥的复仇 / 229

第十七章　昭惠中兴——楚国的恢复 / 239

第十八章　从文物看楚文化的特质 / 249

第十九章　战国时期的到来 / 267

第二十章　吴起变法 / 279

第二十一章　宣威盛世 / 289

第二十二章　楚国的衰落和秦国的崛起 / 305

第二十三章　屈原改革失败 / 321

第二十四章　楚怀王之死 / 331

第二十五章　楚国的灭亡 / 349

第二十六章　楚文化的遗产 / 361

参考文献 / 377

第一章

楚国的源头——黄帝之后，还是三苗之裔

一

几乎所有传统史书和文献都坚称,楚国源自中原华夏正统血脉。

屈原的名篇《离骚》一开头就说:"我是古帝高阳的后代啊!"("帝高阳之苗裔兮!")

所谓"帝高阳"就是著名的神话人物颛顼。颛顼是上古时期一个鼎鼎有名的人物,传说他是黄帝的孙子,"三皇五帝"中的"五帝"之一,以打败过共工而为人所知。《列子·汤问》说:"共工氏与颛顼争为帝,怒而触不周之山,折天柱,绝地维,故天倾西北,日月星辰就焉;地不满东南,故百川水潦归焉。"就是说,共工和颛顼争夺帝位,一怒之下撞上不周山,导致天柱折断,天空倾向西北,大地向东南塌陷。所以到现在,江河还是多向东南流。

颛顼之所以被称为"高阳氏",是因为传说他被封于高阳

（今河南省开封市杞县高阳镇）这个地方。

屈原出身楚国王族。因此，他的家族世系自然就是楚国王族的世系。所以，颛顼被认为是楚国王室的先祖。

司马迁所著的《史记·楚世家》也称楚国源自颛顼，他将楚国王族世系记载得更清楚：

> 楚之先祖出自帝颛顼高阳。高阳者，黄帝之孙，昌意之子也。高阳生称，称生卷章，卷章生重黎。重黎为帝喾高辛居火正，甚有功，能光融天下，帝喾命曰祝融。共工氏作乱，帝喾使重黎诛之而不尽。帝乃以庚寅日诛重黎，而以其弟吴回为重黎后，复居火正，为祝融。

这一段记载，简直是楚王室的家谱，将从黄帝到祝融的传承说得一清二楚，只不过因为罗列的都是人名，读起来有点枯燥：黄帝的次子叫昌意，颛顼是昌意的儿子，称是颛顼的儿子，卷章是称的儿子；卷章的儿子当中有一个叫重黎，另一个叫吴回，都被帝喾封为祝融。祝融即火正、火师。祝融是炎黄集团的重要成员，掌握着火的秘密。而楚人是吴回的后代，也自称是火神的后裔。

楚人的直系先祖，被定位为吴回（祝融）的孙子。吴回有个儿子名叫陆终，陆终有个儿子名叫季连。《史记·楚世家》说：

"季连,芈姓,楚其后也。"

二

按文献记载,颛顼主要活动在黄河中下游地区,祝融则原本居住在今天河南省新郑市境内,因此楚人的根自然在中国北方。有历史学者推断,"楚民族在商末以前,大致以河南为其活动的范围"(王玉哲:《中华民族早期源流》)。

那么,楚人是怎么到了南方并得名"楚"的呢?

2008年7月15日,一个很大的塑料箱通过海关,最终抵达清华大学,里面装的是一批竹简。与这批竹简同时来到清华的还有一只残缺的漆绘木笥,上面绘有楚国风格的纹饰。这批曾经失落在海外的珍贵竹简,后来被称为清华简(图1–1)。经过碳–14年代测定,这些竹简的年龄超过2000岁,也就是说其年代为战国中晚期。

随着释读工作的深入进行,专家们发现,竹简中有很多极为宝贵的文献。其中有一篇名叫《楚居》(图1–2),就是楚人记载的他们的早期历史:"季连初降于騩山,抵于穴穷。前出于乔山,宅处爰波。逆上汌水,见盘庚之子,处于方山,女曰妣隹,秉兹率相,詈冒四方。季连闻其有聘,从及之盘,爰生䋣伯、远仲。游徜徉,先处于京宗。"

第一章 楚国的源头——黄帝之后，还是三苗之裔

图1-1 清华大学藏战国竹简

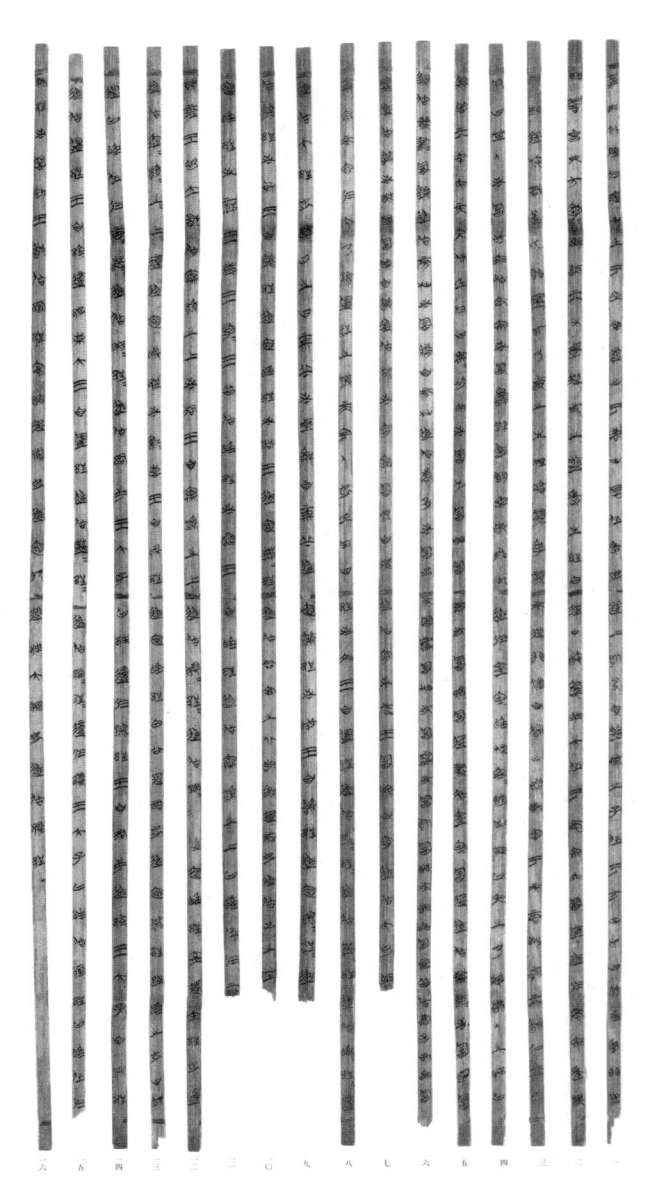

图1-2 清华大学藏战国竹简《楚居》

《楚居》从司马迁所说的楚人直系先祖季连开始叙述，季连及其后人先后经过了隈山、穴穷、乔山、爰波、汌水、方山、盘、京宗等地方，迁徙到了楚地。

根据文献的记载，一些历史学者推断，3600多年以前，也就是中国商代初期，楚人的祖先穿越大别山，从黄河流域进入长江流域。之所以迁徙，是因为刚刚崛起的中原商王朝向四周扩张自己的势力。商王朝武力强大，商人性情勇悍，向四方开疆拓土，楚人的祖先和其他许多小部族一样，被迫离开自己的故乡，向南迁徙。

楚人迁徙的路线，一般认为是从河南新郑出发，向西南迁徙到淅川一带，再南下到荆山附近的丘陵平原接合部。

当时这条路线上山岭重叠，森林密布，他们衣衫褴褛，艰难地开辟道路前行。在今天湖北西北部的荆山一带，他们停留了下来。这里的丘陵峡谷人烟稀少，不再有人来和他们抢夺土地。他们终于可以放心安顿下来。史书记载，他们在这里"筚路蓝缕，以启山林"，艰难地伐掉巨木，征服丘陵，开垦出一块又一块农田。

那么，他们为什么得名"楚人"呢？让我们来看《楚居》简3上的释文："丽不纵行，溃自胁出，妣后宾于天，巫并该其胁以楚，抵今曰楚人。"

也就是说，楚王熊丽出生时不是正常的顺产，因为难产，他是从母亲的肋骨缝隙中剖出来的。他的母亲因为难产而死，巫医用当地特产的荆条，也就是"楚"包裹他母亲肋部。为了纪念这位为生育后代而献出生命的伟大母亲，这个部族后来自名为"楚"，也就是"荆条"的意思。

按这种历史叙述，到了楚地之后，虽然受周围民族的影响，季连的后人们的语言、习俗都发生了变化，但是他们却牢牢地记着自己的根源，并代代相传。包括张荫麟、何光岳、张正明等在内的许多历史学者都主张楚人源于中原华夏。

三

但是，关于楚国的源头，一直存在着很多争议。也有相当多的学者认为，楚国的源头是蛮族，叫"三苗"或者"苗蛮""楚蛮"。

如果对上古史有一些了解，你就会知道，"三苗"在中国上古时代非常有名，是中国最古老的民族之一，尧、舜、禹这三位伟大的帝王都和他们打过交道。

三苗生活在今天长江中游地区的湖北、湖南、江西一带，据说在尧舜禹的时代，这个古老民族屡与华夏族为敌，导致三位帝王不得不一再与他们开战。《史记》记载"三苗在江淮、荆州数为乱"。因此，尧与三苗在丹水展开了一场大战，"战于丹水之浦，以服南蛮"（《吕氏春秋·召类》），舜则一度"窜三苗于三危"（《尚书·舜典》）。但三苗仍然不断作乱，因此舜晚年时亲自"南征三苗"，结果"道死苍梧"（《淮南子·修务训》），死在了征讨三苗的路途中。到了大禹时代，禹又一次亲率大兵进攻三苗，终于取得了决定性的胜利，"苗师大乱，后乃遂几"（《墨子·非攻下》）。经过三代伟大帝王的接力式征讨，三苗从此不再见于文献。

当然，大禹兵锋再利，也不可能将三苗灭绝。三苗受到沉重打击后，经过夏代的恢复，到了商代，力量复起，成为中原文献中的"荆蛮"。"他们经过数百年的较为和平的发展后，势力又强盛起来，同中原华夏族发生接触和冲突，中原人就不再把他们叫'三苗''有苗'，而以地命名，称之为'荆蛮'。"（伍新福：《荆蛮、楚人与苗族关系新探》）商代后期荆蛮已相当强大，居于南方，占地广泛，顽强地与商朝对抗。

相当多的学者认为，楚人就是一直与中原为敌的三苗、荆蛮的后代。林惠祥认为"荆人所立之国为楚"，俞伟超认为"楚人与三苗的先祖是同源的"，伍新福认为商周时期的荆蛮是原来的三苗的后裔，楚国是在他们的基础上发展起来的。（尹弘兵：《商代的楚蛮与西周初年的楚国》）刘玉堂也认为禹征三苗之后，"以三苗遗部为主体的'荆'或'荆蛮'成为江汉地区的主要民族"，也就是楚国的主体民族。（刘玉堂：《夏商王朝对江汉地区的镇抚》）

这种说法当然也有很多证据。

首先，楚人的语言和中原华夏语言完全不一样。《孟子·滕文公上》称，楚人为"南蛮𫛞（jué）舌之人"。"𫛞"是一种鸟。孟子的意思是说，楚人说话像鸟叫一样难懂。这当然是一种带有中原偏见的说法。

《左传·庄公二十八年》记载：公元前666年，当时楚国开国已经300余年，楚国的大将子元率领大军讨伐郑国，进入郑国首都的外郭后，发现情况不对，郑人似乎有埋伏，于是立刻和他的部下"楚言而出"。意思是说，在紧急时刻，为了不让郑国人听懂他们说的话，子元和部下开始用"楚言"交流。这说明，到那个时候，楚人的语言与中原还不能互通。

现在，我们在史料中仍然可以找到楚语的一点蛛丝马迹。比如他们称主帅为"莫敖"，称原野为"梦"，称虎为"班"，这些听起来和华夏语没有任何亲缘关系。《左传·宣公四年》记载："楚人谓乳'谷'，谓虎'於菟'。"这些按华夏语的规律无法索解。种种证据表明，楚语与中原语言确实完全是两个系统。

其次，楚人的信仰也与中原迥异。如本书序中所说，中原人崇拜龙，楚人崇拜凤。有些学者考证，楚人所崇拜的"东皇太一"与苗族的社神同源。

再次，楚人的生活方式也与中原不同。楚人烧饭的用具是南方"蛮族"普遍所用的三足鬲。这种红陶绳纹锥足鬲，后来被称

殷式鬲

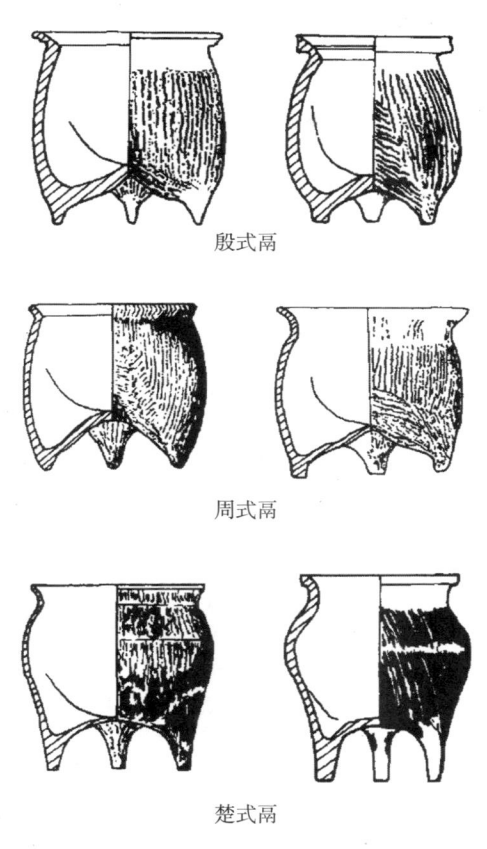

周式鬲

楚式鬲

图1-3 殷式鬲、周式鬲和楚式鬲

为"楚式鬲"（图1-3）。南方鱼米之乡，在食物的炊作上需要有更深的空间来盛放汤汁。流行于中原地区的"殷式鬲""周式鬲"腹足连为一体，形状较为扁平，在烹制米汤或者鱼汤时并不方便。生活在南方的楚人便制作出这种腹底连接在一起，空足由核心和外壳两部分构成的"楚式鬲",它典型地体现了早期楚文化的个性。

除此之外,楚人在服饰、风俗等方面还有大量与中原迥然不同之处。

因此,直到春秋时代,虽然楚人一再强调自己出自中原正脉,但是中原的诸侯国几乎一致认为楚国是"蛮夷",一直以蛮夷视之。

四

一方面,大量历史证据说明楚人与三苗有密切联系;另一方面,大量的文字记载又认为楚人是中原正脉。那么,楚人究竟源自何处?

有人说,从出土的竹简到名著《史记》,几乎所有史籍都对楚人的世系记载得相当一致,楚人源自中原说似乎已经板上钉钉,没有多大的挑战空间了吧?

如果你对我国中原地区及周边少数民族的历史多一些了解,就不会得出这样简单的结论了。文字记载与历史真相不能画等号。如果仅凭文字记载,那么中国的大部分民族都是黄帝的后代。

比如匈奴,据《史记》的记载,"其先祖夏后氏之苗裔也,曰淳维"。因传说夏后氏是黄帝的后代，匈奴的先祖淳维也就是黄帝的后代了。[1]

和匈奴一样，魏晋南北朝时期中国北方的几乎所有少数民族，都自称是黄帝后代，最典型的当属鲜卑。

鲜卑拓跋氏自称出自黄帝轩辕氏，而且和楚国一样，同样是黄帝次子昌意的后代。《魏书》和《北史》都把鲜卑族的世系说得很清楚。《魏书·序纪》说："昌意少子，受封北土，国有大鲜卑山，因以为号。"昌意的小儿子受封北方，因为当地有大鲜卑山，因此称为鲜卑部，其族人以"畜牧迁徙，射猎为业"。传到一位名为"始均"的人，还曾经从北国跑到尧帝那里，为尧帝服务，"入仕尧世"。这个人功劳很大，到了舜帝时期被任命为"田祖"，即农业神。由此可见，鲜卑族认为其与中原正脉的关系之近。

黄帝与后世的北魏皇帝之间隔了多少代，北魏的史官们能说得一清二楚。甚至"拓跋氏"这个鲜卑姓氏的来源也与黄帝有关："黄帝以土德王，北俗谓土为托，谓后为跋。"（《魏书·序纪》）黄帝是土德，北方民族语言中，管土叫"托（拓）"，管后叫"跋"，所以他们以"拓跋"为氏。

---

[1]《史记索隐》引《括地谱》说："夏桀无道，汤放之鸣条，三年而死，其子獯粥，妻桀之众妾，避居北野，随畜移徙，中国谓之匈奴。"

所以，仅从文字记载来看，鲜卑族的世系比楚人的世系还要清楚。

然而今天大多数的历史学者都认为，鲜卑拓跋氏这个世系当中的部分内容可能是后世人为构建起来的。鲜卑属于东胡，与乌桓、柔然、蒙古、契丹有着共同的或者相似的语言、风俗和习惯。"从语言方面看，室韦（原蒙古人）与拓跋鲜卑同源。"（张久和：《原蒙古人的历史》）他们接受汉文化后，才将自己的祖先追溯到黄帝，重新构建了部分世系。

因为是人为构建，所以就不免有漏洞。比如从黄帝到北魏皇帝之间漫长的世系表中，两头清晰，中间模糊。

开头部分，从黄帝到在尧帝时代做过高官的始均，虽未说明其间世次，但世系记载还算清楚。但是从始均开始，先祖的名字就彻底失传了。直到相当于中原战国末期一位叫"毛"的"成皇帝"，世系才再度清晰起来，先祖们又有了名字。

虽然没有名字，不过从始均到毛皇帝，这两位祖先之间距离多少代，史官记载得非常清楚，共67代。

为什么代数会记得如此清楚呢？美国著名汉学家卜弼德认为，鲜卑历史上这两位重要人物，无论是始均还是毛，其实都是不存在的。始均类似祝融，是虚构出来的尧舜时代的伟大人物。而成皇帝毛，是比照战国末的匈奴单于冒顿而虚构出来的，同样是一个不存在的人物。姚大力先生认为，所谓"始均"很可能就是把汉语"始君"的鲜卑语译音再度回译到汉语文献时所采取的音写形式。

按照卜弼德对历史纪年的推算,既然始均与尧舜同时,则他的活动年代,就应当是在公元前2210年上下;成皇帝毛比照战国末的匈奴单于冒顿,年代应当是公元前200年左右。这样,在始均和毛之间就应相隔2010年。中国传统以"30年为一世",那么2010年除以30,正好是67。所以,从始均到毛皇帝正好67世很可能是人为安排的结果。(张久和:《原蒙古人的历史》)

姚大力先生也认为,2010年间平均每位族长统治30年是不可能的,因为草原民族继位原则多是兄终弟及,平均在位时间要远远短于这个数字。"北魏时人们在重构拓跋先世史时,为什么把那一段'史弗能传'的蒙昧时期不多不少地说成有'67世'",是根据"被记载在《汉书·律历志》中的那个'标准年代学'的版本"。从舜时代的始均到毛,以30年为一代,正好是67世代。然而考虑到"拓跋前期传递部族统治权的原则是兄终弟及",因而按30年一代显然是不可能的。(参见姚大力:《论拓跋鲜卑部的早期历史——读〈魏书·序纪〉》)

五

了解了鲜卑族对自己族源的构建过程,再回头看《史记》中关于楚国世系的记载,我们发现,其中有异曲同工之处。

让我们接着上文讲到的楚人的直系祖先季连继续往下看：

> 季连生附沮，附沮生穴熊。其后中微，或在中国，或在蛮夷，弗能纪其世。周文王之时，季连之苗裔曰鬻熊。鬻熊子事文王，蚤卒。

也就是说，从黄帝到季连的世系是清楚的，季连生了附沮，附沮生了穴熊，这都一清二楚。不过从穴熊以下，世系就模糊了，因为子孙"或在中国，或在蛮夷，弗能纪其世"，有的生活在中原地区，有的跑到了蛮夷，因此没法再记载其世系了。直到周文王的时候，季连的后代中有一个叫鬻熊的发达起来，楚国的世系才再度清晰。

也就是说，从穴熊到鬻熊，这中间出现了断层。正如同鲜卑从始均到毛皇帝中间的断层一样。正是这个断层让我们产生了疑问。

在《史记》当中，类似的记载还出现在秦人关于先祖的追溯当中。

秦国和楚国在春秋战国时代，面临着同样的尴尬局面：他们同样宣称自己是黄帝的后裔，源自中原正脉，但是同样被中原诸侯视为蛮夷。巧合的是，他们对族源的说法也非常类似。

《史记·秦本纪》说："秦之先，帝颛顼之苗裔，孙曰女修。

女修织，玄鸟陨卵，女修吞之，生子大业。大业取少典之子，曰女华。女华生大费，与禹平水土。已成，帝锡玄圭。禹受曰：'非予能成，亦大费为辅。'"[1]

按照这种说法，秦、楚和鲜卑这三族，有三个巧合。

第一个巧合，他们都是黄帝的孙子颛顼的后人。

第二个巧合，与鲜卑一样，秦人、楚人祖先中都在尧舜禹时代出了一位了不起的大人物。楚人出了在帝尧时任火神祝融的吴回，鲜卑出了"入仕尧世"又受帝舜之命为"田祖"的始均，而秦人的祖先中则出了一位跟大禹一起治水的大费。大费功劳极大，大禹甚至向舜帝表示，全是因为有了大费的辅助，治水才能成功。

第三个巧合是，这三族从尧舜禹时代后不久，世系就混乱了。楚人是从穴熊以下"弗能纪其世"，搞不清传承关系了；鲜卑是从始均之后，失去了66代祖先的名字，秦人也是从大费的儿子若木之后，世系出现了模糊，只有一些零星的名字被记下来。司马迁记载说，从若木之后，他的子孙"或在中国，或在夷狄"，直到造父因为善于驾驭马车，得到周穆王的宠信，为周王

---

[1] "玄鸟陨卵，女修吞之"这几个字说明，秦人虽然是在西方发达起来的，根却在东北。商人传说"玄鸟堕其卵，简狄取吞之，因孕生契"（《史记·殷本纪》），满族传说佛古伦吞了神鹊衔来的朱果而成孕，朝鲜族传说祖先"生一卵，大如五升许。……有一男儿，破壳而出"（《三国史记·高句丽本纪》），显然是同源的神话。

族管理马匹,这才发达起来。

楚国和秦国王室家谱中这种"或在中国,或在四夷"以致世系不清的叙述,实在是太相似了。为什么会这样呢?龙成松说,其实细读《史记》,"或在中国,或在四夷"的说法,不光出现在秦、楚两族的历史上,在《史记》其他地方也多次出现,成为《史记》中"世家"文本的一种常见书写体式。(龙成松:《中古胡姓家族研究——以族源、地域、文化为中心》)如《魏世家》说:

> 魏之先,毕公高之后也。毕公高与周同姓。武王之伐纣,而高封于毕,于是为毕姓。其后绝封,为庶人,或在中国,或在夷狄。

晋献公消灭了魏国后,将魏地赐给手下的将军毕万。毕万本是平民出身,地位上升后,为了证明自己的高贵,就建构了一套关于家世的说辞:他先祖名叫毕公高,是周武王姬发的弟弟。周武王曾将毕公高封于毕国,不过后来毕国灭亡,毕国公族子弟都沦为平民,有的住在中原,有的流落夷狄,而毕万一支则流落到晋国。"或在中国,或在四夷",同样成为毕万不能准确复原家谱链条的借口。

鲜卑族正史的叙述中,虽然没有"或在中国,或在四夷"8

个字，却有意思相同的另外10个字——"或内列诸华，或外分荒服"。《魏书·序纪》载："昔黄帝有子二十五人，或内列诸华，或外分荒服。"也就是说，黄帝生了25个儿子，分封到各处，有些居于华夏内地，有些封于荒蛮之处。鲜卑就是封到荒蛮之地的一支，因此习俗淳朴，也没有文字。始均之后，又不与中原交往，所以有66代的名字没有记下来。"广漠之野，畜牧迁徙，射猎为业，淳朴为俗，简易为化，不为文字，刻木纪契而已。……始均之裔，不交南夏，是以载籍无闻焉。"这种叙述方式，很有可能是套用史记"或在中国，或在四夷"的模式。

由于以上提到的相似性，我们有理由怀疑，楚国、秦国和鲜卑的世系，都是按同样的逻辑构建起来的。首先，在黄帝众多的子孙后代中确定一个人，作为本民族的名义先祖，从黄帝到这位名义先祖之间的世系自然是清楚的。同时，在这些民族自己的古老传说中，往往也有一个始祖，从这个始祖以下历代部族首领的世系也是清楚的。但是在名义先祖和部族始祖之间的这段历史，却是模糊的。在司马迁的叙述中，连接这个断层的模式是一致的，都是"或在中国，或在四夷"。也就是说，黄帝的子孙传到某一代之后，人数太多，地域分布又太广，有的生活在中原地区，有的进入到没有文化的边疆，因此有一段时间的传承不能说得很清楚了。

六

所以，无论是楚人源自中原之说，还是源自蛮族之说，都有可以说得通的逻辑。无论哪种说法，长江中游一带，是中原民族与南方民族争夺的重点，这是确定无疑的。这里林木葱郁，河流湖沼交错，物产丰富，土地肥沃。居住在这里的先民，早就创造了屈家岭文化、石家河文化，发展出了相当高度的农业与制陶业。历史上也确实有来自黄河流域的力量，对这里产生了强烈的影响。

主张楚人北来说的学者认为，考古发掘证明，在商朝建立之际，有一支来自黄河中游的力量，来到长江北部。因此原江汉地区的新石器时代序列文化突然发生极大动荡，明显受到了黄河流域的影响。

主张楚人来自三苗的学者也认为，江汉一带是中原文化与石家河文化反复争夺的地方：

> 古史传说中三苗的兴盛与灭亡，以及楚蛮作为三苗遗裔的兴起，正与江汉地区的考古学文化演进基本同步。新石器时代晚期，长江中游的屈家岭文化、石家河文化曾鼎盛一时。丹江流域一带本是仰韶文化的分布区，也就是中原华夏集团的势力范围，但后来成为屈家岭文化和石家河文化的分布区……这是

古史传说中尧、舜、禹所领导的中原华夏集团与南方三苗集团发生大规模战争的考古学文化背景。

　　到了石家河文化晚期，形势逆转，中原龙山文化日益强盛，对邻近的山东龙山文化和石家河文化发生了强烈的影响，石家河文化中出现了大量来自中原龙山文化的因素……石家河文化晚期，中原因素的大量进入使江汉地区的考古学文化性质发生了质变，其陶器群体已失去石家河文化的共性特征，长江中游地区的本地特征越来越少，除少量因素外，主体部分与石家河文化并无关系，"倒几乎涵盖了中原地区煤山类型几乎全套的器物组合"。（尹弘兵：《商代的楚蛮与西周初年的楚国》）

　　本书不是一本学术考据著作。虽然我们需要对史实进行基本的梳理和了解，但是无法在学术界至今没有解决的争论当中坚执一端。也许我们综合这两种说法，可以作出这样略带浪漫色彩的推测：楚王室的血统最初确实来自北方，但是由于混血，楚人的血统逐渐变成以南方民族血统为主。

　　假设楚人的祖先是由中原南下的，那么他们如同一颗携带着北方华夏基因的种子，落入了肥沃的江汉大地。黄河文化和长江原始文化在汉江边上开始冲撞和融合。楚人把北方的先进文化带到了这里，他们的社会组织成熟程度要远高于还处于原始部落阶段的周围民族，促进了当地的经济文化发展。但是与此同时，由于楚人的人数太少，所处风土环境与中原截然不同，楚人在物质生活上也不可避免地"蛮族化"了。他们向周围的民族学习种植水稻、捕鱼（下寺楚墓中出土的渔网，证明他们已开始学习捕鱼）。他们与苗、越、濮、巴等部族开始通婚，他们放弃了本来的语言，使用三苗后裔的语言。这支南迁的小小部落落入当地部族的汪洋大海，几代之后，他们身上的"蛮族"血统自然就超过了中原血统。然而，他们顽强地一代一代地传递着自己的记忆。他们不断地向后代讲述，自己是中原人的后裔，骄傲的火神祝融的后代。只有这些珍贵的记忆，才能证明他们不是蛮夷。这些模糊的记忆，是楚人面对周围的"蛮夷"时拥有心理优越感的唯一理由。

第二章

楚国的建立——四夷之君不得正式盟会

一

不论楚人是来自中原还是三苗，反正中原部族从一开始就不承认"荆楚"的中原身份。

当商王朝的军队在江汉一带发现这个部族时，楚人嘴里讲的蛮族语言、身上穿的蛮式服装、手中使用的蛮族工具，不折不扣地证明了他们是南方的一个蛮族。《诗经·商颂·殷武》说明了商朝人眼中的楚人形象："维女荆楚，居国南乡。""南乡"就是商人对"荆楚"这个小国的定位。

商人习惯于像打猎一样攻打这些"野蛮人"，将战争的俘虏用于祭祀或者殉葬，把残余的"野蛮人"驱向更远的丛林。因此，楚人与商人多次发生冲突。

今本《竹书纪年》记载："（帝癸）二十一年，商师征有洛，克之。遂征荆，荆降。"帝癸即夏桀。按照这个说法，夏朝还没有灭亡时，商朝的开国君主商汤就已经打败过荆蛮。不过这个民族不容易征服,今本《竹书纪年》载,商朝另一位著名的君主武丁也曾经大规模讨伐荆族:"(武丁)三十二年,伐鬼方,次于荆。"

《诗经·商颂·殷武》专门记载了商王武丁出兵伐楚的情景:

挞彼殷武,奋伐荆楚。罙入其阻,裒荆之旅。有截有所,汤孙之绪。

维女荆楚,居国南乡。昔有成汤,自彼氐羌,莫敢不来享,莫敢不来王,曰商是常。

商王率领浩浩荡荡的大军,深入南方的沼泽丛林,驱逐被他们视为蛮夷的楚人。手持木石制作的原始武器奋死抵抗的原始部落被打败了。商人乘胜深入其腹地,进行血腥的屠杀,楚人不是中原王朝的对手,纷纷南逃……

在整个商代,楚人都处于低谷期,不得不忍气吞声,臣服于强横的商人。在经历了几个世纪的强盛之后,商王朝终于开始衰落了。在离楚人不远的西北,周人崛起了。

周人本来是商朝控制领域内的边缘民族。一些学者,比如徐中舒认为周人出自北狄,是北方少数民族,具体地说是白狄。沈长云结合考古与文献资料,认为周族来自内蒙古鄂尔多斯一带,后来由于气候逐渐干冷,转移到渭水流域的岐山一带。

周人自己的传说，则混合着华夏文明和周边民族的特点。他们说，周族始祖是一位叫姜嫄的女子，她是黄帝曾孙帝喾的妃子，她的儿子后稷繁衍出了周人氏族。这样说来，周人也是黄帝的后裔。但是，周人的传说中还有这样一段重要的经历，那就是姜嫄之所以能生出伟大的后稷，是因为她在荒野里踩到了巨人的足迹而怀孕，因此周人又是神的后代。据说周人原来生活在深山之中，和野蛮民族没什么区别，直到古公亶父带着族人迁出深山，来到渭河平原的边缘，才进入农业时代。"由于地理优势，他们更容易得到来自西亚的军事技术，特别是战车技术。"（冯盛国：《两周时期华夷关系研究》）也就是说，他们的战车技术要比商人的更先进，这是他们后来能取代商朝的重要原因。

商王朝的统治越到后期越暴虐。皇甫谧在《帝王世纪》中说，周文王一度被囚禁，他的长子伯邑考被商纣王处死并且做成了肉酱。文王在忍痛吃掉了儿子的肉之后，才获得释放。商纣王的残暴引起天下各族的广泛仇恨，周文王得以顺利地与周围部族广泛结盟，为推翻商朝作好了准备。据说周文王在被商纣王囚禁期间曾经推衍八卦。卦象显示："东北丧朋，西南得朋。"也就是说，周朝的机会不在东北而在西南。

确实，商王朝的统治区域主要在周人的东北，后来文王、武王确实是向西南方向广泛寻找盟友的。周器宗周钟的铭文说："王肇遹省文武，勤疆土，南国服子，敢陷虐我土。"许倬云在

《西周史》中引用历史学家徐中舒的说法，认为这段铭文说明文王、武王之时，周人已经将势力迁回到商王朝的南面。周人在克商以前，已经在江汉流域建立了若干据点。在武王灭商时，西南民族蜀、髳、微等也确实参加了战斗。《尚书·牧誓》中提到的周人征商时的八大盟友——庸、蜀、羌、髳、微、卢、彭、濮人，都在周人的西南方。其中庸、彭、濮在汉水上游，髳在后世晋楚之间的汉水一带。他们都离楚人不远。

据说楚人的首领鬻熊就是在周人广泛寻找盟友的过程中投奔周文王的。周文王为了收揽人才，"礼下贤者，日中不暇食以待士……太颠、闳夭、散宜生、鬻子（鬻熊）、辛甲大夫之徒皆往归之"（《史记·周本纪》）。太颠等人才纷纷来投奔周文王。这些人当中就包括楚人的首领鬻熊。

楚人的居住地"丹淅之会"与周人所居不远。楚人与商族已经结下了深深的世仇，因此听说周文王将要起兵，鬻熊大喜过望。他敏锐地意识到，这不仅是楚人复仇的良机，更是荆楚摆脱被歧视的蛮夷身份的绝好机会。

他千里迢迢奔赴周地，竭力为周文王服务。因为能力突出，周文王对他非常尊重，甚至曾经"师事之"。《史记·楚世家》记载，楚武王曾说："吾先鬻熊，文王之师也，早终。"不过《史记·楚世家》又说："鬻熊子事文王。"有学者说，这句话说明鬻熊成了文王的义子。不论如何，鬻熊和文王的关系是非常亲密的。

按照楚人的说法，鬻熊在灭商战争中是周文王早期主要谋士之一，并且因殚精竭虑而死。在他死后不久，新兴的周人率领十几个对暴虐的商王朝久已心怀不满的小国，一举推翻了商王朝。

如果这种说法是真实的，那么鬻熊的后代本来可能成为周代最早的诸侯之一。因为周王朝开国后建立了系统的分封制度，将天下土地分给诸侯，让他们拱卫天子。在第一次分封大会上，除了自己的宗亲之外，周王朝也没有忘记对在战争中出力的其他部族进行酬劳，出力的谋士，比如姜太公姜尚等都获封为诸侯。"武王追思先圣王，乃褒封神农之后于焦，黄帝之后于祝，帝尧之后于蓟，帝舜之后于陈，大禹之后于杞。于是封功臣谋士，而师尚父首封。"（《史记·周本纪》）

然而，周初分封的名单上并没有南方的楚人。是荆楚太弱小，楚人的"蛮夷"身份让周王有意忽略了他们，还是楚人关于他们先祖功劳的说法过度夸大了呢？

二

按《史记》的说法，到了周成王时期，成王回顾祖先的创业史，感念周文王、周武王时期那些辅佐朝政的大臣的功劳，分封了他们的后代。鬻熊的曾孙熊绎在这次分封中被封为"子爵"，也就是诸侯之中较低等的爵位。《史记·楚世家》说:"当周成王之时,举文、武勤劳之后嗣,而封熊绎于楚蛮,封以子男之田,姓芈氏,居丹阳。"[1]

丹阳及丹水在楚国史上都是非常重要的地名。《吕氏春秋·召类》记载,尧与有苗"战于丹水之浦";《世本》说:"楚鬻熊居丹阳。"楚人祖先鬻熊就定居于此地。这个丹阳到底在哪儿,迄今没有定论。[2]无论如何,此地在当时显然属于南方蛮荒之地。周王赐给熊绎的土地仅有50里,相当于今天的一个乡那么大,子爵也是爵位中较低的一等。这一事实告诉我们,楚人的祖先确实有功于周室,只不过功劳没有他们自己所说的那么大。但是这一天仍然是楚国历史上最重要的日子。这标志着楚人头一次被中原文明所承认,被纳入了华夏文化的怀抱。

三

楚国立国不久,周王朝要举行一次非常重要的集会。

---

[1] 鬻熊去世后,他的儿子熊丽、孙子熊狂先后为周武王服务。不过关于熊丽和熊狂,史书上只记下了他们的名字,没有记载他们的具体事迹。

[2] 丹阳到底在哪里,史学家一直争论不休。《汉书·地理志》记载丹阳在今天安徽当涂境内,郦道元在《水经注》里经过有力的考辨,推翻了这个说法,称应该是今天湖北秭归。不过,从清人宋翔凤开始,又有一些学者主张丹阳在今天的河南淅川。参见魏昌:《楚国史》,武汉出版社2002年版,第37页。

通过分封，西周形成了大一统的政治模式。周王规定，诸侯必须定期朝见天子。不过，因为地域太广，全体诸侯共同参加的朝会数十年才举行一次。熊绎很幸运，刚刚被封就赶上了史上有名的"岐阳之盟"。这场盟会举行于距今3000多年前，地点是岐山之南，周王的一座行宫内。

诸侯朝见天子，必须准备朝贡之礼。熊绎和他的大臣们为朝贡周王送什么礼物而发愁：楚国太小了，实在拿不出什么像样的礼物。

确实，和中原诸国比起来，新兴楚国是名副其实的穷乡僻壤。清华简《楚居》记载："室既成，无以内之，乃窃鄀人之犝（tóng）以祭，惧其主，夜而内尸，抵今曰夕，夕必夜。"

意思是说，楚人好不容易建起一间祭祀大堂，却穷得拿不出祭品，只好跑到邻居鄀国偷了一头无角的小牛，在晚上偷偷举行祭祀。"抵今曰夕，夕必夜"，意思是说楚人至今把陈牲的仪式称为"夕"，"夕"必定在夜间举行。（参见陈伟：《清华简〈楚居〉"梗室"故事小考》）

这次不光彩的偷窃行为奠定了把楚国祭祀祖先都安排在晚上的传统。可见这个刚刚诞生的国家，在开始的时候是多么的一穷二白。

想来想去，千挑万选，楚人能拿得出手的只有两样贡礼，一样是捆好的茅草，另一样是桃木弓和荆条箭。茅草可以用于敬神,弓箭则可以用来驱鬼。荆楚特产的弓箭特别结实。

带着这两样寒酸的贡品,熊绎上路了。那个时候,从荆山一带到达周朝首都,要穿越重重原始山林,道路未辟,非常艰苦。《左传·昭公十二年》载:"昔我先王熊绎,辟在荆山,筚路蓝缕以处草莽,跋涉山林以事天子。"也就是说,熊绎坐着简陋的木车,衣服被一路的荆棘树枝划得破破烂烂,经过艰难跋涉,终于来到周王朝的腹心地带。

四方诸侯络绎前来,他们乘着骏马拉的高车,衣冠精美,佩剑鲜明。中原诸国中大部分是周王族的同姓国,如鲁、燕、蔡、曹、卫、晋、虞、虢等国;还有一些是周王室功臣和姻亲的封国,如姜太公受封的齐国,以及许、纪等国;个别的是商朝的遗族,比如宋国。它们都属于中原文化圈,文化发达,有着相似的衣冠和车制。

只有楚国是个例外。一辆简陋的木车,由两匹体型矮小的南方矮马拉着。车上站着一位皮肤黝黑的南方酋长。车上拉着一束捆好的茅草和几把弓箭,这就是史书所说的"苞茅"和"桃弧、棘矢"。可以想见,看到这一幕的诸侯莫不掩口而笑。

四

大会正式举行那天,熊绎早早来到会场,想要尾随其他诸侯鱼贯上殿，却被拦住。周王命楚子熊绎作为火师，与鲜卑之君在庭院里看守火堆。

原来，按照周礼，"四夷之君虽得列于朝会，但又往往供奔走执役，不能正式参与盟会行礼"（葛志毅：《谭史斋论稿四编》）。所以《国语·晋语》说："昔成王盟诸侯于岐阳，楚为荆蛮，置茅蕝（jué），设望表，与鲜卑守燎，故不与盟。"即周成王大会诸侯，楚国虽然参加，但由于与鲜卑被视为蛮夷未能正式参与盟礼，只负责缩酒和升火。

熊绎和鲜卑之君寂寞地在庭中看守着火堆，看着殿中灯火通明，听着中原诸侯们的欢歌笑语，心里很不是滋味。熊绎这才明白，虽然自己被封为子爵，但在周人眼中，自己的部族仍然不过是一个边远的蛮夷！

葛志毅说，中原诸侯在朝会时的待遇，与蛮夷之君是完全不同的。《郑笺》说："九夷、八狄、七戎、六蛮，谓之四海，国在九州之外。虽有大者，爵不过子。"确实，楚国只被封为子爵。

中原诸侯朝会时要执圭璧等瑞玉行礼，而四夷之君则"各以其所贵宝为贽"（《周礼》），即以本国所出的土特产为朝见礼。所以楚国必须带上"桃弧、棘矢"和"苞茅"。这是"四夷之君在身份地位上低于诸夏诸侯的标志，可见二者间明显的不平等关系。这种不平等已经超出文化的性质，而属于政治关系不平等的范畴"（葛志毅：《谭史斋论稿四编》）。

虽然受到这样的挫折，但作为一个弱小国家的首领，熊绎对周王仍然毕恭毕敬，服侍弥谨。周成王对这样一个质朴老实的蛮夷之君的表现也很满意，专门留下他在宫中给自己服务。

熊绎在周王宫中的任务是什么呢？主持缩酒仪式和升火仪式。如前所述，熊绎朝见周王所带的礼物中有一束茅草，虽然看起来有点寒酸，但用来缩酒，却非常好用。

缩酒是一种祭祀仪式。祭祀时，把一束茅草立起来，把酒从上面浇下来，酒糟就留在茅草中，酒汁渐渐渗下去，供神来饮用。这是祭祀中的一个重要环节。

在周成王去世后，熊绎又尽心尽力服事周康王。先秦时期，祭祀是频密而复杂的，每一次祭祀仪式，熊绎都以最虔诚的态度来对待，从来没有出过差错。他希望通过自己的努力，获得王室的承认。然而，在周康王即位不久举行的一次朝贺仪式上，周康王要赏赐和熊绎一起服事宫中的几国君主。齐、卫、晋、鲁四国君主分别获得了编钟、列鼎、战车和战旗，但是熊绎却一无所获。

时隔500多年，直到春秋时代，楚人还抱怨说："昔我先王熊绎，与吕伋（jí）、王孙牟、燮（xiè）父、禽父，并事康王，四国皆有分，我独无有。"（《左传·昭公十二年》）

这其实一点也不奇怪。周王朝是一个特别重视血缘的王朝。

"周之宗盟，异姓为后。"(《左传·隐公十一年》)在血缘关系决定一切的周朝，边远的蛮夷小国，只能注定这样的待遇。"齐，王舅也。晋及鲁、卫，王母弟也。楚是以无分，而彼皆有。"(《左传·昭公十二年》)周成王的母亲是姜太公的女儿，所以齐君是周王的舅父。晋国、鲁国、卫国的开国君主，都是周天子的弟弟：晋国的开国君主唐叔虞是周成王的弟弟；鲁国封给了周公旦，而周公旦是武王的弟弟；卫国的开国君主康叔也是武王的弟弟。和周人的血缘八竿子打不着的楚国怎么能和他们相比呢？

被封为诸侯的那一天，楚人本以为在流浪几百年之后，祝融的子孙终于可以扔掉蛮夷身份，重新回到中原文明版图之中。然而，周王朝的傲慢和森严的礼制，一次次地浇灭了楚人向往华夏文明主流的热情。

第三章

周昭王之死——争夺铜矿的漫长战争

一

新生的楚国与周王室谈不上多么幸福的"蜜月关系"没持续多久，在岐阳之盟之后不过几十年，周康王的儿子周昭王就开始大举进攻楚国了。

20世纪70年代，人们在陕西扶风发现了一个巨大的青铜器窖藏，那里出土了100余件青铜器。其中最有名的，是一件墙盘。墙盘的铭文记载："宏鲁昭王，广笞楚荆，唯贯南行。"

铭文所说的史实是昭王十六年[1]，周昭王率领着旌旗猎猎的大队车马，南下攻打楚国。

为什么要征讨楚国呢？周昭王的借口是楚国没有按规定进献贡品。

---

[1] 中国历史上有明确纪年开始于共和元年，即公元前841年，本书采用此观点，故公元前841年前的时间仅保留文献中的文字描述，不括注公历时间。——编者注

按西周的礼制，诸侯除了按时朝觐，还须定期进贡。因为岐阳之盟中楚地的茅草被证明特别适合缩酒，所以周王室从此规定，楚国要负责给周王室进贡"苞茅"，以便祭祀。然而熊绎去世之后，楚国给周王朝进贡就不再那么积极了。

蛮夷之国居然敢不按时进贡，这岂不是叛逆之举吗？《诗经》中周代诗作提到荆楚之时，口气充满了不屑："蠢尔蛮荆，大邦为仇。"愚蠢可笑的楚人啊，你们竟然敢与强大的中原大邦为仇！这个事一直被中原诸侯们牢记，以至于后来齐桓公率领中原诸国南下攻楚的理由之一，仍然是"尔贡苞茅不入，王祭不共（供），无以缩酒"（《左传·僖公四年》）。

当然，这其实只是个借口。周王朝虽然号称是一个严格践行王道的王朝，但细考历史，它对周边方国，除了索取贡物外，也经常进行征服战争，以掠夺人口和财富。所以周王朝与周边各部一直存在着深刻的矛盾。垂涎楚地的铜矿，才是周昭王征楚的根本原因。

二

在西周的青铜器上，有时可以看到两个字："孚（俘）金"。

"俘"是指俘获，"金"在那时是指"铜"。这两个字翻译过来，就是"掠铜"。

铜在今天是一种非常普通的金属。周代贵族们何至于去抢这种东西，而且还郑重其事地刻在盘与鼎上呢？

原来，在先秦时代，铜不仅仅是一种金属，更是决定一个国家命运的重要战略物资。它在人类早期文明史上的作用，甚至大于今天的钢铁和石油。

《左传·僖公十八年》记载了一个有趣的外交事件：那一年（前642年），郑文公前来朝见楚成王，对楚国表示臣服。楚成王十分高兴，赠送一批铜锭给郑文公。铜锭刚刚送出，楚成王就后悔了。他又厚着脸皮派人找来郑文公，与他郑重约定，这批铜锭"无以铸兵"，也就是只能用来铸礼器，而不能用来铸兵器。这就好比今天一国出口一批重要战略物资给另一国，又要求另一国声明，这批物资保证不用于军事用途。好在郑文公很守信用，真的用这些铜铸了三口钟。

所谓"国之大事，在祀与戎"。在上古时代，一个国家最重要的两件事，就是宗教祭祀和战争。在这两件事中，铜都必不可少。

作为人类掌握的第一种金属，在冶炼业不发达的先秦，铜的产量如此稀少，人们只能把它用到最宝贵的地方。君主经常用它来赏赐立有大功的臣下，让他们用于祭祀。3000年前铸造的从簋（guǐ）内底上，铸有这样的铭文："从，易（赐）金于公，用乍（作）宝彝。"（图3-1）说明这件青铜器的主人叫"从"，他

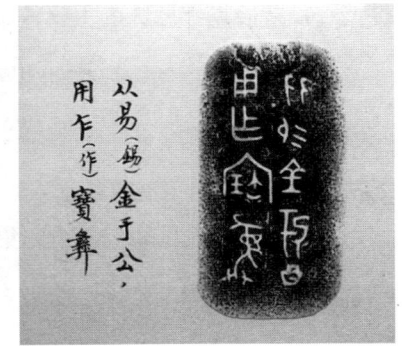

第三章　周昭王之死——争夺铜矿的漫长战争　039

图 3-1　从簋及铭文

的主公赏赐给他一些"金"，他用这些"金"铸造了这件青铜礼器。铜的另一个用途是铸造兵器。在以战争为主旋律的先秦，哪个国家的青铜武器多，哪个国家就会在竞争中占据先机。

因此，商周时代许多声势浩大的战争，都是因铜而起。曾伯霥簠（fǔ）上的铭文说："克狄淮夷，抑燮（xiè）繁汤，金道锡行，具既俾方。"也就是说，他们征伐淮河流域的少数民族，就是为了保证铜和锡的运输通道。

商周与青铜有关的战争，兵锋所指，大都是南方的江淮一带。因为受喜马拉雅山和燕山两个造山运动的影响，中国地质史上，南方火成岩活动特别强烈，因而形成了长江沿岸特别丰富的铜矿带。在中原文明的发祥地黄河流域，铜矿资源远比长江流域稀缺。何毓灵在《殷墟"外来文化因素"研究》中说，殷墟考古证明，商代晚期铜原料的主要供应区域就是沿长江铜矿带。

三

周昭王借口楚国履职不力，集中全天下之力，多次出兵，打击楚国。表面原因是楚国忘了进贡，事实上根本的动力则是，周昭王试图将江汉流域几座重要的铜矿山纳入自己的控制之下。

周师南下的消息传来，楚国上下震动。以天下攻一国，而且是楚国这样的弱小之国，胜负似乎不难判断。

不过，楚人骨子里的好战本能使他们第一反应不是逃避，而是迎战。战争的结果出人意料。周昭王本来把这次南征当成了一次轻松的游猎，没想到居然出师不利。

昭王一到楚地，就遇到了特殊的征兆。史书记载，昭王"伐楚，涉汉，遇大兕（sì）"（《竹书纪年》）。周昭王领军渡过汉水，深入荆楚一带，渡汉水时遇见一只"大兕"（兕，古代犀牛一类的动物。《左传·宣公二年》说："犀兕尚多。"）。这只兕如此之大，人们从没见过，不知道是吉是凶，难免人心惶惶。结果第一次周楚战争的结果是周昭王兵败而返。

周昭王承认自己轻敌，并不服气。不久之后，周昭王十九年，他派祭公辛伯再次率领大军攻楚，这次军队的人数要远多于上一次，然而败得更惨，"天大曀（翳），雉兔皆震，丧六师于汉"(《竹书纪年》)。这次渡汉水时,阴风骤起,将士惊恐,军队大部丧失。上一次周人将失败归因于大咒凶兆,这一次,他们又将失败归咎于天时不利。实际上,我们不难推测,实际的败因应是周王朝军队遭到楚军强有力的阻击。

第三次,周昭王末年,周昭王以举国之力再次亲征。他无论如何都不相信,强大的周王朝拿不下这个小小的楚国。然而这一次的结果在三次战争中最为悲惨。具体的战争过程史书没有记载,但结局是"昭王末年,夜清,五色光贯紫微,其年,王南巡不返"(《竹书纪年》)。周昭王全军覆没,本人也身死其中,周人讳言此事,只好模糊地说"南巡不返"。关于周昭王的具体死因,《史记正义》引《帝王世纪》说:"昭王德衰,南征,济于汉,船人恶之,以胶船进王。王御船至中流,胶液船解,王及祭公俱没于水中而崩。"也就是说,周昭王在过汉水的时候,当地的楚人送给他一只用胶粘起来的看起来很华丽的大船。昭王很高兴,兴冲冲坐了上去,结果驶至中流,胶液融化,船只解体,周昭王及其部众溺水而死。(参见魏昌:《楚国史》)

这段记载如此富于故事性,我们很难把它当成信史。但不论如何,周楚战争旷日持久,反复进行了三次,周朝军队的三次进攻,都损失惨重,在最后一次战争中周昭王落水而死,这是毫无疑问的史实。楚人在战争过程中表现出的战斗力实在令周王朝震惊。

这个小小的荒蛮部族为什么竟然能让强大的周王朝再三失利，甚至让其君主丧命呢？

楚人自己都没有意识到，上天赐给了他们多么优越的地理环境。长江中游平原"饭稻羹鱼"，气候温暖。虽然遍地森林，但是不难开发。楚地山中多漆树，泽中多野兽，盛产丝麻，水中多珠，地理条件得天独厚。在立国以前，楚人已经在这里进行了几百年的开发，把这片土地建设成了富饶的鱼米之乡。从熊绎开始，楚国又全力经营自己的国土，"筚路蓝缕"，积蓄了相当的物质力量。与此同时，长期生活在剽悍好战少数民族中间，楚人血液中的尚武基因远远高于中原人。

因此，经过漫长的蛰伏期，楚人已经成长起来了。他们的骨骼已经粗壮，他们身上已经长出了块块肌肉，他们下意识地一伸手，就让周王朝摔了一个跟头。

四

虽然三战皆败，虽然天子殒命，但周王朝毕竟拥有全天下的资源，楚人再强悍，也只是一地的雄强。周昭王死后，周人仍不肯罢休，在周穆王的指挥下，战争仍然在继续。史载周穆王三十七年，穆王大起九师伐荆楚。

这一次，周王朝的准备比以前更加充分，军队规模也远超前代。楚人毕竟国小民寡，物质资源和战争后勤无法与周人相比，承受不起旷日持久的大规模战争。因此，经历了光荣抵抗之后，楚人只好被迫迁到更南的地方，把铜矿地带让给了周人。

参加昭王和穆王数次南征的将军们留下来的一些青铜器上，刻有证明这些战争与铜矿资源有关的铭文："蠚（zī）从王伐荆，孚（俘），用作馈（fēn）簋"（蠚簋铭文，图3-2），"过伯从王伐反荆，孚（俘）金，用作宗室宝尊彝"（过伯簋铭文，图3-3），"驭从王南征，伐楚荆。有得，用作父戊宝尊彝"（驭簋铭文）……这些文字清楚地表明，这些传之子孙的宝物是用周王南

图3-2　蠚簋铭文　　　　　图3-3　过伯簋铭文拓片

征过程中抢到的铜铸成的。

接下来，周王朝陆续在汉水以东、以北和江淮间，分封了不少姬姓或姻亲诸侯国，比如随国（很多学者认为，随国即以曾侯乙墓而闻名于今的曾国，一国二名）。他们的任务之一是加强对荆楚的控制——"以蕃屏周"，另一个任务是为周王朝看守铜矿山，保证南方铜矿带与周王畿之间的通道畅通。他们被称为"汉阳诸姬"，分布在汉水东北，形成一道屏障，紧紧地束缚住楚国，阻遏着楚国的北上与东进。（参见魏昌：《楚国史》）周人经略南土，就是为了保证铜矿资源北运的道路通畅。周昭王南征，虽然兵败了，但是也取得了一些成果，那就是把自己的一些族人分封在汉水一带，让他们控制通往铜矿带上的交通。

楚人虽然最终失败了，但是周昭王攻楚时败亡，仍然是中国先秦历史上的一件大事。后来汉代人回顾历史说："自周室以来，千有余岁，独有文武成康。"（《盐铁论·论儒》）到了周昭王时，已经"王道微缺"（《史记·周本纪》）。被楚人击败，标志着周王朝已经过了极盛期，走到了下坡路。

第四章 蛮夷性与后发优势

一

大约在周穆王三十七年，楚人战败南迁。从那之后，退守南国的楚国一直在默默蓄积着力量。几十年后，楚国历史上出现了一位伟大的君主——第六代国君熊渠。

这位国君以勇武善射闻名。《史记·龟策列传》称："羿名善射，不如雄渠、蠭（fēng）门。""雄渠"即熊渠。可见在传说中，他的箭术甚至超过了后羿。《韩诗外传》记载："昔者楚熊渠子夜行，寝石，以为伏虎，弯弓而射之，没金饮羽，下视，知其为石。"意思是说，有一次熊渠夜间巡行，看见一块横卧着的石头，以为是趴在地上的老虎，便引弓射之，箭头陷没在石头里边，箭杆上的羽毛都掉下来了。熊渠下马仔细一看，才知道那是石头。此事虽不可信，但他武功出众当无疑义。

除了过人的武功，熊渠在政治上也很有头脑，善于争取民心。楚人从立国之初就身处各民族林立的环境当中，因此明智地采取"怀柔"政策，除了进行必要的战争之外，还争取与各民族友好相处。"楚国发迹于丹、淅，后向睢山、荆山发展，即沿丹水而下，逐步至汉水流域。其间广阔地带，杂居着群蛮百濮等方国部落。此外，西南有巴人，东南还有扬越。在周王朝的压迫下，楚人一方面臣服姬周，一方面巧与周围方国部落周旋，求得生存与发展。"（魏昌：《楚国史》）到了熊渠时代，更明确地制定了民族包容政策，以图获得境内和周边民族的支持，因此"熊渠甚得江汉间民和"（《史记·楚世家》）。

楚国虽然在北方面对强大的周王朝，但是在向南的方向上却没有强敌。这里地广人稀，土地富饶，天然具有发展潜力。楚国统治者又采取了明智的政策，调动了各民族的力量共同开发；经过几十年的发展，楚国成功地恢复了因与周王朝连年战争而损伤的国力，军力复盛。

就在楚国国力恢复之时，周王朝却在下坡路上无法回头。

如前所述，周昭王之死，标志着周王朝已经结束了极盛期。在那之后，周王朝的国势不断下滑，周懿王时，"王室遂衰，诗人作刺"（《史记·周本纪》），王室已经衰弱到人们经常作诗慨叹嘲讽的程度。由于西戎屡次进攻，周王朝国都一度被迫从镐京迁徙到犬丘（今陕西省西咸新区沣西新城）。不但蛮夷之君不来朝见，就是中原诸侯也渐渐不听周王室的话。因此周夷王为笼络诸侯，不得不放下架子，下堂而见诸侯："天子始下堂见诸侯，觐礼废"(《纲鉴易知录·周纪·夷王》)。

熊渠抓住中原王朝自顾不暇的机会,开始主动出击,攻打邻国,向周围展示自己的肌肉。《史记·楚世家》载:"周夷王之时,王室微,诸侯或不朝,相伐。熊渠甚得江汉间民和,乃兴兵伐庸、扬粤(越),至于鄂。"也就是说,楚国利用周王室衰落之机,西征庸国(今湖北省竹山县),东攻扬越(古时百越族的一支,在今湖北中部),一直打到湖北东部一带。

熊渠的进攻路线是东西两方,这是因为以随国为首的汉阳诸姬实力强大,楚国此时还不具备北上的能力。因此只能采取迂回战略,避开汉水东北的姬姓诸侯国,先向西征伐庸国,以解除未来北上的后顾之忧。庸国当初曾跟随周武王参加牧野之战,一直是西部大国,能主动伐庸,可见楚国实力已今非昔比。之后,熊渠挥师沿汉江而下驱赶扬越进入江汉平原,并一直向东追击,拥有整个江汉平原。

楚国的扩张史由此开始。

二

春秋列国竞争中有一个规律性现象,那些在战场上迅速崛起的大国,大都是边缘型国家。秦国地处西北,在与游牧民族旷日持久的竞争中培养起了虎狼之性。齐国地处东面,在与东夷的长

图4-1 武士斗兽纹青铜镜

期斗争中保持了不懈的斗志。而晋国与北狄和山戎做了几百年的邻居，从他们身上熏染到了中原文化不断流失的强悍。

不过，在这几个大国中，楚人的尚武精神是最为突出的。

国家博物馆收藏着一面出土于云梦睡虎地的楚式铜镜（图4-1），上面刻着这样一幅图案：两个武士头戴盔甲，赤足裸膊，各持剑、盾，正与双豹紧张搏斗。一豹昂首翘尾跳跃而起，一爪扑向武士，武士毫不怯懦，昂首弓步，手持盾牌猛力抵挡；一豹斗败远窜，顾首探视，武士持盾握剑，乘胜追击。整个画面给人以触目惊心的感觉。这面原来被断为战国晚期的铜镜，现在被认

图 4-2　颜家岭楚墓狩猎纹漆樽

为更可能是秦统一之初的楚地作品，从中我们可以看到楚人的勇悍遗风。

湖南长沙颜家岭楚墓中出土的一件狩猎纹漆樽（图4-2），反映的则是楚国猎人勇斗野牛的情景：一猎人持长戟向一只野牛刺杀，野牛低首扬角，俯身前扑；牛后有一人正作引弓待发状。

像这样以武士与猛兽搏斗为主题的图案，还出现在许多楚国文物上。这些图案，生动地体现了楚国人的尚武精神。

从迁徙到长江流域开始，楚国人就一直在战斗中生存。楚国周边的各个少数民族，一个个都勇敢善战。几百年来，楚人从来没有放下过武器。在与这些桀骜不驯的"野蛮人"的周旋中，楚国人血液里的勇武指数不断上升。

楚人的尚武，首先表现在国君的身先士卒上。历代楚王最大的乐事，莫过于亲自领兵上阵，猎取敌人的首级。春秋时代，楚国一共有16位国君，除了3位因为年龄太小或在位时间太短而没打过仗外，其余的都曾冒矢疆场，带队亲征，其中有3位还死在征途之上。

楚康王即位五年，国家没有战事，他怕国人责备自己，说："国人谓不谷主社稷，而不出师，死不从礼。"（《左传·襄公十八年》）也就是说，如果做了国君却不率兵出征，死后就不配享受规定的礼仪，因此大举率兵攻郑。

楚国与善战的原始部落巴族是长期的敌人。楚文王即位后，率兵伐巴，失败而回。回到郢都城下，掌管城门的鬻拳居然关闭城门，不让国君入城。（《左传·庄公十九年》："楚子御之，大败于津。还，鬻拳弗纳。"）冯梦龙在《东周列国志》中描绘，鬻拳站在城门上大声责问说："王自将而见败，宁不为人笑乎？"

这在今天看来当然是大逆不道的举动。然而楚文王居然羞愧地低下头，率兵掉头而去，直奔另一个楚国的敌人黄国。他需要一场胜利，来挽回自己的面子。伐黄战争虽然取得了胜利，楚文王却为连续作战而付出了代价。他积劳成疾，最终在回国路上去世了。

国君们如此富于进取心，将军们自然更为英勇善战。楚共王十六年（前575年）鄢陵之战，"楚师薄于险……叔山冉搏人以投，中车，折轼"（《左传·成公十六年》）。楚军陷入险阻之地时，楚国大将叔山冉大吼一声，跳下战车，徒手与靠近的晋兵搏斗。他双手抓住一名高大的晋军，用力一掷，正砸中几十步外的晋军战车，连车前的横木都被砸得咔嚓一声断裂。这种超凡的勇力吓坏了晋军，晋人退兵而走，楚军得以出险。

在春秋战国的战争史上，有一个特殊的现象，那就是楚国军队统帅的自杀率最高。

公元前699年，楚武王派屈瑕攻伐罗国。由于轻敌，楚国兵败，屈瑕羞愧自杀。公元前632年城濮之战后，楚国主将子玉也自杀而死。公元前575年，楚国兵败鄢陵，主将子反引剑自尽。公元前559年，令尹（春秋战国楚国最高官职，辅佐楚王掌管全国军政事务）子囊攻吴失利，"遂伏剑而死"。公元前519年，楚司马薳（wěi）越追击吴太子没有完成任务，乃自缢于薳澨（shì）。春秋时期各国对将领并没有战败自杀谢罪的要求。比如，公元前627年秦主将孟明视被晋败于崤山，公元前607年宋主将华元被郑败于大棘，公元前597年晋主将荀林父被楚败于邲，他们都没有自杀，仍然照常任职。这说明，楚国将领的责任感和羞耻心，是他们自杀的主要原因。学者王准检索史籍，发现春秋时期，楚国的军事长官以及贵族，自杀者至少有17人。（参见王准：《春秋时期楚人自杀现象探析》）因此，楚人的后代项羽乌江自刎，并非仅仅是他个人性格所致，也是受楚人传统的影响。

正是在这样的将军们的带领下，楚军才能"蛟革犀兕，以为甲胄，修铩短鏦，齐为前行，积弩陪后，错车卫旁，疾如锥矢，合如雷电，解如风雨"（《淮南子·兵略训》），令各国闻风丧胆。

三

楚国历代国君大都英勇尚武，除了因为楚人立国蛮夷之中外，还因为楚国历史有一个特殊的传统——弑君。

正如梁启超所说："我国自三代以来，纯以礼治为尚。"（梁启超：《中国法理学发达史论·绪论》）西周王朝可以称为"礼治社会"，主宰社会的，不是法律，而是礼仪。

西周建立后，创立了整套系统周密的礼仪体系和典章制度，所谓大礼有三百，小礼有三千，从大型活动到日常起居，莫不讲究礼仪，礼法之网涵盖了社会生活的每一个方面。但是楚人却不理这一套。

自从西周时起，中国政治权力的传递就一直遵循着一个明确的原则：立嫡以长。也就是说，选择继承人时，不必考虑他的品质、才能、年龄，而仅仅考察其出生顺序就可以了。这一做法最有效地保证了权力传递的有序和政治局面的稳定，却也容易导致统治者一代比一代孱弱。谁都知道，出生顺位与治国才能没有什么逻辑上的联系。

只有楚国经常破坏这个规则。作为一个非华夏国家，楚国礼仪纲纪观念淡薄。混合了蛮族和中原血液的楚王家族的男人们都异常强健，像饿狼渴望鲜肉一样，对王位垂涎三尺。因此，如同草原民族一样，楚国最高权力的更替经常充满血腥。楚国历史上出现过5位因政变而即位的君王，而且总是"恒在少者"。

周平王东迁洛邑（今河南省洛阳市）后30年，即公元前741年，楚国内部发生了一起重大事件，楚君蚡冒的弟弟熊通杀死侄儿，代立为王。《史记·楚世家》记载："蚡冒十七年，卒，蚡冒弟熊通弑蚡冒子而代立，是为楚武王。"公元前672年，在随国的支持下，熊恽袭杀亲哥哥熊艰，是为楚成王。几十年之后，楚成王的儿子商臣又逼其自杀，自立为王，是为楚穆王。楚康王死后，他的弟弟公子围杀掉了继承人郏敖，并杀死郏敖的两个儿子，是为楚灵王。之后，灵王的弟弟弃疾逼死了包括灵王在内的三位兄长，自立为王，是为楚平王。

春秋战国时期，弑君自立事件在楚国中前期是最频繁的。这种在中原国家看来大逆不道的禽兽行为，一方面确实血腥而野蛮，另一方面对楚国的发展其实也不无意义。因为不断地弑君，

图4-3 糜城遗址航拍图

保证了楚国王位上坐着的都是极其强悍的年轻人。

如果乘直升机飞到湖北省当阳市附近，我们就会看到在农田中的几条土垒组成的一座古城的轮廓（图4-3）。考古学家发现，这些土夯的古城墙，底宽约18米，顶宽5—10米，高6米，显示这座古城应该是周代一个重要的都城。

这就是糜城遗址，一个古老的诸侯国权国曾在此建都。权国是西周时期迁徙的殷朝武丁之后裔所建立的一个小国，位于楚国南面，国土不广，但国力却不弱。一直以来与楚国相安无事。不过，这样的日子也在楚武王熊通即位三年后就到头了。

篡位者大多强健有为，楚武王强暴好战，这是因为篡位者的罪恶感压迫着他必须有所作为，才能压服那些对他不满的人。从侄子手中夺取了王位后，他就开始了野心勃勃的扩张。他挥师渡汉，远征南阳盆地，攻击周朝设在汉北的重镇，但没有得手。于是，他转而出师江汉平原的西部，灭掉了权国。后来他又三次伐随，并最终死在征途之中。

其他篡位之君也是这样。楚成王才智超群，开疆拓土，称霸中原。楚灵王在为君前就曾数次亲自率军出征，会盟诸侯。楚平王的治国能力也高于凡辈。因此楚大臣曾对成王讲："楚之举常在少者。"张正明说："在楚国历史上，凡弑篡而立的君主必定是公子王孙，大抵有所作为、有所建树，而且都出现在西周晚期至春秋晚期，即楚国转弱为强、变小为大的时期，唯独楚国将亡时公子负刍弑其弟公子犹而代立是例外。"（张正明：《楚史》）

四

正是因为这种强烈的蛮夷性，楚国很早就成了周代秩序的破坏者。

在西伐庸国、东下扬越之后，志得意满的熊渠做了一件惊人的事：他居然把三个儿子都封为王，与周天子相提并论。他的大儿子熊康被封为句亶王（今湖北荆州一带），二儿子熊红被封为鄂王（今湖北鄂州一带），小儿子熊执疵被封为越章王（可能在今湖北荆州和鄂州之间)。

这是周朝历史上第一次发生诸侯僭越封王事件。按照周朝体制,唯有周天子能称王,诸侯只能称公、侯、伯、子、男。熊渠是子爵,现在他一下子竟然封了三个王。

为什么要公然做出这样的举动呢?显然是对中原诸侯称楚人为蛮夷的回应——既然你们认定我是蛮夷,那么就请尝尝蛮夷的厉害吧!他干脆向全天下声称:"我蛮夷也,不与中国之号谥!"(《史记·楚世家》)中原王朝不是把"王"作为不可挑战的最高权威吗?我就一下子封三个王给你们看看。

不过,这三个王号存在的时间都不长。周厉王即位后,西周王朝已穷途末路,厉王极力强化国家机器,对周边民族不断攻伐。熊渠为了避免与周王朝发生正面冲突,主动取消了三个儿子的王号。但封王这一惊人之举,已经向天下发出了一个明确的信号:楚国已经彻底摆脱周王室的束缚,决心与周王朝分庭抗礼。

楚武王熊通也是这样的人。他不守中原规矩,一即位就要周王朝晋升自己的爵位。他威胁说:"今诸侯皆为叛相侵,或相杀。我有敝甲,欲以观中国之政,请王室尊吾号。""观中国之政"即介入中原的政局。结果当然是"王室不听"。被拒绝后,熊通大怒:"王不加我,我自尊耳!"(《史记·楚世家》)于是,当即自立为楚武王。你既然始终认为我是低人一等的蛮夷,我干脆与你平起平坐。这如同孙悟空自命齐天大圣的举动一样,也是楚国蛮夷性的鲜明表现。

五

楚国的蛮夷性还体现在政治制度的创新能力上。

在各个诸侯国中,楚国一直是一个更为集权型的国家。楚国虽然也模仿中原国家采取分封制,但是由于它非华夏国家,不受西周封建体制的约束,所以它的分封制度不如中原诸侯国那样完善而稳定。

中原诸侯国都实行层层分封。也就是说,诸侯在国内又分封卿大夫等,让他们世袭土地。时间长了,这些卿大夫和诸侯一样,权势越来越稳固,最终尾大难掉,晋国这样的老牌国家最后就因此被分裂了。

而楚国从立国开始,就是一个集权型的国家,国家权力集中在王室和贵族手中。官职不得世袭,而是根据能力、品行和资历来遴选。

楚国在中国历史上比较早地出现了郡县制的雏形。"篡位者"熊通在政治上表现出极强的创新精神。灭掉权国后,他没有像其他诸侯那样,把它分封给臣下,而是在权国故地设立一个县。所谓县,最初就是悬字,悬挂的悬,就是这块地方"悬着先不处理"的意思。他任命斗缗为权尹。很多历史学家认为,中国历史上以县为一级地方行政区域，即自熊通灭权国而置权县始。

县的出现，在中国政治史上意义非常重大。分封制相当于一种地方自治，国君想直接从各地贵族手里征发百姓，征收税款，会遇到贵族的阻挠和反对。而县尹由国君任命，随时可以免掉，并不世袭，这就保证了国君对新征服土地的绝对控制权。因此，楚国先于其他诸侯国建立起了官僚管理体系的雏形，在春秋战国的第一波效率化改革中占了先机。后来各国纷纷效仿，越来越多的国家慢慢都推行了郡县制。这是战国变法的基本逻辑，其实也是1000多年后西方各国建立中央集权，形成近代民族国家的基本逻辑。

历史的规律就是这样，制度创新往往是在像楚国这样的边缘国家完成的。或者说，边缘国家、边缘地区往往是旧制度刚性最弱、最容易突破的地方。这就是"蛮夷"的优势，也就是所谓的"后发优势"。

第五章 青铜的力量

一

被赶离铜矿带之后,楚人一直对故土念念不忘。

熊渠利用周王室衰落之机,西征庸国,东攻扬越,一直打到湖北东部一带,为楚国未来北上解除了后顾之忧。他的后人则继承他的遗志,继续向北方扩张,试图控制铜绿山。

要获得铜绿山,首先就要征服北方的随国。随国是汉阳诸姬中最重要的一个,它历史悠久,血统高贵,位置险要,拥有高超的青铜铸造技术,铜绿山一带的汉东诸侯又为其附庸,控制了随国,就可以保证铜的运输畅通。

公元前706年,楚国历史上另一位伟大的国君楚武王率领大军,渡过汉水,征伐随国。虽然楚国军队在人数上占有压倒性优势,伐随战争却进行得非常艰苦,前两次出征都没有制服随国。原因之一,就是随国的武器要比楚国精良。张正明在《楚文化史》中说:"武王几度伐随,始终没有把随打败……根本原因是兵器不如对方。那时，谁的铜锡多，谁的铸造技术高，谁的兵器就好。"楚国在这两方面都不如随国。

这更证明了，楚国要想崛起成为大国，就必须先迈过随国这道坎儿。距首次伐随16年后，年迈的楚武王再一次登上战车，他发誓要在有生之年完成这个关系楚国前途的重任。但坐上车后，他突然感到心脏一阵不适。《左传·庄公四年》载：

> 四年春，王三月，楚武王荆尸，授师孑焉，以伐随。将齐，入告夫人邓曼曰："余心荡。"邓曼叹曰："王禄尽矣。盈而荡，天之道也。先君其知之矣，故临武事，将发大命，而荡王心焉。若师徒无亏，王薨于行，国之福也。"王遂行，卒于樠（mán）木之下。

事实上，就在这次出征前，楚武王已经感觉到心脏的不适。他把这事告诉了王妃邓曼。邓曼则对武王说："我也有一种预感，大王的福寿这次可能要到头了。不过，您放心地出发吧，即使您捐躯在途中，只要楚国最后胜利了，整个楚国的臣民还是有福的！"

楚武王点点头，率领大军出发。

行军路上，楚武王心脏病再次发作。他下了战车，被人搀扶着走到路边，坐在一棵巨大的樠木之下。将领们围了上来，楚武王指一指自己的胸口，艰难地说："心荡。"喘息了一会儿，他又睁开了眼睛："我如果死了，你们不要发丧，一定要取胜之后，带着我的尸体凯旋。"

楚军将帅含泪答应了楚武王的要求。不久，楚武王溘然长逝。

将帅按照武王的遗嘱，封锁国君去世的消息，率领大军直扑随都，"重除道、梁溠（zhà），营军临随。随人惧，行成"（《左传·庄公四年》）。在随都附近，楚国扎下了坚固的营垒，在城郊的大河上架设了很宽的浮桥。随军从浮桥的坚固程度上判断出楚军的久战之意和必胜之志。在楚军的压迫下，随人不得不表示臣服于楚，自愿成为楚国的附庸。

得胜的楚军上下一片缟素。楚武王的灵魂，率领着他的军队凯旋。楚国人为这位君主举行了隆重的葬礼。这次对随国的征服，意味着当时天下最重要的一座铜矿山纳入了楚国的势力范围。

楚武王的儿子楚文王继续奉行扩张战略，迁都于郢，将楚国的战略重心放到了开阔的江汉平原。楚武王的孙子楚成王续其余烈，南抚扬越，北收弦、黄，东征徐夷，控制了大别山南北的通道。周王室慑于楚国的兵威，赐命成王说："镇尔南方夷越之乱，无侵中国。"（《史记·楚世家》）就是说，周王正式承认了楚国对江汉平原一带的统治权力，也等于承认了长江中游的铜矿资源为楚国的囊中之物。

二

在今天湖北大冶附近，有一座长约2000米的丘陵，叫铜绿山。在这座山上，漫山遍野地长着一种不起眼的植物，每到秋天，它就会开出一串串牙刷一样粉红色的小花。这种花说不上多么漂亮，但是在古代找矿人的眼里，它却是世界上最美丽的花朵。它的学名叫海州香薷（rú），老百姓叫它铜草花。它是一种喜铜植物，只生长在铜离子丰富的地方。如果把它的根烧成灰，含铜量可达百分之三左右。因此它生长在哪里，就证明哪片土地下有珍贵的铜矿资源。人们就是通过这漫山遍野的铜草花，发现了这座商周时期最重要的铜矿山。

1965年，湖北大冶有色金属公司在开采铜绿山铜矿时，经常会挖到一些古老的巷道，这些巷道又深又长。1973年，在巷道深处，人们发现一件巨大的青铜斧头，这个发现引起了考古工作人员的重视。

随着考古发掘的深入，一个惊人的场景渐渐浮现在人们面前：这是一座春秋时代的古矿井遗址，一共有36个竖井。这说明春秋时期的铜矿采掘业以群井掘进方式为主，最大采矿深度已经达到64米，深入潜水位以下8—10米。考古发掘显示，这一时期，铜绿山已经形成一个相当科学而完整的采矿系统，通风、排水、矿石提升等都有明确的分工。通过今天遗留的这些纵横交错的巷道，我们仍然可以想象在商周时期，成百上千人在这里指挥有序、分工合作、号子震天的壮观的集体劳动场面。在这里，考古学家还发现了古代炼炉的遗迹。通过遗留在这里的40万吨炼铜炉渣，专家推算古代这里累计产铜12万吨左右。这在先秦是一个十分惊人的数字。春秋时代一把青铜戈重量在0.5千克左右，这里所产的铜可以制造2.4亿件铜戈。青铜剑一般重2千克左右，这里所产的铜可以制造6000万把青铜剑。一个青铜箭头重30克左右，以此计算，可以制造40亿枚箭头。可以说，这是一座能决定一个大国命运的矿山。

楚国的上升过程是由多种因素共同推动的。除了蛮夷性外，还有一个重要的因素，就是它得天独厚地拥有了那个时代最多的铜矿资源，又征服了青铜冶炼特别发达的随国和铸剑工艺天下第一的扬越民族，掌握了当时最先进的武器制造技术。一个国家的崛起中，物质因素是基础性的。正是青铜的力量，推动楚国从一个名不见经传的小国，成长为一个席卷江汉、问鼎中原的强国。

三

1977年，丹江水库水位下降后，一座古墓露出了水面。随着对这座古墓的发掘，人们发现，这座水库下面埋藏着古老的楚国都城丹阳。近半个世纪以来，人们在这座都城附近的大量楚墓中，发现了数量众多的精美兵器。

人们发现，楚人的墓葬中，几乎每座都有剑作陪葬。

江陵雨台山558座楚墓中，出土剑172把；张家山56座楚墓中，出土剑21把；拍马山27座楚墓中，出土剑15把；太晖观10座楚墓中，出土剑6把……这个比例，在当时的诸侯国中，绝对是第一的。同时期中原诸侯国墓中，随葬铜剑的不多。比如洛阳中州路260座东周墓葬中，只出土剑24把；郑州二里岗212座战国墓葬中，出土的剑仅有2把。出剑的比例，一个不足十分之一，一个不足百分之一。显然，当时中原国家的尚武之风远不如楚国。

在淅川下寺11号墓中，人们发现了一把春秋后期的铜剑（图5-1），它长43.4厘米，重0.45千克。剑身呈柳叶状，中部起脊。这说明楚人善于贴身近战。这些在地下沉睡了几千年的武器，向人们揭示了楚国崛起的秘密。

当然，楚墓中出土的最负盛名的青铜剑，并非楚国所产，而

图5-1 淅川下寺11号墓中出土的铜剑

是著名的越王勾践剑。吴、越原以铸剑技术闻名天下,楚国人一直在向吴、越学习铸剑技术。特别是在越灭吴、楚灭越之后,原来为越王铸剑的铸剑师转而成了楚国的工匠。楚国吸收了吴、越的技术精华,因此楚国所铸的剑也为各国所推重。

楚国人的学习和创新能力,还表现在对兵器的改造上。

1986年,考古学家陈跃钧对江陵秦家咀墓地47号楚墓进行挖掘时,在众多陪葬品中发现了一个保存完好的盒子。陈跃钧打开盒子,发现里面有一件他从来没见过的东西,那是一件长27.8厘米、通高17.2厘米、宽5.4厘米的木制品,由于时间过于久远,木头已经炭化,通体乌黑。再仔细观察,这块黑色的木头里还装着不少箭镞。

专家判定,它可能是一把弩。然而让大家琢磨不透的是,出土的盒子里并没有弩弓和弦,只有一个长约7厘米的月牙形小木块,这小木块又是干什么用的呢?

经过反复研究和复原,专家发现,这是一把构思巧妙的连发弩(图5-2),由矢匣、机体(木臂、活动木臂、铜机件)、木弓等部分组成。它的矢匣置于机体上方,匣内有三个储箭的槽,两侧为竖槽,各储箭9枚,中间为小平槽,并列放置箭2枚。每次拉弦,就有2枚箭凭自身重力下落到木臂上面。它用活动木臂取代了扳机,弩牙和悬刀被装到了活动木臂上,看似简单的两个铜片之间却有着精密的配合。在一推一拉间就能完成勾弦、拉弦、

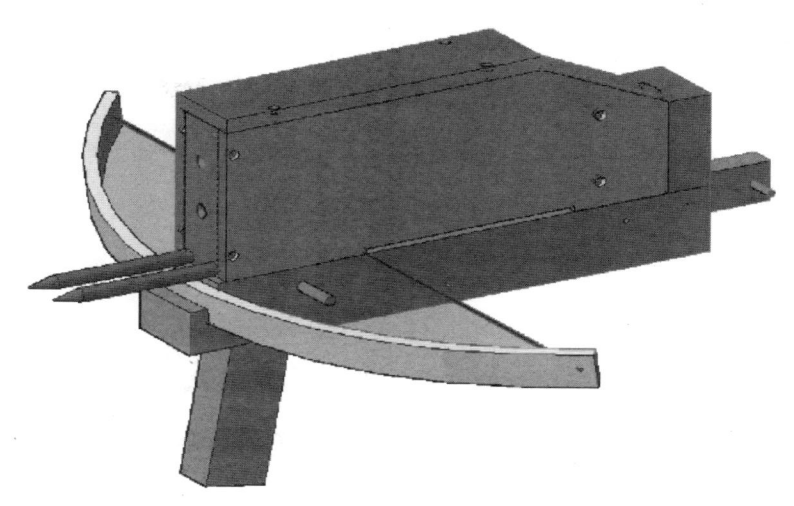

图 5-2　双矢并射连发弩三维图

发射、再勾弦的全过程，动作一气呵成，极为省时。当箭道中的 2 枚箭同时发射出去后，矢匣里的箭就自动落槽，周而复之，实现了连续射击，不愧为一件高效的小型速射武器。（陈跃钧：《江陵楚墓出土双矢并射连发弩研究》）这把距今已有 2000 多年的双矢并射连发弩，后来被专家认定是全世界最早的自动武器。

春秋时期，中原诸国的主要战斗形式是车战。在楚武王以前，楚人还和南方的少数民族一样，全靠步兵作战。从楚武王伐随开始，楚国才建立起第一支战车部队。从那以后，楚国的战车技术就以惊人的速度发展起来。在春秋中期楚国已创制出当时极为先进的战车车种，如"巢车"。

1983年，河南淮阳马鞍冢楚墓出土了一辆带甲战车（图5-3、图5-4）。战国时期的战车以木制为主，而这辆车却与众不同，它的车厢后半部镶有80块铜甲板，每块长约13.6厘米，宽约11.6厘米。从面积来看，铜甲板刚好能布满该战车车厢的后部及左右部，因此，这是一辆名副其实的"装甲车"。这是楚国匠人的独创。

此外，湖北随州曾侯乙墓还出土了两件带矛的车軎（wèi）（图5-5、图5-6）。一般的车軎都是青铜的圆筒，套在车轴的两端，用来固定车轮，而这两件长40厘米的车軎，却是锋利有刃的矛状。它们安装在车厢两端，在作战时对敌军的步兵和战车均能构成较大的威胁。

这些武器，反映出楚人的学习能力和创新能力。楚人对四周的文明，既善于博采众长，又善于推陈出新，因此楚国兵器之精良很快独步天下。到了春秋中晚期，楚国已经建成当时最庞大而且最先进的武器库。楚国的兵器，数量巨大，种类繁多，制作精良，造型独特，锋利无比，以"惨如蜂虿"（《荀子·议兵》）而号称天下之最。

楚人的尚武精神，是驱动楚人不断在战场取胜的软件，武器的锐利，则是战争胜利的硬件基础。当这两者结合起来，楚人的力量就不可阻挡了。

图 5-3　河南淮阳马鞍冢楚墓中出土的带甲战车

图 5-4　河南淮阳马鞍冢带甲战车复原示意图
（杨泓：《华烛帐前明：从文物看古人的生活与战争》）

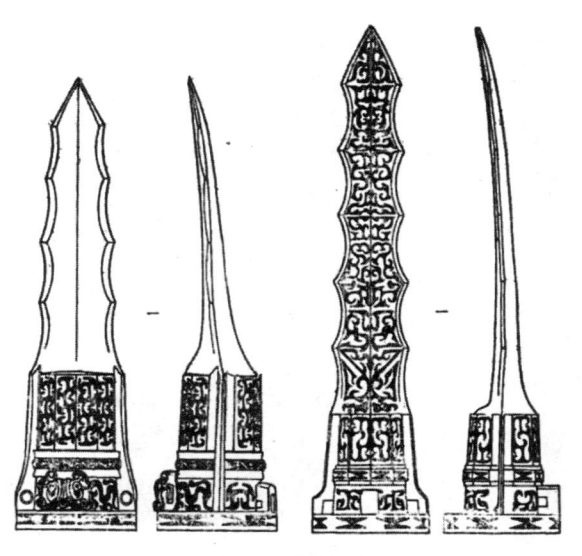

图 5-5　带矛车軎

图 5-6　曾侯乙墓中出土的带矛车軎

第六章 楚人的威胁和争霸的开始

一

春秋战国时代成就最高的一本史书是基于对《春秋》的注解写成的《左传》。这本书记载的大多数是中原诸侯间的大事。对南方的那个蛮夷小国,中原人本来就没有多大兴趣。

但是,公元前710年,这部史书上终于第一次提到了楚:"蔡侯、郑伯会于邓,始惧楚也。"(《左传·桓公二年》)也就是说,蔡国和郑国这两个位于楚国北面的中原国家的国君在邓地会面,原因是他们共同感觉到了楚国的威胁,要一起商议对策。

虽然只有短短的11个字,但这句话却充分表明了中原王朝对楚国的恐惧之心。蔡国和郑国的担心并非空穴来风。

二

从熊绎的隐忍驯顺,到熊通"大逆不道"地自立为王,楚国已经脱胎换骨。经过几百年的积累和发展，楚国境内的土地和矿产资源都得到了充分的开发。特别是得到了铜绿山的铜矿后，以青铜和士气为两翼，楚国成为一只振翅欲飞的凤凰。

而正在此时，西周灭亡了。如前所述，从周朝第四代天子周昭王开始，西周就由盛转衰，各大诸侯国逐渐尾大不掉，越来越习惯各行其是。终于，到了周幽王时，周王已不能有效地召集诸侯们帮助他抵抗异族入侵，以至于在公元前770年，周都镐京被犬戎攻破。周平王不得不将都城从镐京迁往洛邑，西周宣告灭亡，春秋时代开始了。

周王室丧失了威信，不再有协调天下诸侯的能力。没有了"共主"，中原大地上出现了巨大的权力真空，大大小小的诸侯国开始不断发生冲突和战争。《史记·楚世家》这样描述当时的混乱形势："武王十七年，晋之曲沃庄伯弑主国晋孝侯。十九年，郑伯弟段作乱。二十一年，郑侵天子之田。二十三年，卫弑其君桓公。二十九年，鲁弑其君隐公。三十一年，宋太宰华督弑其君殇公。"

内忧必然导致外患，中原国家抵抗外敌的能力显著下降，北方的戎、狄等少数民族抓住机会，不断向中原挺进。"及至周室失统，诸侯专征，以大兼小，转相残灭，封疆不固而利害异心。戎狄乘间，得入中国。……当春秋时，义渠、大荔居秦、晋之域，陆浑、阴戎处伊、洛之间，鄋（sōu）瞒之属害及济东，侵

入齐、宋,陵虐邢、卫,南夷与北狄交侵,中国不绝若线。"(江统:《徙戎论》)

也就是说,因为周王室失去统治力,诸侯相伐,戎、狄相继进入中原。义渠、大荔进入秦国、晋国的疆域,陆浑、阴戎来到伊、洛之间,鄢瞒危及济东,侵入齐国、宋国,欺凌邢国、卫国。

确实,自公元前714年至公元前649年,中原各国轮番受到异族的侵犯:公元前714年北戎侵郑,公元前706年北戎伐齐,公元前670年戎侵曹,公元前664年山戎祸患燕国,公元前649年扬拒、泉皋、伊洛之戎同伐京师……

狄人恃其强大武力,遍侵华夏大地上的邢、卫、齐、晋、郑、鲁等诸侯国,所过之地,城市无不残灭,许多小国甚至被灭国。比如,公元前660年狄人攻灭卫国,公元前650年又灭温国。甚至连强大的晋国都不能幸免。公元前644年,"狄侵晋,取狐厨、受铎、涉汾,及昆都"(《左传·僖公十六年》)。也就是说,狄人侵入晋国,夺取今天襄汾,渡过汾水,到达今天临汾南部一带。

所谓"祸不单行",就在中原诸国因为北方戎、狄入侵而焦头烂额之时,南方也出现了一个强大的蛮夷,挥师北上,威胁中原,那就是楚国。

春秋时代,楚国趁中原无主的机会在长江流域迅速扩张,百余年间，灭国无数。通过梳理《左传》的记载，我们可以发现楚国兵分两路北进，其势头十分惊人。

楚国的一路力量沿着武当山东侧的平原北上，直插南阳盆地。一路上楚国征服了绞国、罗国、权国，于公元前688年进攻南阳盆地北端的申国。楚文王攻灭了申国，除掉了周朝南部最大的一个异姓国，将申国变成楚国的一个大县。申国被征服之后，中原已经近在咫尺了。

另一路楚国势力则直指大别山。经过三次伐随战争，楚国终于迫使随国臣服。此后，楚国又消灭了中原南端的息国，并挥师北上。在公元前684年，即楚文王六年，楚国终于攻打了蔡国，这一年是蔡郑"始惧楚"之后26年。蔡国是中原南部较大的一个姬姓国，始封之君是周武王的弟弟叔度。蔡师一触即溃，蔡哀侯献舞被楚师俘获并带回郢都。蔡国这样的老牌王族国家被打败，引起中原国家的极大震动。又过了6年，楚国兵临郑国都城之下，把它的势力插入了中原腹地。

从公元前706年到公元前678年这28年间，楚国一连串狂风暴雨般的表演，让中原诸国惊愕万分。楚国这个巨人北上的脚步，震得中原大地不断战抖。他们从来没想到，这个远在南方的默默无闻的蛮夷，突然会爆发出如此惊人的能量，让这么多世系久远、文化发达的诸侯国都不能抵挡。楚国与北方少数民族虽然并没有战略约定，却客观上形成了南北夹击之势。这两股强大势力遥相呼应，一时间中原文明呈现摇摇欲坠之势。

因此在公元前7世纪前后，中原文明遭遇到了一次空前严重的威胁。先秦的史学家们说，其严重程度，已经达到了文明毁灭的边缘。《春秋公羊传》的作者惊呼："夷狄也，而亟病中国，南夷与北狄交，中国不绝若线。"也就是说，"夷"和"狄"严重危害中国，北边的狄人与南边的夷人相呼应，轮番入侵中原；在两股势力的挤压下，中原文明一度像一根线那样细，几乎断绝。

南夷与北狄交侵中国的严重局势，呼唤着华夏诸侯必须要有一个新的核心站出来，取代周王室为中原国家建立一个新的政治秩序，以团结起来，共同抵抗外部危机。

"霸主"时代因此到来。

三

说起春秋时代，我们头脑中想到的第一个词，往往是"争霸"。

在《新华字典》中，对"霸"这个字的解释，有一个义项是"依靠权势横行无忌、迫害他人的人"。这也是大多数现代人头脑中的概念。因此，很多人对那段春秋争霸的历史，往往理解为几个强有力的大国争夺霸权，依仗武力欺压弱小国家。

这是我们对春秋时代诸多误读中最典型的一个。这个误读，说明了现代人与春秋那段历史已经多么遥远。

其实，"霸"字在先秦通"伯"字，而伯字的本义是"长"。《白虎通·号篇》说："霸者，伯也，行方伯之职。"《孟子·离娄·丁音》说："霸者，长也。言为诸侯之长。"所谓方伯，是指某个地区之内诸侯的首领，一般由当地较大的诸侯来担任，他的任务是调解地区内诸侯之间的矛盾和纠纷。打个比方，如果周天子是天下诸侯之父，那么"霸"就是诸侯中的兄长。当父亲年老体衰、家庭内乱之时，就需要大哥挺身而出，协调兄弟们的关系。

因此，"霸"字的本义，是诸侯联盟的盟主。所谓"争霸"，最初的意义是大国在天下有难时争着挺身而出，来维护地区的秩序。

第一个站出来的大哥，是齐国。

齐国是一个老牌的诸侯国，开国者是周朝第一功臣姜太公（即吕尚、太公望）。姜太公功劳卓著，齐国在诸侯国中地位崇高。[1] 齐桓公是姜太公的第十二代孙，中原文明遭遇严重危机，各国又内乱重重，令他忧心忡忡，一直在思考怎样才能使诸侯们团结起来，一致对外。

---

[1] 在管蔡之乱后，为了让齐国成为安定东方的屏障，周成王授权姜太公："东至海，西至河，南至穆陵，北至无棣，五侯九伯，实得征之。"（《史记·齐太公世家》）齐国由此成为东方诸侯之长，得到征伐不服的小国之权，在诸侯中的地位进一步突出。

齐国称霸的第一步，是任用管仲，推行改革。只有国家强大了，才有能力对外施加影响。管仲说："内政不修，外举事不济。"（《管子·大匡》）换言之，欲霸诸侯，必须从治理内政开始。

齐国经济基础比较好，疆域濒临大海，封国建邦以来，煮盐垦田，富甲一方。在齐桓公的支持下，管仲开始了以"奖励耕战"为核心的旨在富国强兵的全方位改革，包括选贤任能的政治改革，"作内政而寄军令"的军政制度改革，"均田分力""无夺民时""设轻重鱼盐之利"的经济改革，从而为桓公的霸业打下了坚实的基础。据说在管仲的治理下，齐国"三岁治定，四岁教成，五岁兵出，有教士三万人，革车八百乘"（《管子·小匡》）。虽然实际效果可能没有如此迅速，但是在管仲的辅佐下，齐国确实成了兵甲数万的强盛的东方大国。

齐桓公即位的第四年，邻国宋国发生了严重的内乱。宋国国君被弑，几位公子争夺君位，失败者逃往邻国，成功者追杀政敌。一时之间，宋国与邻国都动荡不安，战争随时都可能爆发。

齐桓公审时度势，决定主动出面处理这次危机，以避免中原国家在内斗中消耗力量。他按照周礼，首先派使臣携带重礼，去朝拜周天子，说宋国不尊周礼，随便废立国君，请周天子授权他去兴师问罪。

周王室东迁以后，实际控制的土地仅方圆600里，诸侯们早就不把王室放在眼里。特别是郑国经常以桀骜不驯的姿态与周王暗抗明争，甚至拒不朝贡。公元前707年，周桓王在战争中被郑国打败，自己被箭射伤，王室威严扫地。从此之后，周王室只能收起"天子"的威风，委曲求全。诸侯们也因此更不把周王室放在眼里，多年不去朝拜。比如，整个春秋200多年中，鲁国国君只朝见过周王三次，派大臣前来朝见也仅有四次。

周天子万万没想到，东方大国齐国会这么重视自己，要兴师作战，居然还先来请示。当然，他也不能不同意。于是，齐国以周天子之命为旗号，联合陈、曹两国组成三国联军，前去讨伐宋国。大兵压境之下，宋国不得不与诸侯约定，以后在国君废立之事上，一定要按周礼处理，同时也要遵守周礼来处理与邻国的关系。

公元前679年，齐国在鄄（juàn）城举行了一次会盟，史称"鄄会盟"。会盟是周代用以解决天子与诸侯、诸侯与诸侯之间重大问题的协商形式。《说文解字》说："盟，曰：'国有疑则盟。'诸侯再相与会，十二岁一盟，背（北）面诏天之司慎、司命。"协商达成结果之后，要杀牲歃血，"明告其事于神明"。齐桓公与周天子的代表单伯，和陈、卫、郑、宋四国的国君一同齐集此地。赞礼官割下一只牛耳，接满一盘牛血，捧到五位君主和单伯面前，六人轮流各饮一口，这就是所谓"歃血"（"歃"谓口含血也）。然后，宣读官宣读盟书。在盟书中，与会诸国约定，要尊重周天子，扶助王室；要联合起来，抵御外族入侵中原；要帮助弱小和有困难的诸侯。总结成一句话，就是"尊王攘夷"。齐桓公首开以诸侯身份主持天下会盟的记录，确立了他的威信。《史记·齐太公世家》说："唯独齐为中国会盟，而桓公能宣其德，故诸侯宾会。"周天子的代表单伯宣布，因为齐桓公有效地处理了宋国的内乱，表现了强烈的责任感，因此任命他为东部国家的方伯，也就是诸侯之长。

这是齐国称霸的开始。接下来，为了团结诸侯，以"尊王攘夷"为号召，齐桓公还做了几件大事。

第一件是团结鲁国。齐鲁两国相邻，本是多年的宿敌，为了消除宿怨，齐桓公对鲁国表现出了极大的善意。齐桓公八年（前678年），齐桓公决定，把过去三次战争中从鲁国手中夺取的土地，归还给鲁国。此举进一步奠定了齐桓公霸业的道德基础。"诸侯闻之，皆信齐而欲附焉。"（《史记·齐太公世家》）诸侯因此都进一步信赖齐国，想归附在齐国的旗帜之下。齐桓公达到了提高威望的目的，也成了中原国家抵抗外敌的领导核心。

第二件是援助燕国。齐桓公二十三年（前663年），山戎大规模进攻北方燕国，齐桓公亲率大军去救燕国，经过6个月的艰苦征战，赶走了山戎。"燕庄公遂送桓公入齐境。桓公曰：'非天子，诸侯相送不出境，吾不可以无礼于燕。'于是分沟割燕君所至与燕，命燕君复修召公之政，纳贡于周，如成康之时。"（《史记·齐太公世家》）燕庄公感激涕零，诺诺称是。

第三件是恢复邢国。齐桓公二十七年（前659年），狄人部落侵犯邢国。齐桓公联合宋、曹两国，组成三国联军，击败了狄人。不过邢国的国都已经被狄人摧毁，残破不堪，又考虑到其地理位置偏北，一直处于狄人的威胁之下。因此，齐桓公决定，将其国都迁到靠近齐国的夷仪（今山东省聊城市西南），在那里为邢人重新建国。

第四件是重建卫国。齐桓公二十八年（前658年），在帮助卫国击退狄人之后，齐国也将卫国南迁到黄河边上，帮助卫国在楚丘（今河南省滑县）筑新城。卫懿公被狄人杀死，齐桓公按周礼为卫国立了新的国君卫文公。

在齐桓公的领导下，中原各诸侯国抵抗住了北方异族的侵扰，站稳了脚跟。桓公被称赞"有存亡继绝之功"（《穀梁传·僖公十七年》）。接下来，齐桓公要对付的对象是另一个更重要的敌人：楚国。

四

公元前678年，楚文王借口郑厉公复位时"缓告于楚"（通报楚国太晚），起兵伐郑，直抵栎地（今河南省禹州市）。这是以后两个世纪中楚国几十次攻打郑国的开始。

这是中国历史进程中的一个标志性事件。在此以前，楚国虽然攻灭、臣服了许多国家，但那些大多是地位并不重要的小国，但是郑国就不同了。

郑国是王室至亲，周厉王幼子友之后。在春秋初年，郑国非常活跃，如前所述，一度与王室争雄，成为左右中原政局最强大的国家，后人在总结春秋争霸历史的时候，称郑庄公为"小霸"。一段时间之内，齐国也不得不对郑国礼让三分。这个历史悠久的老牌强国，如今居然受到楚国的欺凌，不能不让中原国家有唇亡齿寒之感。

楚成王即位之后，伐郑的势头越来越猛。楚成王是一代雄主。他是春秋时代著名美女息夫人的儿子。原来公元前684年，楚文王为了得到美女息夫人而出兵灭了原来的盟友息国，息夫人后来为楚文王生下了儿子熊艰和熊恽。楚文王去世后，熊恽杀死兄长熊艰，夺得国君之位，成为楚成王。楚成王六年（前666年），楚国派大将子元伐郑，失败而返。楚成王十三年至十五年（前659年至前657年），楚国连续三年攻打郑国，郑国招架不住，岌岌可危。

楚成王十六年（前656年）春，为遏制楚国北进，齐桓公亲率齐、鲁、宋、陈、卫、郑、许、曹等八国军队，南下攻打楚国。诸侯联军顿兵于楚国方城之外，发来战书。

如果说楚成王毫无畏惧，无疑不符合当时的历史情势。楚国虽然表现出强烈的上升势头，但它面对的是以一敌八的阵势。不过，楚成王表现出了足够的镇定。据《左传·僖公四年》记载，他派出使者，对齐桓公说："君处北海，寡人处南海，唯是风马牛不相及也。不虞君之涉吾地也，何故？"也就是说，楚国与齐国相距遥远，从来没有发生过联系，没想到今天您亲率大军来到我国边境。这句风趣的话传神地表现了楚人在危机面前的机智和从容。"风马牛不相及"这个成语从此流传下来。

齐国首相管仲代表齐桓公的回答，说明了此次军事行动"尊王攘夷"的主旨："尔贡苞茅不入，王祭不共（供），无以缩酒，寡人是征。"就是说，楚国已经很多年没有按周礼的要求向周王室进贡，这是严重挑战中原文明秩序的行为，必须加以讨伐。

齐国的战争借口，在今天看来，似乎没有抓住重点。然而，在春秋时代，这却是最为光明正大的理由。虽然进入春秋之后，周礼已经遭到破坏，但它仍是各国公认的准则。这一时期许多诸侯国面对复杂的政治局面，仍坚持以"礼"行事，把"礼"作为治国、外交的手段。"礼"的维护等级制度、维持社会秩序的本质特点使它在治理国家中发挥了巨大作用。春秋时代战争的特点是，至少在表面上，一切都围绕着礼制秩序，也就是说必须"师出有名"。战争的目的，至少在表面上，是使对方承认错误，遵守周礼。对方一旦承认违背了周礼，表示悔过，战争则可能因此避免。

面对气势汹汹的诸侯联军，刚刚强盛起来的楚国也不免感到恐惧。经过思考，楚成王派使者给齐桓公发出了这样的答复："贡之不入，寡人之罪也。"

楚成王明智地认识到，楚国现在还不具备与联军作战的实力。因此，他只能承认是自己违背了周礼，并承诺以后按时进贡。

一场迫在眉睫的空前大战因为这句话而得以避免。齐桓公决定见好就收，双方在召陵（今河南省漯河市召陵区）举行会盟，楚国承认了不向周天子进贡"苞茅"的过错，表示愿意承担服从王室的义务，算是多少作了让步，给了齐桓公面子。齐桓公在得到楚国的承诺后引兵而回。

黄朴民分析说，齐桓公作为霸主，成功的原因是做事"中庸"节制，凡事把握分寸。召陵之盟就充分体现了他通过妥协的方式，实现有限战略利益的稳重政治风格。联军实力虽强，但楚国并非一般的小国，真的贸然发动战争，联军并没有取胜的绝对把握。他一方面出面组织起一支多国部队，给楚国施加巨大压力，迫使对手作出一定的让步。另一方面，他又不追求将对方赶尽杀绝，让对方走投无路，在达到阻遏楚国北进势头的有限战略目的后，适时终止行动。

无论如何，通过召陵之盟，楚国北上的势头受到扼制。此后，楚国一度将其扩张野心向东转移至淮河流域，而不再北上。

召陵之盟被认为是齐桓公的巨大成功，也标志着他的"攘夷"功业达到了顶点。周王对齐国的阻楚之功十分感激，派人给他送了祭肉、弓箭和马车。

五

可以说，"争霸"运动的初期，实质是一场周文明的自救运动。在中原政治需要霸主的时代，齐桓公捷足先登，当上了中原诸国的第一位共主。他以维护周礼为号召，组织多国军队对"破坏国际秩序"的国家进行征讨。

从齐桓公的"争霸"过程，我们可以看到，在春秋前期，"霸主"地位主要是一种荣誉，而不是获得实利的资本。战争的目的，是使各国遵守"国际秩序"，而不是灭掉其他国家。

齐桓公回到中原后，于公元前651年夏，又举行了著名的"葵丘会盟"，与各诸侯国签订了维护"周礼"的盟约。《孟子·告子下》记载了齐桓公葵丘会盟盟辞的"五禁"条款：一是诛杀不孝之人，勿改变已确立的太子，不要以妾为妻；二是尊重贤能之人，培育人才，要大力表彰那些有德行的人；三是尊重老人，爱护孩童，不忘来宾和旅客；四是士不能世世为官，官吏的事情让他们自己去办，不要独揽，取士一定要得到能人，不专杀大夫；五是不要故意设堤坝，不要阻止别国人来籴粮食，也不能不报告天子就封国封邑。¹可见，维护周代政治文明始终是齐桓公称霸要达到的首要目标。

齐国的霸权可以称为一种理想主义霸权。它把国家的硬权力和软权力（仁义）结合起来，形成了春秋早期的"单极稳定状态"。（参见叶自成：《中国外交的起源——试论春秋时期周王室和诸侯国的性质》）齐桓公经常综合使用军事威慑和政治外交谋略迫使对方接受自己的条件，用"轻其币而重其礼"（《国语·齐语》）的外交手段控制诸侯，把对手束缚在周礼的框架之内。与楚国的召陵之盟是其中典型的一次。²事实上，齐桓公调解各国间的关系，更主要的是会盟而不是战争。齐桓公在位四十三年，纠合诸侯凡二十六次，其中事关天下全局的就有九次，因此才有齐桓公"九合诸侯，一匡天下"之说。

叶自成说，齐国的例子说明，如果一个"仁义"的大国独霸，通过自我限制地使用实力，可以为国际社会提供公益，确保整个国际社会处于和平和正常的秩序之中。（参见叶自成：

---

1 《孟子·告子下》原文为："初命曰：'诛不孝，无易树子，无以妾为妻。'再命曰：'尊贤育才，以彰有德。'三命曰：'敬老慈幼，无忘宾旅。'四命曰：'士无世官，官事无摄，取士必得，无专杀大夫。'五命曰：'无曲防，无遏籴，无有封而不告。'"
2 齐桓公称霸过程一直善于借力。他迁邢、存卫等为后人称道的大事，都是审时度势后的理智之举。他并不是在邢国与卫国一遭到戎、狄的攻击，就立刻出兵援救，而是在邢、卫已被戎、狄所攻破才出兵，因此齐兵抵达邢、卫时，戎、狄已经完成抢掠，准备撤出。所以齐兵并不需要苦战，只需收容安置一下邢、卫两国的难民，就可以获得拯救危难的美誉。

《中国外交的起源——试论春秋时期周王室和诸侯国的性质》）在齐桓公当政期间，中原国家有力地抵御了外族的入侵，而内部20多年没怎么发生大的战争，从而避免了不必要的生命损失。正因此，孔子极力赞美齐桓公的丰功伟绩，认为齐桓公"存亡国，继绝世"，可谓功高盖世。他还说，管仲是中原文明得以延续的大功臣："微管仲，吾其被发左衽矣！"（要是没有管仲，我就得披着头发、衣襟左开，沦为夷狄了。）(《论语·宪问》）

第七章

宋襄公主义

一

公元前643年，春秋时代的第一个霸主齐桓公去世了。强人时代，总是人亡政息。一代霸主去世之后，齐国诸公子争立，齐国大乱。齐国权臣立了一位没有继承资格的公子为君，太子昭逃往宋国。

诸侯失去共主，谁来充当新的诸侯领袖呢？

宋国君主挺身而出。宋国在周代诸侯国中地位非常特殊，它不是周王的兄弟之国，也不是亲戚之国，更不是功臣之国。它是由被周朝推翻的商朝的后代所建立的。

周朝封商代贵族微子于宋，并且被封为公爵，而齐鲁等周朝功臣和至亲的爵位仅为侯爵。周王特准宋国用天子礼乐奉商朝宗祀，与周为客。所以宋国地位特殊，被周天子尊为"三恪"之一。宋国面积也比较大，约有10万平方千米，域内皆中原膏腴之地。因此宋国"国大爵尊"，既是一个文明传统深厚的古国，又有一定实力。

更关键的是，宋襄公是一位对中原文明极具责任感的贵族。[1]宋襄公终生以维护礼乐文明为使命，以"仁义"作为自己行动的指针。他急公好义，齐国太子昭出奔之后，宋国率领曹、卫、邾等国军队平定了齐国之乱，太子昭在宋襄公的帮助下被立为国君，安定了中原秩序。

宋国此举获得了各国的赞赏。春秋早期，诸侯争霸的第一个条件是要站在道德的制高点上，获得其他诸侯的衷心拥护。宋襄公感觉自己站出来领导各国的时候到了。

为了获得各诸侯国承认，公元前639年，宋襄公派人与当时最有实力的国君楚成王商议会盟之事，相约宋襄公将以盟主身份与楚成王以及陈国、蔡国、郑国、许国、曹国之君在盂（今河南省睢县西北）会盟。

楚成王是一位见惯了国际政治风云的雄主，他一生南征北战，南抚扬越，北收弦、黄，东征徐夷，当然也在召陵之盟中向齐桓公低过头。齐桓公去世后，在位已经30多年的楚成王就成了各国当中最具实力和经验的国君。宋襄公不自量力想组织盟会，还以上国姿态传召楚国参加之举，令楚成王非常恼怒。楚成

---

[1] 作为嫡长子，在即位之初，宋襄公认为自己的庶兄目夷更有能力，因此想让位于他。在目夷拒绝以后，襄公拜其为自己的相国。

王表面答应了宋襄公,心里却另有打算。他不动声色地对臣下说:"召我,我将好往袭辱之。"(《史记·楚世家》)

这年秋天,宋襄公兴致勃勃地按约定到盂地举行盟会。当时诸侯会盟有两种方式:一是为了自卫带领兵车前往,称为"兵车之会";另一种是为了表示互信,不带兵车,称为"衣裳之会"。

在盟会之前,宋襄公的哥哥目夷曾向宋襄公建议,一定要带兵车前往,因为楚国是蛮夷之国,必须保持适当的警惕:"楚,蛮夷也,其心不测。""楚强而无义,请以兵车往。"然而宋襄公不听目夷的劝告,执意不带兵马。结果楚国在盂地设下伏兵,将宋襄公擒获,然后大举进攻宋都。不过由于宋军顽强死守,宋都数月未下,后来在鲁僖公的调停下双方停战,楚成王才将宋襄公释放回国。

二

宋襄公回国后,不甘心盂地之辱,也没有放弃争霸的雄心。公元前638年,宋国联合卫、许、滕等国,进攻郑国,楚国为救郑国而攻宋国。双方在泓水(已湮,故道在今河南省柘城县西北)展开了一场大战。这场大战,因为宋襄公那个"仁义"的标签而广为人知。

《史记·宋微子世家》对这次战争的经过与结局记载如下:

冬十一月，襄公与楚成王战于泓。楚人未济，目夷曰："彼众我寡，及其未济击之。"公不听。已济未陈，又曰："可击。"公曰："待其已陈。"陈成，宋人击之。宋师大败，襄公伤股。国人皆怨公。公曰："君子不困人于厄，不鼓不成列。"

也就是说，在这场战争中，宋国军队列好了阵，楚国军队渡过泓水来交战。宋襄公的哥哥目夷对宋襄公说："楚军比我军人数多，我们应该趁他们正在渡河时马上发起进攻，那样楚军必败。"

宋襄公却回答说："不行，要等他们排好队形。"结果是等楚军全部渡过河，并且排好队列后双方才开战。宋军因寡不敌众，落得大败，宋襄公也受了伤，第二年悲惨地死去。宋人埋怨宋襄公，宋襄公却说，他遵守的是周礼中的战争规则。即敌人处于险地，不能乘人之危；敌军没有做好准备，不能突施偷袭。

这一戏剧性的故事成为中国历史上有名的桥段之一。这个故事被选进了中学课本，宋襄公也因此成了世人皆知的著名历史人物。

用今人的眼光来看，这位宋襄公确实愚蠢呆板得可以。但是如果我们对宋襄公所处的时代有所了解，就会知道他的选择其实是由当时的环境和宋国的文化传统决定的。

春秋时代的上层社会中，"礼"如同空气一样无所不在。甚至在战场上，人们也需要遵守战争礼。黄仁宇在《赫逊河畔谈中国历史》中说："春秋时代的车战，是一种贵族式的战争，有时彼此都以竞技的方式看待，布阵有一定的程序，交战也有公认的原则，也就是仍不离开'礼'的约束。"

春秋时以车战为主，因此必须选择好一处平坦开阔的地点，双方约好时间，大致同时抵达，等列好队伍之后，鸣起战鼓，驱车冲向对方。这就是所谓的"结日定地，各居一面，鸣鼓而战，不相诈"（〔汉〕何休：《春秋公羊传解诂》）。

这种战争，更像体育比赛，要遵守一定的秩序。《左传·昭公二十一年》记载的宋国公子城与华豹之战十分典型。双方的战车在赭丘相遇，华豹张弓搭箭，向公子城射来，结果却偏离目标。华豹动作敏捷，又一次搭箭上弦。公子城一见，对他不屑地大喊："不狎，鄙！"意思是战争的规则是双方一人一箭，你射了我一箭，现在应该我射你一箭了。你不守规则，太卑鄙了！华豹闻言，放下弓，老老实实地等公子城搭弓。结果是公子城一箭射死了华豹。史书并没有嘲笑华豹愚蠢，相反却肯定了他以生命维护武士的尊严。

在今人看来，这些老祖宗在战场上的表现似乎太迂阔了，其实不然。因为春秋以前的作战方式和战争理念都与后世有很大的不同。春秋时期的军队都是以贵族为主体，战士人数不多，几百辆战车而已，每次战争一般不超过一天。因此那个时候的战争更像是一次大规模的绅士间的决斗。贵族们在战争中比的是勇气和实力,偷袭、欺诈、乘人之危都是不道德的。正如徐杰令所说:"春秋战争礼最大的特点,在于讲究承诺,遵守信义,不以阴谋狡诈取胜。"宋襄公所说的"不鼓不成列"和《淮南子》所说的"古之伐国,不杀黄口,不获二毛",正是那个时代普遍的战争规范。

三

由于中国的贵族传统中断太久,今天的中国人已经很难理解先秦时代祖先们的内心世界。好在大量的西方文学、影视使我们对欧洲的贵族多少有一些了解。也许通过援引一些欧洲中世纪的历史,我们更容易理解自己的祖先,因为贵族社会的一些精神原则是一脉相通的。如果我们感觉宋襄公时代的"不重伤,不禽二毛""不鼓不成列"过于古奥,那么,打这么个比方,也许就容易明白了:春秋时代的战争规则,其实就是中世纪欧洲的"骑士精神"。

欧洲骑士的行为准则是:不伤害俘虏,不攻击未披挂整齐的骑士,不攻击非战斗人员,如妇女、儿童、商人、农民、教士等。

欧洲骑士间的战争和春秋时代的贵族战争一样,也是要摆好阵势之后，堂堂正正地对攻。搞突然袭击，对真正的骑士来说，是一种可鄙的行为。骑士精神包括两个方面：一方面是不畏强者，作战勇敢，不得贪生怕死；另一方面则是同情弱者，对失败者宽洪大量。当一名骑士俘虏了另一名骑士后，必须将俘虏待如上宾。英法战争期间，在克雷西及普瓦捷被俘的法国骑士，在英国人的军营中经常受邀与胜利者英国人一起盛饮娱乐，活得安然舒适，直到被赎回。

这岂不正是我们嘲笑了几千年的"宋襄公精神"？可惜的是，今天相当多的中国人崇拜骑士精神，却很少有人意识到它就是"宋襄公精神"的欧洲版。

作为殷朝贵族后代，从小受到严格贵族教育的宋襄公，讲究贵族风度是他根深蒂固、深入骨髓的观念。在战争中，他既要取胜，也要赢得"漂亮"、赢得"合理"、赢得"高贵"。甚至在一定意义上，风度大于胜败。那些今天看起来迂腐的礼仪其实不仅仅是仪式和礼节，更是一个阶级不可更改的文化信念。

其实有很多史书肯定了宋襄公的做法。比如《公羊传·僖公二十二年》对此事的评价是："君子大其不鼓不成列，临大事而不忘大礼，有君而无臣，以为虽文王之战，亦不过此也。"意思是即使周文王遇到这种情况，也不会比宋襄公做得更好。司马迁在《史记·宋微子世家》中也说："襄公之时，修行仁义，欲为盟主。……襄公既败于泓，而君子或以为多，伤中国阙礼义，褒之也，宋襄之有礼让也。"就是说宋襄公虽然失败了，但是很多君子认为他值得赞扬，他们感叹在礼义缺失之时，宋襄公却依然秉持礼让精神。

到宋代苏轼的《宋襄公论》，中国人才开始以成败论英雄。苏轼以反传统的姿态指出，不论如何，兵败于楚，就是宋襄公的罪过："至于败绩，宋公之罪，盖可见矣。"

不过，泓水之战宋襄公的失利，确实标志着以优雅为首要追求的周礼文化向以效率为主要目标的竞争文化的转变。诚如《淮南子》所说的"古之伐国，不杀黄口，不获二毛。于古为义，于今为笑。古之所以为荣者，今之所以为辱也"。鉴于宋襄公的悲惨结局，在以后的战争中，背信弃义、偷袭等行为开始萌芽。宋襄公怎么也不会想到，他坚持周礼，对历史的影响却是如此深远。

四

《荀子·王霸》认为"信立而霸"，东汉赵岐把五霸视为"秉直道以率诸侯"。然而宋襄公争霸的失败，说明争霸仅有道德优势是不够的，还必须要有强大的实力。

了解一点春秋史的人都应该知道一个词：春秋五霸。不过这五霸到底是谁，其实历史上没有定论，历代史书至少有六种说法。

《史记索隐》的说法是齐桓公、宋襄公、晋文公、秦穆公、楚庄王。而《荀子·王霸》的说法是齐桓公、晋文公、楚庄王、吴王阖闾和越王勾践。《辞通》认为是齐桓公、晋文公、秦穆公、楚庄王、郑庄公。《白虎通·号篇》说是齐桓公、晋文公、秦穆公、楚庄王、吴王阖闾。《汉书注·诸侯王表》说是齐桓公、晋文公、秦穆公、宋襄公、吴王夫差。《四子讲德论》说是齐桓公、晋文公、秦穆公、楚庄王、越王勾践。

那么我们不妨来统计一下,得票最多的是齐桓公和晋文公,全票。接下来并列第二名是楚庄王和秦穆公,五票。吴王阖闾、夫差父子三票,越王勾践两票,宋襄公两票,郑庄公一票。

事实上,郑庄公被公认为是霸主时代到来前的"小霸",算不上正式的"五霸"之一。而宋襄公试图称霸因泓水之战未果的事也众所周知,"图霸未成"。所以五霸应该为齐桓公、晋文公、楚庄王、秦穆公、吴王阖闾。

那么,我们来看一下,这五个称霸之国,齐、晋、楚、秦、吴,有什么共同点呢?

共同点很明显,那就是它们都不是完全的中原诸侯国,而是华夏文化和边缘文化融合的国家。

齐国是中原文化和东夷文化的融合体。太公初封于齐,"东濒于海"。那时候,齐地还没有中原化,完全是所谓"蛮夷"的地盘。历史学者说,齐地"处于东夷土著活动范围"(吴庆:《先秦时期齐地古国考论——兼及齐文化之形成》)。山东今天虽然是孔孟文明之乡，但是在春秋时代，泰山东南仍然是"东夷"的势力范围。

东夷中的主要一支莱夷崇鸟，以鹰（亦名爽鸠、鹚［lái］鸠）为图腾。史书所载，姜太公刚刚到山东，当地强悍好战的东夷莱侯就给了他一个下马威："东就国……莱侯来伐，与之争营丘。营丘边莱。莱人，夷也，会纣之乱而周初定，未能集远方，是以与太公争国。"（《史记·齐太公世家》）这种争营丘之战发生了不止一次。

面对东夷的严峻挑战，姜太公顺应时势地制定并实行了"因其俗，简其礼"的统治政策，就是尊重当地居民东夷人的传统文化、生活习惯，大体简化而遵行，而没有以征服民族自居，强制革除当地原有的文化传统。因此新建立的齐国与当地夷人之间的关系不久就稳定下来，没有产生大的民族矛盾。

这种文化的吸收和融合在文物中也有所体现。考古显示，齐文化的陶器风格与典型的周文化不同。周器大多呈方形或扁方形，显得矮胖、稳重；而日常生活中偏爱高器物是东夷文化的传统特征之一，所以齐器细高、苗条。齐器的这种风格特征反映了东夷文化的传统仍在延续。齐器中有一定数量的褐陶，这是东夷传统文化的一种反映。从墓葬形制方面看，齐墓的带墓道和腰坑的特点是东夷传统文化的反映。齐墓中普遍流行的腰坑内几乎全都有一条狗随葬，而用狗作为牺牲正是东夷文化的传统，至少在大汶口文化时期即已出现。（靳桂云：《齐国"因其俗，简其礼"政策的考古学观察》）东夷是善射善战的民族，齐文化中的尚武之风，齐人的勇猛善战，也与传统东夷文化密切相关。（吴庆：《先秦时期齐地古国考论——兼及齐文化之形成》）

宋国一直是一个中原国家，它身上背负着沉重的文明包袱——守旧、文雅、重德轻武，没有草原民族的好战血液。更重要的是，春秋战国的强国都有一个特点，面向中原，背靠边缘，向边缘地区有巨大的发展空间。而宋国立国之初，就在周天子的脚下，周围大小国还有十余个，这进一步限制了宋国的发展。宋国作为一个只有二流实力的小国，争霸未果，也是意料之中的事情。

第八章 强大了的蛮夷更可怕

一

宋襄公图霸昙花一现之后，楚国对中原的威胁更为明显。汉水流域的诸多姬姓小国早为楚国所翦灭，陈、蔡两国成为楚国的附庸。泓水之战后，宋、郑、曹、卫等重要中原国家都在楚国的威逼利诱之下与之结盟，站到楚国的战旗之下。一时间，楚国俨然有入主中原的架势，华夏文明似乎又一次到了生死存亡的边缘。

不过这个时候，楚国在物质上已经充分中原化了，很难再说它是一个纯粹的蛮夷国家。上升期的楚国，日益富庶繁荣。到了楚成王时代，楚国的阔绰甚至让中原人惊讶。

春秋时代的传奇人物晋文公重耳，因为晋国内乱，即位前曾经以公子身份在外流亡19年。在流亡过程中，大部分国家对这个落魄公子不太客气。有的不让他进国门，有的对他冷若冰霜，有的甚至对他戏弄侮辱，如卫国、曹国和郑国。虽然都是姬姓，但是春秋时代诸侯内乱重重，这类出逃的公子多如过江之鲫，各国没有时间和精力都按礼仪去接待。甚至普通农民也对他不客气，重耳流落五鹿，想向农民讨些饭食，却只得到了一些土块。

只有个别国家如齐国和楚国对重耳很热情，重耳来到楚国，楚成王对他很重视。他认为，重耳能力突出，虽然在外流浪多年，但是很得民心，身边还有一批不离不弃的才能之士辅佐，这一点足以成为政治上的巨大资源。因此，楚成王决定用对待诸侯的礼节招待他。接待重耳的宴会，采用了最高规格。"以周礼享之，九献。"（《国语·晋语》）所谓九献，就是九次敬酒。根据《周礼·秋官·大行人》的记载，飨礼之仪最高者为九献，最低者为一献。九献是"上公之礼"，是接待最尊贵的客人以及祭祀宗庙的时候才用的礼节。

重耳从来没有受过这样盛大隆重的接待，一开始甚至不敢参加，在僚属的力劝下，他才壮起胆子出席了宴请。

与九献相配合的，是"庭实旅百"。也就是说，庭间放了上百件礼器。楚成王提高宴会规格一方面是以示尊重，另一方面也是有意炫耀楚国的富强。

席毕，楚成王本着蛮夷之君直言不讳的风格问重耳："子若克复晋国，何以报我？"（《国语·晋语》）意思是公子倘若回国继位，拿什么来报答寡人呢？显然楚国希望重耳如果有一天能够成为晋国君主，可以对楚国的北上战略作出让步。

重耳回答说:"子女玉帛,则君有之。羽旄齿革,则君地生焉。其波及晋国者,君之余也。其何以报君?"(《国语·晋语》)就是说,楚国所拥有的"玉帛"等财富和"羽旄齿革"等物资是晋国等北方国家远远不能比的。楚国之富,天下第一,重耳实在想不出拿什么好东西回报楚成王。

确实,此时的楚国已经拥有了连中原国家也无法比肩的豪华礼器,以及比中原国家还要高大精美华丽的宫室建筑。这证明楚国在物质上已经充分中原化了。楚国人有充分的理由相信,楚国已经成为一个强国,应该受到中原国家的尊敬。虽然以前装作满不在乎地声明"我蛮夷也",但内心深处,他们还是非常在乎中原国家对自己的态度。楚国一步步北上侵伐,一方面是为了扩张自己的势力,另一方面也是急切地想与中原接近,让中原国家承认自己的优势地位。

二

然而,这个已经崛起的国家,只收获了来自中原国家的恐惧,而没有得到他们的认可。虽然拥有众多的礼器,楚国仍然被当作蛮夷,而且是最危险的蛮夷。

几百年来,楚国一直在向中原学习,但是楚国仍然保持着很多异于中原的文化特点。

首先是楚国人说"楚言",正如子元伐郑的历史所显示的,直到公元前7世纪,楚国开国已经300余年,"楚言"仍然无法被郑国人听懂。

其次,楚国很多风俗与中原有异。周人崇龙,楚人崇凤。周朝以右为尊,楚国以左为尊。中原人的墓葬,多是头北脚南;[1]楚国贵族的墓葬,却多是头向东方。中原文明崇尚理性,"敬鬼神而远之";楚国却保留了上古的崇巫遗风,巫师在楚国社会拥有崇高的地位。

即使是进入楚国的中原文化,也被赋予了楚国的特点。比如楚国吸收了中原的鼎文化,不过中原的鼎,追求厚重大气、威严肃穆,楚国的鼎(图8-1)却大多收腹细腰。收细了腰之后,笨重硕大的鼎立即有了曲线之美,平添了许多妩媚,但在中原人看来,这却是不合礼制的体现。

当然,以上这些还不是最关键的。更让中原人无法接受的,是楚国人对周朝礼仪文明的粗暴践踏。

如前所述,从楚武王起,楚国国君自称为王,这在讲究等级秩序,不可以下犯上的中原诸侯看来,当然是绝对不能接受的大逆不道的行为。楚人擅自称王,从来没有得到中原诸侯的承认,所以据说经过孔子删改的《春秋》,从来没有称楚国国君为王,多

---

[1]《孔子家语》说:"死者北首,皆从其初也。"

图 8-1　克黄升鼎

数时候称其为"楚子",有时为了强调其蛮夷属性,干脆称其为"楚人"。《穀梁传·僖公二十七年》说:"楚人者,楚子也。其曰人,何也?人楚子,所以人诸侯也。其人诸侯,何也?不正其信夷狄而伐中国也。"就是说,"楚人"就是指楚国的君主。为什么对诸侯不称爵位而称"人"呢,因为楚国以夷狄身份攻打中原国家。

《春秋》之中,还经常称"楚"为"荆",《公羊传·庄公十年》在解释这一做法的时候,认为这也是对楚国的贬斥:"荆者何?州名也。州不若国,国不若氏,氏不若人,人不若名,名不若字,字不若子。……不与夷狄之获中国也。"显然,对楚国最尊敬的称呼应是"楚子",即称其爵位;而最卑贱的称呼则是称荆,以州名指代国名,根本不承认其诸侯国地位,这是完全的"以夷狄视之"。《榖梁传·庄公十年》也持同样的看法:"荆者,楚也。何为谓之荆?狄之也。何为狄之?圣人立,必后至;天子弱,必先叛:故曰荆,狄之也。""显然,称楚为荆,就是以夷狄视之,完全是以华夏异族的角度来贬斥楚国。"(彭民权、彭筱漪:《近出楚简对楚国形象的书写及其文化逻辑》)

周朝礼制原则是尚义而不尚利。因此,如前所述,春秋战争要求必须出师有名,理由正当。战争的目的,起码在表面上不是消灭对手,不是贪图利益,而是迫使对手屈服认错,重新回到礼制轨道上来。因此战胜国将战败国直接吞并的很少。灭掉国家,绝其宗祀,被认为是极其严重的事件,不到迫不得已,不能这样做。所以,春秋时代没有任何一个大国被另一个大国灭掉。

然而,楚国人却不理会这一套。楚国人甚至会为了抢一个美女而出兵打仗。公元前684年,蔡国国君向楚文王描绘了他的对手——息国国君的夫人是如何倾国倾城、美艳绝伦。楚文王居然因此就兴兵征伐原来的盟友息国。息国国君还以为楚文王是来友好访问,于是盛宴款待。不料吃到一半,楚文王一声令下,随身将士将息侯捉住,灭了息国,息夫人成为楚文王的宠妃,后人留下了"千古艰难唯一死,伤心岂独息夫人"之句。在文明国家看来,楚文王此举,绝对是无耻的强盗甚至禽兽行为。

中原诸国特别注重宗族血缘礼法。有血缘关系的国家都会尽

"亲亲之谊",亲人之间要团结互助。楚国人却见利忘义,连自己舅舅的国家都不放过。

公元前688年,楚文王带兵经过邓国去攻打申国。邓侯是楚文王的亲舅舅,见到外甥来到,十分高兴,用最丰盛的宴席来招待楚文王。席间,邓国的三位大夫察觉楚文王骄横无礼,心有异志,遂偷偷对邓侯说:"您这外甥,表面上对您毕恭毕敬,实质上残酷无情。这次如果邓国允许他借道去攻打申国,将来难免受他侵害。不如趁此千载难逢的机会,将他杀死,必能为邓国除去一个心腹大患;否则,到时候我们后悔都来不及了。"("亡邓国者,必此人也,若不早图,后君噬脐。"——《左传·庄公六年》)邓侯却完全不信,说:"这怎么可能,我们是甥舅至亲,怎么能够做出如此伤天害理的事情呢?你们不要挑拨离间!"第二天,邓国人敲锣打鼓地把楚文王的部队送上了前线。没想到,不久,楚文王凯旋,路过邓国,趁邓侯毫无准备之时,攻打邓国。公元前678年,楚国再次攻打邓国,把邓国给灭了,邓国成了楚国的一个城邑。此事还衍生了一个历史典故"噬脐莫及"。

在后来的楚宋泓水之战后,楚成王乘兴到自己的姻亲之国郑国进行访问。郑文公的夫人是楚成王的妹妹,她大摆宴席,为成王庆功。楚成王为了助兴,命自己的乐师把宋国战死的战士头上割下的耳朵送给自己的妹妹芈氏过目。宴请结束已是深夜,芈氏把成王送达军营。成王还带回了两个郑国女子侍寝。

在中原诸国看来，贵族女子出门一路把哥哥送到军营，战争过程中亲近女色，都是不合礼制的蛮夷行为。所以各国诸侯、大夫都把这件事当成茶余饭后的笑话。《左传·僖公二十二年》说："君子曰：'非礼也。妇人送迎不出门，见兄弟不逾阈，戎事不迩女器。'"楚国破坏了多项礼仪规定。郑国大臣叔詹因此发表评论说："楚王恐怕难以善终吧！执行礼节最后竟然男女无别，破坏礼法，他将靠什么善终呢？"（"楚王其不没乎！为礼卒于无别，无别不可谓礼，将何以没？"）

三

所以，楚国虽然在方方面面向中原文明靠拢，但是在中原诸国眼里，这个暴富起来的楚国，不过是一个暴发户。"树小房新画不古"，处处流露出粗俗浮夸、不合礼仪之处。"裔不谋夏，夷不乱华。"他们还是没能越过"夷夏"这条关键的分界线，永远成不了真正的"贵族"。

中原国家承认楚国的富裕，承认楚军的强大，但就是不承认它是一个文明国家。蛮夷强大了，不代表它不是蛮夷。相反，它是一个更可怕的蛮夷。

《公羊传·僖公二十一年》中，宋公子目夷对楚国的评价是："楚，夷国也，强而无义。"这一句话涵盖了中原人对楚国的三个印象：夷狄、无义、强大。

在中原诸侯看来，他们都是周王室近亲，同为一脉。这种血脉关系令他们在身份上自然更加亲近。不管中原诸侯之间彼此征伐多么频繁，他们对中原之外的诸侯仍然抱有先天的敌视。《左传·成公四年》载，季文子进谏鲁君不要背晋与楚结盟，直接指出楚国非吾族类："非我族类，其心必异。楚虽大，非吾族也。"

不久，鲁襄公因为国内季武子造反，打算请楚国出师镇压叛乱，但大夫荣成伯坚决反对。就连同样被称为蛮夷的秦国，也称楚国为蛮夷。秦国的《诅楚文》中，称楚国是暴虐无道的蛮夷之国。甚至楚国的大夫们自己也认为自己是蛮夷。楚大夫王孙圉访问晋国，在交谈中，王孙圉说"楚虽蛮夷"，也不会把"白珩"当作国宝。

在先秦文学中，"楚人"这一称呼普遍含有贬义。《荀子·荣辱》说："譬之越人安越，楚人安楚，君子安雅，是非知能材性然也，是注错习俗之节异也。"楚人、越人与君子的对举，显然将楚人、越人定位为"非君子"。

面对齐桓公去世后，北上势头越来越明显的强大楚国，中原诸侯坐不住了。他们引颈相望，希望华夏诸邦中能够出现一个新的强人，来保卫华夏文明。

第九章

晋文公为什么退避三舍

一

几乎与楚国的扩张同时,北方的晋国也日益壮大。

晋国的开国之君是唐叔虞,他是周武王姬发之子、周成王之弟,当然是正牌的华夏贵胄。晋国的情形和齐国类似,即身处"夷夏"之间,不过是"蛮夷性"有过之而无不及。

晋国南部是中原文化诞生地之一。史书记载,夏以前的尧舜禹活动中心都在晋南一带。但晋国的北部和西北部是山谷高原,历来为戎狄所居,周围的戎狄有犬戎、白狄、赤狄、北戎、西戎和狐氏之戎等。所以晋地是中原农耕民族与北方游牧民族错综居住之地,民族关系异常复杂。《左传·昭公十五年》说:"晋居深山,戎狄之与邻,而远于王室,王灵不及,拜戎不暇。"

唐叔虞就封之初,也许会嫌自己的封国位置过于偏远,然而事实证明,晋国的地理环境具有极大的优势。第一,相比那些身在中原腹地、彼此拥挤的诸侯国家,晋国向北、向西有着巨大的发展空间。第二，晋国边疆的少数民族都是游牧部落，悍勇异常，晋人可以向他们学习战争技术。

因此晋国历史上，华夏民族与戎狄民族之间，有过频繁激烈的征战讨伐，也有过和睦友好的往来。经过晋人几百年的经营，中原农耕文化与北方游牧文化逐步融为一体，戎狄部落学会了农耕和定居，晋人则掌握了畜牧业、骑马和制作刀具的技术。晋人从戎狄身上沾染并保持了勇武精神，又在边疆开发中获得了物质财富的巨大增长，因此成为北方数一数二的强国。

二

当然，与天时、地利相比，更重要的是人和。只有出现杰出领袖，一个国家才有争霸的可能。齐桓公去世后7年，晋文公重耳登上了国君的宝座。

1994年，台北故宫博物院收入了一套子犯和钟（图9-1）。这组编钟全套有大小12件，其中8件为成套编钟，最大者通高71.2厘米，重44.5千克，铸铭22字；最小者通高28.1厘米，重5.4千克，铸铭12字。据传为1992年山西闻喜附近某墓葬出土。中央钲部共铸有铭文132字，铭文如下：

唯王五月初吉丁未，子犯佑晋公左右来复其邦。诸楚荆不

图 9-1 子犯和钟（1件）

圣（听）令（命）于王所，子犯及晋公率西之六师博（搏）伐楚荆，孔休，大上楚荆，丧厥师，灭厥禹（渠）。子犯佑晋公左右，燮诸侯，俾朝王，克奠王位。王易（赐）子犯辂车、四马、衣、裳、带、市（韨）、冠。诸侯羞元金于子犯之所，用为和钟九堵，孔淑且硕，乃和且鸣，用燕用宁，用享用孝，用祈眉寿，万年无疆，子子孙孙，永宝用乐。

铭文大意是说，在五月初吉丁未这一天，子犯辅佐晋文公恢复其邦国。由于楚国不听从王命，所以子犯和晋文公率西六师讨伐楚国，取得重大胜利。由于子犯的重大功绩，王赐给子犯辂车、四马、衣、裳、带、巿、冠等，诸侯也赠送给子犯一些铜料，子犯就铸造了这套钟，用于生活与祭祀，子子孙孙以之为宝，永远持用。

这短短100多字的铭文，记载了春秋历史上的几件大事：晋文公重耳返回晋国即位，晋楚两国的城濮之战，以及践土之盟。

和钟的主人名叫狐偃，字子犯。他是晋文公重耳的舅父，也是晋国边地大戎族的人。晋文公的舅父为什么是戎族呢？因为"重耳母，翟（狄）之狐氏女也"。重耳本来是晋献公的庶子，他本人就是华夏与戎狄混血的结果。他的母亲狐姬出身大戎族。《左传·庄公二十八年》载："晋献公……又娶二女于戎，大戎狐姬生重耳，小戎子生夷吾。"马长寿认为"大戎与重耳所奔之狄皆为白狄"（姚磊：《先秦戎族研究》）。因此，重耳身上有一半是戎族的血液。

按"立嫡不立长"的原则，他原本与晋国大位没什么关系。不料晋献公末年爆发了骊姬之乱，给了重耳多年之后成为国君的机会。晋献公的妃子，出身于骊戎的骊姬，想让自己的儿子成为嗣君，迫令太子申生自尽，舅父狐偃等人劝重耳外逃，从此晋国高层政治陷入了混乱。重耳曾辗转流亡到狄国、卫国、齐国、曹国、宋国、郑国、楚国、秦国等国。

子犯和钟铭文的开头说,"唯王五月初吉丁未,子犯佑晋公左右来复其邦",这是指在外漂泊流浪整整19年之后,重耳终于在秦国的武力支持下,在狐偃等臣子的陪伴下,回国登上了国君的宝座。

所谓"天将降大任于是人也",重耳本来资质出众,漫长的流亡生涯,不光让他经历了辛酸和冷眼,也磨炼了性格,锻炼了才能,让他充分了解了各国政治得失,成为一个深沉有大略的成熟政治家。

即位后,他任贤使能,起用狐偃、先轸、赵衰等在他流亡期间始终跟随着他的忠心耿耿的能臣,他们在经国治军方面发挥了巨大的作用。在他们的帮助下,晋文公重耳对晋国进行了一场政治体制改革。晋国公族贵族势力强大,各个公族纷纷支持各自所认为的能够代表他们利益的公子,争夺最高权力的位置,导致政治一塌糊涂。晋文公曾在楚国逗留数年,参考楚国的官僚制度,在任命官员时开始部分采取雇佣任命制,而不是完全依靠血缘关系。

晋文公还长于自我节制,崇俭省用,"衣不重帛,食不兼肉",改变了晋国贵族奢靡无度的风气。他"通商宽农",承认民众土地的私有化。另外,他还降低税收,积极争取邻商入晋,很快使得晋国"政平民阜,财用不匮",为争霸中原积累了雄厚的物质基础。

接下来，晋文公又大力扩充军队，他将全国兵力增扩为上、中、下三军，大大增加了军队的数量，经常举行大规模的实战演习，训练出一支足以与楚军相抗衡的强大军队。

三

即位不久，晋文公就展开了自己的霸业布局。

作为一个胸怀大志、具有雄才大略的君主，晋文公知道，要争霸，首先要高举"尊王"的大旗，占据政治上、道德上的制高点。

公元前636年，周王室发生内乱，因没有能当上周王而心怀不满的王子带联合狄人的军队进攻成周（西周王朝的京师洛邑），周襄王仓皇出逃到郑国。

此时晋文公虽然刚刚即位，基业未稳，但是他没有放过这个机会，迅速决策，出动军队去支援周襄王。不久狄人被击退，王子带也为周襄王所擒杀，周室内部动乱得以平息。

周襄王对晋文公的力挽狂澜之功自然感激不尽。晋文公发兵"勤王"之举，更为他接过"尊王攘夷"的大旗，成为抗楚阵线的中流砥柱，奠定了道德基础。从此之后，很多国家开始聚集到晋国周围，一起谋划对抗楚国。

四

晋国强大之后，宋国耻于追随蛮夷之国，于是背叛楚国，归附晋国。

楚国自然不能善罢甘休。公元前633年，楚成王派令尹子玉率兵攻打宋国，宋国向晋文公求救。

当接到宋国的求救时，晋人立即意识到了这场战争的性质和意义。

先轸曰："报施救患，取威定霸，于是乎在矣。"(《左传·僖公二十七年》)意思是，如果要成为霸主，一定要抓住这个机会。

不过，面对强大的楚国，晋文公一度颇为犹豫，因为几年前泓水之战中，宋国惨败的情景还历历在目。后来，狐偃也力劝晋文公出战。他说："战也！战而捷，必得诸侯。若其不捷，表里山河，必无害也。"意思是说，当然要打这一仗。如果战胜了，诸侯们必定拥戴晋国成为霸主。就算打败了也没关系，大不了退回晋国；晋国和宋国不同，外有黄河，内有大山，进可攻退可守，军事上不会有大的危险。

于是晋文公决定亲自率领大兵出发，南下救宋。次年，楚晋之间展开了一场对历史影响深远的大战：城濮之战。

在详细描述战争进程之前，我们首先看看双方的兵力配置。据《左传·僖公二十八年》所载，晋方出动的兵力为战车700乘，按照杜预的注解，晋国战车与兵士之比约为1:75，700乘战车就相当于5.25万人。楚军的战车数目记载不如晋军那样精确，后人推算可达到八九百乘，楚军战车和士兵的比例约为1:100，子玉的军队当在8万人以上。楚军有很大的数量优势。

然而，数量的优势并不代表一切。晋国毕竟是老牌发达国家，其文明程度高于楚国，谋略水平是"蛮夷"楚国所不能比的。更何况楚国的主将是大臣，而晋国的主帅却是国君。晋文公对这场战争特别重视，他深知自己争霸大业能不能成功，在此一战。

不过，面对楚军咄咄逼人的攻势，晋军一开始先是后撤，向北撤了约90里地。这就是著名的成语"退避三舍"的由来。

原来，当初在接待重耳的宴席上，楚成王曾直言不讳地问他：公子倘若回国即位，拿什么来报答寡人呢？

重耳开始顾左右而言他，后来实在被追问得没法了，才说："若以君之灵，得反晋国。晋、楚治兵，会于中原，其避君三舍。若不获命，其左执鞭弭，右属橐（gāo）鞬（jiàn），以与君周旋。"（《国语·晋语》）意思是说："倘若托您的福，有朝一日真能返国执政的话，那么当贵我两国交兵的时候，我军当退避三舍；如果这样都还听不到您退兵的命令，那我只能左挽强弓，右挈箭囊，陪您上场走几招了。"我们可以理解为，如果重耳成为国君，在无关紧要的问题上可以向楚成王让步，但是关乎国家命运的大事上肯定要维护自己国家的利益,不可能因为此时受到楚成王的保护,将来就受他的控制。

这就是当年重耳许给楚王的报答,即所谓"退避三舍"。当时楚成王并没有因此对重耳衔恨,相反对他的坦率欣赏有加。所以,晋文公在城濮之战之初,首先后退,来兑现对楚成王的承诺。当然,这一举动在晋军内部也引起了争议。

军吏曰:"何故退?"狐偃曰:"师直为壮,曲为老,岂在久乎?微楚之惠不及此。退三舍辟之,所以报也。背惠食言,以亢其仇,我曲楚直。其众素饱,不可谓老。我退而楚还,我将何求?若其不还,君退臣犯,曲在彼矣。"(《左传·僖公二十八年》)

狐偃对军官和士兵们解释说,重耳在流亡中受到过楚国的善待,并且对楚王有此承诺,只有"退避三舍",晋军才能在道义上没有瑕疵。按照春秋时的礼节,如果晋文公践诺和忍让之后,楚国将领仍然进军,那是楚国以臣犯君的无礼——"君退臣犯,曲在彼矣"。

事实上,楚君当初如此厚待落魄中的重耳,晋人退90里就能让晋楚两国从此在道义上两不相欠,显然是不可能的。事实上,晋国人认为,他们兴兵与原来的恩人楚成王兵戎相见之所以能理直气壮,是因为另一层次的原因,那就是晋国代表了王道和正义,而楚国代表了野蛮和叛逆。

子犯和钟上的铭文在记录这一场决定许多国家命运的空前大战时说:"诸楚荆不圣(听)令(命)于王所,子犯及晋公率西之六师博(搏)伐楚荆,孔休。"

诸楚荆不听命于王所,指的是楚国及楚国的附属国不听周王之命。具体是如何违反王命呢?事例太多了,比如自立为王,比如吞并江汉诸姬,比如命周之同姓如鲁、蔡等国朝楚。因此在战前,晋国将军栾枝也力劝晋文公说:"汉阳诸姬,楚实尽之。思小惠而忘大耻,不如战也。"(《左传·僖公二十八年》)

楚国消灭了与晋国拥有共同祖先、共同文明的汉水流域的姬姓诸侯国,因此抵御楚国也就具有了捍卫中原文明的意义,这是天下之大义,不是晋文公的个人恩怨问题。

当然,晋文公退避三舍,也不仅仅是为了表现贵族气度。晋文公不是宋襄公,老谋深算的晋文公作出这样的选择,更重要的目的是缩短己方的补给线,同时又诱敌深入,令敌军疲乏。

三天后,双方在卫国的城濮地区(今山东省鄄城县西南)摆好阵势。

五

在春秋时代,两国交战之前,要有一个"约战"环节。也就是交流约定具体的开战时间。这个过程,通常都进行得文质彬彬，双方使者在一触即发的危机面前表现得相当从容和文雅。

楚国主动派出使者斗勃来见晋文公。斗勃对晋文公说："请与君之士戏，君冯轼而观之，得臣与寓目焉。"也就是说："我请求同您的士兵们较量一番，您可以扶着车前的横木观看，我们的主将子玉也要奉陪观看。"

按中原标准，这番话虽然表面上很客气，但说得并不得体。因为它没有说明楚国出师的礼义根据。

晋文公派使臣栾枝回答说："寡君闻命矣。楚君之惠，未之敢忘，是以在此。为大夫退，其敢当君乎？既不获命矣，敢烦大夫谓二三子：'戒尔车乘，敬尔君事，诘朝将见。'"也就是说："我们的国君领教了。楚王的恩惠我们不敢忘记，所以才退到这里，对大夫子玉我们都要退让，又怎么敢抵挡楚君呢？既然得不到贵国退兵的命令，那就劳您费心转告贵国将领：'准备好你们的战车，认真对待贵君交付的任务，咱们明天早晨战场上见。'"栾枝的应对委婉恭谨、柔中带刚，措辞用语虽谦和却显示出坚定的意志。

第二天早晨，双方都整装列队，一通鼓响，双方的战车同时冲向对方。子玉一声怒吼："今日必无晋矣！"率领楚军的几百辆战车冲向对方。然而，战争仅有勇气是不够的。向前猛冲的楚军在对面的滚滚烟尘中突然看到，晋国战车前面竟然不是马，而是几百头毛色斑斓的猛虎！楚军一片惊慌，顿时阵形大乱。随着距离的接近，楚军看清楚那并不是什么老虎，只是晋军的战马披了虎皮作为装饰，然而已经乱掉的阵脚很难再稳定下来。晋军的战斗力、排兵布阵水平，特别是决心和士气都高于楚军，楚军大败。晋军损失轻微，而楚军至少一半的兵力被歼灭。史载，后来晋国将1000名战俘和100辆战车献给周王。考虑到晋国献给周王的俘获并不包括战死的士兵和毁坏的战车，楚国的损失恐怕至少在这个数字的两倍以上。子玉在回国的路上，羞愤自杀。

子犯和钟得意扬扬地记载说："大上楚荆，丧厥师，灭厥禹（渠）。""上"字通"攘"。也就是说，狐偃和晋文公率领军队大败楚国，灭其军队与将领，攘退了荆蛮。

六

城濮之战使晋文公"一战而霸"。楚军一败，诸侯国纷纷弃楚即晋，主动或被动与楚国结盟的几乎所有中原诸侯国都立即转到晋国一方来。城濮之战后，"晋侯及郑伯盟于衡雍"。

《左传·僖公二十八年》说：

> 五月丙午，晋侯及郑伯盟于衡雍。丁未，献楚俘于王，驷介百乘，徒兵千。郑伯傅王，用平礼也。己酉，王享醴，命晋侯宥。王命尹氏及王子虎、内史叔兴父策命晋侯为侯伯，赐之

大辂之服、戎辂之服，彤弓一，彤矢百，玈（lú）弓矢千，秬（jù）鬯（chàng）一卣，虎贲三百人。曰："王谓叔父，敬服王命，以绥四国，纠逖王慝。"晋侯三辞，从命。曰："重耳敢再拜稽首，奉扬天子之丕显休命。"受策以出，出入三觐。……癸亥，王子虎盟诸侯于王庭，要言曰："皆奖王室，无相害也。有渝此盟，明神殛（jí）之，俾队其师，无克祚国，及而玄孙，无有老幼。"君子谓是盟也信，谓晋于是役也，能以德攻。

公元前632年五月，晋文公大会诸侯于践土（当时衡雍附近，今河南省境内），参加会盟的有晋、鲁、齐、宋、蔡、郑、卫、莒等国，周襄王命令王室大臣尹氏、王子虎和内史叔兴父策命晋文公为"侯伯"，还赏赐给晋文公"大辂""戎辂"两种车辆，一张红色的漆弓和100支红色箭、1000支黑色箭。此外，周襄王还赐三百"虎贲"勇士给晋文公。周襄王给晋文公的命辞是"敬服王命，以绥四国，纠逖（狄）王慝"，让晋文公恭敬地服从天子的命令，以安抚四方诸侯，并惩治不忠于王室的邪恶之人。对于周天子的恩宠，文公辞谢三次，然后才接受命令，并且说道："重耳谨再拜叩头，接受和宣扬天子的赐命！"

子犯和钟铭文记载这件大事说："子犯佑晋公左右，燮诸侯，俾朝王，克奠王位。"这指的正是城濮之战之后的践土之盟。"奠王位"是指此举安定了周襄王的王位。

中原的华夏文明通过这一仗而赢得了自己的生存与发展空间，以晋国为核心的新政治秩序形成了。城濮之战后，晋借胜楚之余威，成为北方盟主。楚国不得不审时度势，放下架子，派大夫斗章聘问晋国，向晋国表示屈服，与晋国建立正式外交关系。楚国这一决定，既反映了楚国政治家的现实性，也说明了在北方中原国家的威胁下，楚国的地位已经受到严重威胁。原来依附于楚国的郑国、陈国、宋国等二流强国，又重新投入晋国怀抱，结成了新的反楚同盟。楚国元气大伤，楚成王的威信也受到损害。

战后数年，楚成王的儿子，后来被称为楚穆王的商臣提兵入宫，逼迫做了46年国君的楚成王自尽。楚成王没有想到，自己波澜壮阔的一生，竟然要这样结尾。《左传·文公元年》记载："王请食熊蹯而死，弗听。"楚成王对儿子说，厨师正在做一只熊掌，已经炖在火上了，让自己吃了熊掌再死吧。没想到，这个卑微的要求也没有得到商臣的允许，一代雄主楚成王就这样悲惨地死去了。

楚国百余年来的北进运动终于停止，中华大地确立起晋、楚两个"超级大国"，开始了100多年的对峙历史。晋楚两强南北对峙，在中原展开了旨在争夺霸主与盟国的长期拉锯战。

第十章

从『一鸣惊人』到『问鼎中原』——楚庄王的出现

一

杀父自立的楚穆王只做了12年君主就病死了。在他之后,楚国迎来了另一位著名的君主——楚庄王。

楚国的历史伴随着一系列著名的成语,紧接在"退避三舍"之后的是"一鸣惊人"。

和许多楚国君主一样,庄王即位时是一位才十几岁的少年。一般来说,初生牛犊不怕虎,很多精力过剩的少年国君一上任就试图大展身手,以至于身边的辅佐大臣不得不一再劝说他们稳健行事。楚庄王一望而知,也是一个非常聪明的少年,然而和大家的预料相反,这位少年君主即位之后,毫无作为,天天沉醉于声色犬马,左抱郑姬,右抱越女,乐此不疲。

很多大臣非常忧虑。难道楚国气数已尽,上天给他们安排了一个昏庸的君主?这位少年看起来资质不错,何以对政治这么不感兴趣呢?

终于，一位大臣压制不住内心的忧虑，入宫进谏。

《史记·楚世家》记载，楚庄王三年不理朝政，整天歌舞玩乐，大臣伍举不知道他心里到底怎么想，故意试探他说："大王，南山之中出了一只怪鸟。体型巨大，如同传说中的大鹏鸟一般。奇怪的是，三年之中，它不飞也不鸣，不知道是为什么？大王您知道吗？"（"有鸟在于阜，三年不蜚不鸣，是何鸟也？"）楚庄王脱口回答："这只鸟，不同寻常。三年不飞，一飞冲天，三年不鸣，一鸣惊人。"（"三年不蜚，蜚将冲天；三年不鸣，鸣将惊人。"）

伍举一听，才知道这个少年君主内心深处埋藏着这样的雄心壮志。"一鸣惊人"这个成语由此诞生。那么，这位少年君主为什么不急着有所作为呢？

这是因为他登上王位时，面临的是非常复杂危险的局势。

楚国政治的传统问题之一是内乱重生，父亲楚穆王给他留下的，是一个四分五裂的权力结构。楚庄王刚刚即位，朝中两大派别中的一派就发起政变，挟持庄王逃离郢都，计划另立朝廷。虽然政变不久即被平定，但内争并没有结束，楚庄王随时面临着在另一场政变中被杀的可能。

面对这样的局面，这位早熟的少年选择了以静制动，坐以待变。史称他即位头三年，沉醉于声色犬马，不理朝政，以致有识之士都十分焦急。其实，并非他不想亲政，而是那些掌握了实权的贵族不希望他亲政。权力还在权臣手中,他只是一个名义上的君主。楚庄王所能做的,就是韬光养晦,暗中观察。如同那只三年不鸣、一鸣惊人的凤鸟,这个表面上贪图享乐的少年内心深处掩藏着雄心壮志。他不仅要夺回原本属于自己的权力,更要完成祖父未竟的事业,称霸天下。这不仅是他的梦想,也是整个楚国的梦想。

楚庄王三年(前611年),机会来了。这一年,楚国遇到了重大自然灾害,全国陷入饥荒之中。楚国西部的几个部落在西境邻国庸国的带领下,趁机发动叛乱。楚国上下,一时人心惶惶,朝中大臣纷纷建议迁都避敌。

这次危机,却成了楚庄王掌握权力的良机。在众人惶惶无计之时,庄王头一次作出了决断,他没有选择迁都,而是决定亲征,亲自去平定叛乱。谁也没有想到,看似无能的少年君主能作出这样的选择。庄王一方面安排楚国边战边退,诱敌深入,另一方面迅速展开外交活动,请秦国和巴人派师从背后进攻叛军。两方夹击,一举将自不量力的庸国从地图上扫平,变成了楚国的一个县。

这一战使庄王露出了真实面目,临危不乱的镇定和挺身而出的勇气,为他赢得了楚国上下的拥戴。他利用战时君主的巨大权威,一举罢免、诛灭了上百名结党乱政的权贵,将自己在三年之中默默选定的人才安排到核心位置,"所进者数百人",其中第一个，就是试探庄王的伍举。

二

可以说，楚国历史上最伟大的君主就是楚庄王。

他的人格特质非常引人注目。每次阅读关于他的史料，都让人想起后世另一位伟大的君主——唐太宗李世民。如同上好的青铜是由合金比例决定的一样，他性格中的雄心、宽厚、审慎和决断力以恰到好处的比例结合在一起，使他成为推动楚国登上霸业顶峰的发动机。

亲政之后，楚庄王再接再厉，继续楚国扩张的传统。

在河南省洛阳市南面60多千米的地方，有一片浩瀚的水面，叫陆浑水库。陆浑地区群山峻拔、河流蜿蜒，春秋时期，这一带是诸侯和周王室接壤区域，管理薄弱，导致山戎劫匪出没。

庄王八年（前606年）春，楚庄王率领楚国军队讨伐伊水流域的陆浑之戎，这是楚庄王首次涉足中原。楚军兵锋所至，摧枯拉朽，陆浑之戎被打得大败。

伊水北面不远就是周王朝的首都洛邑。二十岁出头的楚庄王回想起楚国400年间，一直被傲慢的周王朝视为蛮夷，开始是受到周昭王的讨伐，后来又被以齐国为首的诸侯联军大兵压境，自始至终，被拒绝于中原文化圈之外。年轻气盛的庄王产生了一个恶作剧式的念头。

楚庄王命令楚军北渡伊水，开到洛邑南郊，在这里举行了一次盛大的阅兵仪式。这一地点离洛邑是如此之近。事实上，如果楚国大军再向北挺进几千米，周王朝的首都可能就要纳入楚国地图。这种迹同叛乱的举动，只有楚国这样的"蛮夷"才能干得出来。

我们可以想象周王朝上下的焦虑恐慌，也可以想象旁观的北方诸侯的紧张不安。

惊恐之下，周定王派出大夫王孙满，以慰劳楚军为名，前去一探楚军虚实。楚庄王在洛水之滨会见了周王朝这位德高望重的老臣。寒暄过后，楚庄王语带讥讽地提出了一个著名的问题：象征着周王朝统治合法性的那九只巨鼎，到底多重？

意思是说，周朝现在还有多少实力可以维持天下共主的地位？著名的成语"问鼎中原"由此诞生。这样大逆不道的问题，只有楚国这样的"蛮夷"才能问得出来。

王孙满回答说："在德不在鼎。"意思是，能否拥有天下的统治权，在于统治者是否有德行，而不在于是否拥有这九鼎。

楚庄王不觉大笑："你不要以此来阻止我问九鼎。楚国只需要把兵戟上的铜钩都拆下来，就可以轻松铸成九鼎了！"（庄王曰："子无阻九鼎！楚国折钩之喙，足以为九鼎。"）

王孙满说出了那段著名的答辞："呜呼！君王其忘之乎？昔

虞夏之盛，远方皆至，贡金九牧，铸鼎象物，百物而为之备，使民知神奸。桀有乱德，鼎迁于殷，载祀六百。殷纣暴虐，鼎迁于周。德之休明，虽小必重；其奸回昏乱，虽大必轻。昔成王定鼎于郏（jiá）鄏（rǔ），卜世三十，卜年七百，天所命也。周德虽衰，天命未改。鼎之轻重，未可问也。"

意思就是说，过去虞夏昌盛时，边远的部族都来朝贡，进贡铜料，铸成九鼎。后来夏桀德衰，九鼎便被迁到殷朝，殷朝统治600年后，因为殷纣王残暴狂虐，九鼎又被迁到周朝。如果得到天命，鼎虽小却搬不动；如果天子昏乱，鼎再重也容易移动。过去，周成王把九鼎安置在郏鄏（周王城所在，在今河南省洛阳市西王城公园附近），占卜说可以传世30代，立国700年，这是天命。如今周王室虽然衰微，但上天的意旨没有改变。鼎之轻重，不可以问。

王孙满引经据典，回顾了夏、商和周朝的历史，通过对夏、商两代运势兴衰的总结，以及周成王姬诵在位时的卜卦传说，告诫楚庄王天命还在周朝，不能轻举妄动。他从容不迫的风度和充满智慧的回答，令楚庄王印象非常深刻。

楚庄王意识到，周王朝虽然"硬实力"已经衰落，但是文化力量，也就是"软实力"仍然强大，仍然是不可替代的"天命"的象征。正是这种以周天子为代表的周文明，将中原诸侯团结起来，形成一张极富韧性的文化大网，楚国的兵锋再凌厉也无法突破。

沉默片刻,楚庄王向王孙满稽首,说:"领教了!"

在军营中宴请了这位周王朝的使者后,楚庄王率领大军离开了洛水。

三

首次"出国访问",给楚庄王上了一课。他明白了楚国与中原国家的差距,也找到了获得霸权的秘诀:要依靠文化的力量,而不能单纯凭借武力。蛮力可以征服身体,而文化才能征服心灵。

在王孙满的从容镇静中,他见到时间沉淀下来的贵族气质;在周朝官员娴熟的礼仪和文雅的谈吐中,他领略了周王朝深厚的文化积累。对比自己和身边将军的粗鲁举止,他明白为什么楚国被称为蛮夷了。

和中原诸国比起来,楚国的历史轨迹确实太血腥了。特别是不断发生的弑君丑闻,比如自己的祖父楚成王被逼自杀之前想吃顿熊掌都没吃成,让中原国家不能不嗤之以鼻。

他明白了,以前的霸主不仅要有军事实力,还要站在道德礼义的制高点上,才能一呼而百应。

所以楚国如果想获得天下各国的尊重,成为天下共主,那么只有一条道路，就是在文化上进一步中原化。

见到比自己高级的文明，楚庄王的反应是健康的、积极的。他勇于承认自己的落后，而不是恼羞成怒。

四

回国之后，楚庄王开始推动楚国"王道"政治。

要称霸于天下，先要赢得人心。要赢得天下的人心，先要赢得楚国的人心。

因此，楚庄王制定了"禁暴、安民、和众、丰财"的施政方针，也就是稳定政局、安定百姓、团结民众、发展经济。

楚庄王善于用人。他在发现了孙叔敖这个人才后，任用他做令尹，并且用人不疑，委以全权。孙叔敖根据楚国河湖众多的特点，兴修水利，发展农业。他主持兴修了芍陂（què bēi，今安徽寿县安丰塘），这是中国历史上最早的社会性农田水利工程，比此后魏国的西门渠、秦国的都江堰还早两三百年。孙叔敖还在今天湖北的沮漳水流域与河南的汝水流域兴建水利，形成了南、北灌溉网络，使楚国的农业获得了巨大发展。

楚国发展农业的自然条件本来就得天独厚。江汉平原的风光正如司马相如《子虚赋》所描述的那样："云梦者，方九百里，其中有山焉。其山则盘纡茀郁，隆崇崔崒，岑崟参差，日月蔽亏；

交错纠纷,上干青云;罢池陂(pō)陁(túo),下属江河。……其北则有阴林巨树,梗楠豫章,桂椒木兰,檗(bò)离朱杨,樝(zhā)梨梬(yǐng)栗,橘柚芬芳。"孙叔敖兴修的众多水利工程不但惠及当时,甚至在千余年后的宋元时代还在发挥着作用。因为农业生产发达,楚国才能养兵百万,"粟支十年"。孙叔敖也因此成为春秋时代的名臣。

《吕氏春秋》说:"世人之事君者,皆以孙叔敖之遇荆庄王为幸。……叔敖日夜不息,不得以便生为故,故使庄王功绩著乎竹帛,传乎后世。"也就是说,楚庄王与孙叔敖君臣相得,是千载一时的佳话。孙叔敖受恩深重,昼夜操劳,不得休息。正因为孙叔敖夜以继日地辛苦工作,才使楚庄王的功绩载于史册,流传于后代。

孙叔敖还以"治军纪,明武备"为治军方针,结合楚国传统的军政法规制度,进行军事改革,使楚国军队战斗力得以进一步加强。司马迁也说孙叔敖"尽忠为廉以治楚,楚王得以霸"(《史记·滑稽列传》)。孙叔敖是楚庄王称霸的柱石之臣。

除孙叔敖外,庄王左右的优秀人才,还有申叔时、子重、子反、沈尹等。晋国大夫栾武子评价说:"楚自克庸以来,其君无日不讨国人而训之于民生之不易,祸至之无日,戒惧之不可以怠。在军,无日不讨军实而申儆之于胜之不可保,纣之百克而卒无后。训以若敖、蚡冒,筚路蓝缕,以启山林。箴之曰:'民生在勤,勤则不匮。'不可谓骄。"(《左传·宣公十二年》)意思是说,自从战胜庸国以来,楚国的国君每天都以生计不容易、祸患不知哪天就会到来、戒备警惕不能放松来训导百姓。在军队里,每天都告诫军队,胜利不能永远保有,纣王虽然曾有一百次胜利而终究没有好结果。每天都用若敖、蚡冒乘柴车、穿破衣开辟山林的事迹来教导国人。庄王告诫臣民说:"百姓的生计在于勤劳,勤劳就不会匮乏。"

这段记载,清晰地说明了楚国是如何居安思危、上下一心的。

在楚庄王和孙叔敖等君臣的共同努力下,楚国积累了强大的经济力量,让楚国可以轻松地运用军事力量。虽然庄王时代也经常对外征伐,但是"商农工贾,不败其业"。晋人也评价说:"昔岁入陈,今兹入郑,民不罢劳,君无怨讟(dú),政有经矣。"(《左传·宣公十二年》)楚国伐陈伐郑,楚国百姓并不感到疲惫,国君也没有受到民众怨恨,可见庄王政令可观。考古发现证明,在楚庄王时期,楚国手工业的发展已经赶上,甚至超过了中原水平。在春秋早期,楚墓中发现的陪葬物品往往十分有限,而在河南淅川下寺发掘出的一个春秋中晚期的楚国墓葬群,共有大中型墓9座,小型墓16座,车马坑5座。它们很有规律地分布在淅川丹江水库西岸的土岭之上,由低到高从土岭之南向北成组分布,共有5组。中间的一组,规模宏伟,一座主墓附有3座陪葬墓和

16座小型殉葬墓，一个大型车马坑。整个墓地出土青铜礼器、乐器、车马器、工具等达到六七百件（图10-1、图10-2）。这说明在楚庄王统治前后，楚国国力不断上升，文化越来越发达，因此楚墓的陪葬物品越来越丰富。这些器物形制上不再一味模仿中原，而是越来越强烈地表现出楚文化的独特性。

在上层政治中，楚庄王大力推行"中原化"。他参考中原礼法传统，重新制定楚国宫廷礼仪。楚国传统政治不重礼仪，举行朝会的时候经常一团混乱，一直为各国耻笑。

楚庄王规定，大臣及诸公子入朝，必须提前下车。如果马车行到宫门前，就要受到砍断车辕等惩处。有一天，太子入朝，马车没有停好，廷理依法惩处了太子的驭手。太子大怒，要求庄王诛杀廷理。庄王却说："法者，所以敬宗庙，尊社稷。故能立法从令尊敬社稷者，社稷之臣也，焉可诛也？"（《韩非子·外储说右上》）意思是，立法是为了维护国家社稷的尊严，廷理此举，有利社稷，应该奖励，怎么能惩罚？

各国因此称赞"楚之国法行而纲纪立"（〔清〕顾栋高：《春秋大事表》卷二十三）。楚庄王在用人上，一方面大力提拔奇才异能之士；另一方面也能新旧兼顾，"威""德"并重，既符合礼法，又有效率。老对手晋国君臣对此也深为佩服："其君之举也，内姓选于亲，外姓选于旧。举不失德，赏不失劳。老有加惠，旅有施舍。君子小人，物有服章。贵有常尊，贱有等威，礼不逆

第十章 从"一鸣惊人"到"问鼎中原"——楚庄王的出现　141

10-1　青铜神兽（河南淅川徐家岭9号墓出土）

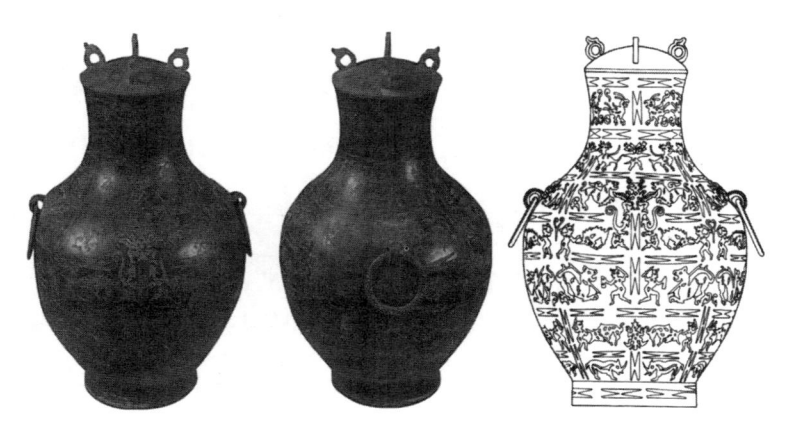

10-2　嵌红铜画像铜壶（河南淅川和尚岭2号墓出土）

矣。"(《左传·宣公十二年》)

也就是说，楚庄王选拔人才，同姓中选择亲近的支系，异姓中选择世代旧臣，提拔不遗漏有德行的人，赏赐不遗漏有功劳的人。楚国的等级制度也比以前加强了，等级间的服饰用品开始有了明显差别。这一切，都是严格按照周礼原则实施的。

楚庄王还号召楚国贵族深入学习中原文化，并且身体力行。最有代表性的事例就是关于楚庄王为太子选师的记载。

《国语·楚语》载："庄王使士亹（wěi）傅太子箴，辞曰：'臣不才，无能益焉。'王曰：'赖子之善善之也。'对曰：'夫善在太子，太子欲善，善人将至；若不欲善，善则不用。故尧有丹朱，舜有商均，启有五观，汤有太甲，文王有管、蔡。是五王者，皆有元德也，而有奸子。夫岂不欲其善？不能故也。若民烦，可教训。蛮、夷、戎、狄，其不宾也久矣，中国所不能用也。'王卒使傅之。"

楚庄王委派士亹做太子老师，士亹辞谢说："我缺乏才能，无法对太子有所帮助。"庄王说："靠您的德行可以使他变得更完善。"士亹回答说："完善的关键在太子，如果太子发自内心想自我完善，那么帮助他的人自然就会来；如果太子自己不想进取，无论多么有才德的人教导，他也不会听。所以尧有丹朱，舜有商均，启有五观，商汤有太甲，周文王有管叔、蔡叔那样的不肖子孙。这五位君王，都有过人的德行，却也有邪恶的子孙。难道他们不想子孙学好吗？可他们做不到啊。如果百姓不守法，可以教育训导。但蛮夷民族，叛逆不服很久了，中原国家的礼法并不能使他们遵从。"

从士亹与楚庄王的对话中，我们可以看到君臣二人对中原文化的了解非常深入，引用历史典故信手拈来。

士亹接受任命后，又去请教申叔时怎样教导太子。"叔时曰：'教之春秋，而为之耸善而抑恶焉，以戒劝其心。教之世，而为之昭明德而废幽昏焉，以休惧其动。教之诗，而为之导广显德，以耀明其志。教之礼，使知上下之则。教之乐，以疏其秽而镇其浮。教之令，使访物官。教之语，使明其德，而知先王之务，用明德于民也。教之故志，使知废兴者而戒惧焉。教之训典，使知族类，行比义焉。'"（《国语·楚语》）

申叔时说："用历史来教他分辨善恶，来诫勉他的心。用先王的世系教育他，以来彰显德行而摒弃昏昧，约束他的行为。教他诗歌，以提升道德修养，确定他的志向。教他礼仪，使他知道上下的分别和责任。教他音乐，使他虚心不轻浮。教他法令，使他知道百官的职守。教他治国的嘉言，使他知道仁德的作用，知道上古圣王是如何用仁德治理民众的。教他前世成败之书，使他知道兴废之事而能够警惕自己的行为。教他先王的训典，使他知道该依靠和信任哪些人，行事能够符合仁义。"

从申叔时所列举的"春秋""世""诗""礼""乐""令"

"语""故志""训典"等九门课程，以及提出相应的教学要求来看，此时楚国贵族上层对中原文化的吸收与理解不是皮相之学，而是达到了相当的深度。楚庄王时代及以后，楚国使者已经能在外交场合像中原国家大臣一样，纯熟地引用《诗经》进行交际与交流。据董治安先生统计，在《左传》中楚国引诗17首，赋诗3首，在《国语》中楚国引诗4首。（董治安：《先秦文献与先秦文学》）这一统计表明，楚人对《诗经》的学习与运用，已达到一种"不学诗，无以言"的程度。

在楚庄王一生的事业中，情商是推动他成功的另一个重要因素。

楚庄王性格中一个突出的优点是他特别虚心，不会为了维护自己的虚荣而拒绝接受他人的正确建议。《史记·滑稽列传》载，楚庄王原来喜欢养马，"衣以文绣，置之华屋之下，席以露床，啖以枣脯"。后来马病肥死，要以"棺椁大夫礼葬之"。优孟（楚国宫廷艺人）极尽辛辣讽刺，要他"以人君礼葬之"，使诸侯"皆知大王贱人而贵马"。庄王听后，头脑顿时清醒，发觉"寡人之过一至此乎"，仍以"马属太官"。

庄王还曾"筑层台，延石千里，延壤百里"，弄得吏民怨声沸腾，政局动荡不安。有一个"草茅之人"诸御己冒死进谏，庄王"遂解层台而罢民"。（《说苑·正谏》）不论谏者的身份如何低微，只要说到了要害，楚庄王都会马上接受，立刻改错，表现出了一个杰出政治家的胸怀和风度。正如楚人评论的那样："主明臣贤，左右多忠，主有失，皆敢分争正谏，如此者国日安，主日尊，天下日富。此之谓吉主也。"(《新序·杂事五》)

楚庄王的另一个长处是宽宏大量。有一次，楚庄王宴请功臣，有一位部将乘酒酣灯灭之机，引许姬（庄王爱妾）之衣，许姬顺手摘取了他的冠缨，要庄王点燃灯火查看。庄王则认为"赐人酒使醉失礼"，不能"欲显妇人之节而辱士"，立即要大家都摘去冠缨，然后再点灯火，"尽欢而罢"。后来在一次对外作战中，这位"失礼"的部将冲锋在前，非常勇敢。(《说苑·复恩》)

第十一章 楚国终于登上霸主宝座

一

持续数百年的波澜壮阔的"春秋争霸史",最初是因为抵抗楚国而兴起的。正是楚国等"蛮夷"对中原文明构成的巨大威胁,才促使中原国家发起了争霸运动。没想到,争霸运动发展到后来,居然演变成了楚国向着霸主宝座进发的态势。

在楚庄王时代,国际社会明显感觉到了楚国的变化。楚国不再是以前那个只凭武力取胜的虎狼之国了。楚国在"国际政治"中开始举起了仁义的大旗。

陈国大夫夏征舒杀掉了国君陈灵公,虽然起因是陈灵公与夏征舒的母亲私通,陈灵公有错在先。然而弑君在当时毕竟是天下最大之罪,何况此事又使陈国陷入剧烈内乱之中。楚庄王十六年(前598年),庄王兴兵伐陈,平定陈国之乱。占领陈国之后,楚庄王决定如以前楚国诸王那样,改陈为县。陈是千乘之国,得到陈国,必将使楚的实力大增。

然而大臣申叔时却问他："您是想再增加一个县呢，还是想使天下归心，完成霸业呢？"申叔时进一步说："伐陈，是讨其罪，这是符合礼制的行为，当然会受到各国的赞扬。但如果您灭陈，那就是贪其富，必致各国不服。"

楚庄王恍然大悟，于是派人到晋国把流亡到那里的陈国公子午接回陈国即位。这种行为就是春秋社会所推崇的"兴灭继绝"。

果然，诸国因此纷纷称颂楚国的仁义之举。连孔子后来读到这段历史，都不觉称赞说："贤哉楚庄王！轻千乘之国而重一言之信。匪申叔之信，不能达其义；匪庄王之贤，不能受其训。"(《孔子家语》)

二

楚庄王第二次被中原文化圈充分肯定，则是因伐郑之战。

楚庄王十七年（前597年），楚庄王再次兴师讨伐郑国。

郑国夹在晋、楚两国之间，又颇有实力，因此一直是晋、楚两国争夺的焦点。楚国这次出师是以背叛会盟为名，出师正大。若能降服郑国，则能封锁晋国南下之路，进而控制中原。

围困郑都整整3个月后，郑国终于挺不下去了。郑襄公只好按照周礼，"肉袒牵羊"，也就是脱掉衣服，赤裸着上身，手里牵着一只绵羊，像奴隶一样，在郑国的宗庙前迎接楚庄王。

楚庄王到来之后，郑襄公跪了下去，对庄王说："孤不天，不能事君，使君怀怒以及敝邑，孤之罪也。敢不唯命是听。其俘诸江南，以实海滨，亦唯命。其翦以赐诸侯，使臣妾之，亦唯命。若惠顾前好，徼福于厉、宣、桓、武，不泯其社稷，使改事君，夷于九县，君之惠也，孤之愿也，非所敢望也。敢布腹心，君实图之。"（《左传·宣公十二年》）

这番话句句谦卑至极，句句符合周礼。郑襄公对楚庄王说：我不能承受天命，不能侍奉君王，使您带着怒气到达敝邑，这是我的罪过。不论您是要把我流放到江南，还是要把郑国分赐诸侯，我都接受。当然，如果承蒙您顾念从前的友好，不灭掉敝国，让我们改而侍奉您，等同于贵国的诸县，这是您的恩惠，我的心愿，但我不敢奢望。

如果放在以前，不论郑国如何巧言卑词，楚国即使不灭掉郑国，也肯定严厉处罚郑公。楚国将领纷纷进言说："不可许也，得国无赦。"他们说："此次郑公背叛会盟，与我军战斗3个月之久，让我军将士死伤惨重。这次他是穷途末路没有办法，才如此花言巧语。一定要杀掉他为将士们报仇！"

但是楚庄王没有这样做。楚庄王说："其君能下人，必能信用其民矣，庸可几乎？"意思是，这位国君能为了国民如此卑躬屈膝，以礼下人，国民必然会拥戴他。如果杀了他，肯定会激怒郑国国民。

于是楚庄王命将士们后退30里,派人与郑国议和。

楚庄王的举动显示出大政治家的风度。

按照周礼,战败国只要遵守古礼,承认错误,言辞恭顺得体,就应该获得较为宽大的处置,这是与周礼"不绝祀"的要求相适应的。于是楚国先退兵30里,然后派人和郑国议和。结果是两国结盟,楚庄王只要求郑国派郑襄公的弟弟子良到楚国做人质。这种宽宏大量的处理方式,赢得了国际社会对楚国的好感。

楚国的敌人晋国大夫也评价此战说:"会闻用师,观衅而动。德刑政事典礼不易,不可敌也,不为是征。楚军讨郑,怒其贰而哀其卑,叛而伐之,服而舍之,德刑成矣。伐叛,刑也;柔服,德也。二者立矣。"意思是,用兵之道,抓住敌人有可乘之机才出动,如果一个国家德行政令都合乎常道,就不可进攻。楚国讨伐郑国,是因为郑国有二心,楚国站在了道义的制高点上。用兵之后,楚国国君又怜惜郑国国君以卑下事人。因此,郑国背叛就讨伐他,郑国顺服就赦免他。讨伐背叛,这是刑罚;安抚顺服,这是德行。这样,楚国在刑罚、德行两方面都无可挑剔。

楚国又一次被中原诸国刮目相看。

三

安定了国内秩序,又以两场战争在国际上树立起了信义的大旗，楚国终于具备了争霸的充分条件。

从整个春秋争霸史看，楚庄王所处的"大环境"是相当有利的。第一任霸主齐桓公的时代已经过去了30多年，第二任霸主晋文公也已经去世10多年。和齐桓公一样，晋文公的后代也没有人具有霸主的资质，接连几任晋国君主都很平庸。其他中原国家也缺乏雄才大略之主，中原各国这些年一直陷于内乱之中，晋灵公、郑灵公、陈灵公都在这几年内先后被杀。南方的吴、越两国此时则羽毛未丰，根本不具备争霸资格。可以说，历史为楚庄王争霸留出了广阔的舞台。

楚庄王当然不会浪费这个机会。他攻打郑国就是争霸的第一步。制服郑国，就意味着对晋国的霸主权威发起了明确的挑战，楚晋两国的另一场战争不可避免。

晋景公三年、楚庄王十七年（前597年），为了报复楚国，晋国军队南下，在黄河南岸的邲地（今河南省荥阳市东北），摆开阵势。楚庄王正需要通过这样一场大战登上霸主的宝座，遂亲率大军前往。

按照惯例，在战争之前，双方要派使臣往来，进行交涉。在这次交涉中，楚国的使臣比晋国的使臣言辞更文雅，态度更从容。

楚少宰入晋师曰："寡君少遭闵凶，不能文。闻二先君之出入此行也，将郑是训定，岂敢求罪于晋？二三子无淹久。"

随季对曰："昔平王命我先君文侯曰：'与郑夹辅周室，毋废王命。'今郑不率，寡君使群臣问诸郑，岂敢辱候人？敢拜君命之辱。"彘子以为谄，使赵括从而更之，曰："行人失辞。寡君使群臣迁大国之迹于郑，曰：'无辟敌。'群臣无所逃命。"（《左传·宣公十二年》）

意思是，楚国派少宰到晋军大营，致辞说："寡君年轻时就遭到忧患，不善于辞令。听说两位先君来往在这条道路上，就是打算教导和安定郑国，岂敢得罪晋国？您几位不要待得太久了！"随季回答说："以前周平王命令我们的先君晋文侯说：'和郑国共同辅佐周王室，不要废弃天子的命令。'现在郑国不遵循天子的命令，寡君派遣下臣们质问郑国，岂敢劳烦楚国官吏来迎接呢？恭敬地拜谢楚君的命令。"彘子认为这样说过于含蓄软弱，容易被楚国理解成害怕楚国，于是派遣赵括跟上去更正了说法："我们的临时代表的说法不恰当。寡君命令臣下们要把楚国势力从郑国迁出去，说：'不要躲避敌人！'臣下们没有地方可以逃避命令。"晋国代表言辞前后不一，显露出指挥上的混乱。

交涉之后，战争正式开始之前，还有一个环节，叫"致师"[1]。也就是双方先派出一辆战车，在阵前格斗，这是上古战争

---

[1] 《周礼·夏官·环人》郑玄注："致师者，致其必战之志也。古者将战，先使勇力之士犯敌焉。"吕思勉在《吕思勉读史札记》中说："致之义，一为达之使往，一为引之使来。"

遗留的一种习惯。

《左传·宣公十二年》中有一段对致师过程的具体描写。楚庄王派乐伯、许伯和摄叔3个人驾驶一辆战车向晋军挑战。

> 许伯曰："吾闻致师者，御靡旌摩，垒而还。"乐伯曰："吾闻致师者，左射以菆，代御执辔，御下两马，掉鞅而还。"摄叔曰："吾闻致师者，右入垒，折馘，执俘而还。"皆行其所闻而复。晋人逐之，左右角之。乐伯左射马而右射人，角不能进，矢一而已。麋兴于前，射麋丽龟。晋鲍癸当其后，使摄叔奉麋献焉，曰："以岁之非时，献禽之未至，敢膳诸从者。"鲍癸止之，曰："其左善射，其右有辞，君子也。"既免。

许伯居中驾车，说："我听说所谓的挑战，就是要趁敌人不注意的时候迅速接近敌人的阵地，并且全身而退。"乐伯坐在战车的左边，使用弓箭射击敌人，叫作"车左"。乐伯说："我听说所谓的挑战，就是车左射击敌人，并且代替居中的人驾驶战车，让他能够下车在敌人面前换下马鞍，再安然无恙地回到本阵。"摄叔坐在战车的右边，使用近战武器，叫作"车右"。他说："我听说所谓的挑战，就是车右要深入敌阵，砍下敌人的耳朵，把俘虏抓回本阵。"结果3个人都按他们自己所说的做了。

晋军受了他们的刺激，在后面拼命地追赶。乐伯在战车上不慌不忙，接连射杀敌人，让追赶的晋军根本不能靠前。最后，乐伯只剩下了最后一支箭。正好这个时候，一只麋鹿跑了过来。乐伯一箭射倒麋鹿，让摄叔送给追赶而来的晋将鲍癸，并说："现在还没到猎禽鸟的时候，给您送只麋鹿用作膳食吧。"鲍癸感叹道："（乐伯和摄叔这两个人）一个擅长射箭，一个擅长说辞，都是君子啊。"于是停止了追赶。

《左传》的这段故事十分精彩，乐伯、许伯和摄叔3个人的表现，给晋军留下了极为深刻的印象。他们在敌军面前气定神闲，凭借自己过人的本领，在敌人面前炫耀一番之后全身而退。楚庄王中原化的结果，不但使文臣彬彬有礼，而且使以前粗鄙无文的武将也能在战场上风度翩翩。

在致师环节之后，双方正式展开大战。楚军布成3个方阵，向晋军攻击。孙叔敖说："进之！宁我薄人，无人薄我！《诗》云：'元戎十乘，以先启行。'先人也。《军志》曰：'先人有夺人之心。'薄之也。"楚军迅速进击，"车驰卒奔，乘晋军"。

此时的楚军，已经不是城濮之战时的样子了，楚军的后勤保障、组织布阵水平和士气都有极大提升。在战争中，楚师的布置井井有条，组织严密。"楚子为乘，广三十乘，分为左右。右广，鸡鸣而驾，日中而说（通"脱"，指卸车）。左则受之，日入而说。许偃御右广，养由基为右。彭名御左广，屈荡为右。"楚庄王的战车一广30辆，共分为左右两广。右广在早晨鸡叫的时候套车，太阳到了中天才卸车；左广就接替右广，太阳落山才卸车。许偃驾驭右广的指挥车，养由基作为车右；彭名驾驭左广的指挥车，屈荡作为车右。

在这场战争中，统帅楚庄王始终保持冷静的态度，能听取不同的意见，敏锐捕捉战机，果断下达命令。晋军被楚国的高昂气势吓破了胆，经过一场大规模的混战，晋军开始退却。

在逃跑之时，因为慌乱，许多晋军战车都陷入泥泞之中，无法前进。在后面追敌的楚军见此情景，停下车来，高声喊着指挥晋军先抽去车前横木，这样就能脱离困境。晋军按楚国士兵的指挥做了，但是泥坑太深，战马仍然盘旋不前。楚军又建议他们拔去大旗，扔掉辕前横木，战车才冲出陷坑。松了一口气的晋军回头对楚人说："吾不如大国之数奔也。"就是和楚国军人开玩笑说，看来你们逃跑比我们有经验啊！

当晋国军队逃到黄河边上时，天已经薄暮。晋中军统帅荀林父见前有强敌，后有黄河，心中慌乱，竟在中军敲响战鼓说："先渡过河的有赏！"中、下军混乱中一道涌向河岸，争船抢渡。史书说，先上船者挥刀乱砍，船中断指之多，竟至可以捧起。溃散的晋军争舟渡河，喧嚣之声，彻夜不绝。"及昏，楚师军于邲，晋之余师不能军，宵济，亦终夜有声。"（《左传·宣公十二年》）如果此时楚军发起进攻，则必可令晋军全军覆灭，但楚军遵守"不逐北"，也就是不追击逃跑的敌人的古礼，听任其渡河而不予理睬。

四

邲之战中这样贵族式的讲究风度和幽默的场面,在后世的战争中很少能见到。

在今天的中国人看来,这种战争简直就像小孩子过家家。其实这种"可笑"的场景在中世纪欧洲贵族的王位之争中也经常能看到。

1135年,英国国王亨利一世去世,他的外孙亨利二世和外甥斯蒂芬都有权继承王位,斯蒂芬抢先一步登上了王位。长大后的亨利二世不服,两次领兵前来争夺王位。在第一次王位争夺战中,年轻的亨利二世及其母亲,因准备不充分,还没开战,军队就陷入了饥饿之中。困窘之下,他们居然向敌人斯蒂芬请求支援,而斯蒂芬居然也慷慨解囊,借钱让他们把饥饿的雇佣军打发回家,第一次战争就这样可笑地不了了之了。

数年之后,亨利羽翼已丰,卷土重来,双方再次展开大战,这次亨利很快取得胜利,斯蒂芬俯首投降。然而,双方谈判后达成的结果却让人大跌眼镜:双方约定,斯蒂芬继续做英国国王,不过宣布亨利二世为他的继承人,百年之后,由亨利二世登基。

另一场王位争夺的结局更富于戏剧性。英国爱德华三世两支后裔（兰开斯特家族和约克家族）的后代都对英国王位发生了兴趣，两个家族各拉一批贵族，发动了内战。因为兰开斯特家族的族徽是红玫瑰，约克家族的族徽是白玫瑰，所以这场战争被称为玫瑰战争。战争的结局是不打不成交，两大家族在战争中打出了感情，兰开斯特家族的亨利七世，娶了约克家族的伊丽莎白，宣布约克和兰开斯特两大家族合并，结束了玫瑰战争，也结束了兰开斯特王朝和约克王朝，开创了都铎王朝。

这些故事反映出，贵族战争与平民战争有明显的不同。贵族间的战争一般并不以杀戮和彻底征服为目的，只为分出胜负。所以战争一般点到为止，给对方留足面子。在战场上，大家是敌人；下了战场，大家仍然是朋友。

五

春秋时代战场上贵族们的风度和言辞，确实是今天的读者难以想象的。在后来的晋国和楚国的另一场大战鄢陵之战中，我们同样可以见到春秋时代的战争是多么彬彬有礼。《左传·成公十六年》的原文是："郤至三遇楚子之卒，见楚子，必下，免胄而趋风。"

也就是说，在这次战斗里，晋国的大将军郤至前后三次（也可能多次）遇到了楚共王。他每次见到楚共王，都脱下头盔，快步趋避到一边，以表示对楚共王的恭敬。楚共王很欣赏这位晋国将军的风度，派工尹襄赠给郤至一张弓，并说："方事之殷也，有韎（mèi）韦之跗注，君子也。识见不穀而趋，无乃伤乎？"意思是："战斗正激烈的时候，我看到有位打着红色皮革绑腿的有礼貌的人。他一见到我，就遵循礼节疾步趋走，让他受累了！"

郤至怎么回答的呢？《左传》说："郤至见客，免胄承命，曰：'君之外臣至，从寡君之戎事，以君之灵，间蒙甲胄，不敢拜命。敢告不宁，君命之辱。为事之故，敢肃使者。'"意思是，郤至接见了工尹襄，脱去了盔甲，听他传达楚王的话，回答说："您的外臣郤至，奉了我国君主的命令作战，在战场上正穿戴着盔甲，不能下拜。承蒙您派人慰问，我心里实在感到不敢当。因为在战斗当中，只好对您的使者行个礼了。"说完，对工尹襄作了三个揖就走了。

正如这个故事所表现的那样，即便是在血腥的战争中，优雅仍然是春秋时代贵族的基本追求。虽然彼此的目的都是击败对方，但他们的言辞却仍然处处得体。郤至对敌国君主不失尊敬，而楚王在危难之际，竟然也不忘去褒扬对手，并派人给对手送去礼物。正如钱穆在《国史大纲》中所说："当时的国际间，虽则不断以兵戎相见，而大体上一般趋势，则均重和平，守信义。外交上的文雅风流，更足表现出当时一般贵族文化上之修养与了解。即在战争中，犹能不失他们重人道、讲礼貌、守信让之素养,而有时则成为一种当时独有的幽默。"

鄢陵之战中,晋国将军韩厥打败了楚国同盟郑国的君主郑伯。郑伯乘车逃走。为韩厥驾车的驭手杜溷(hùn)罗说:"赶快追。他的驭者左顾右盼,心不在焉。很快就能追上。"("速从之!其御屡顾,不在马,可及也。")韩厥却说:"算了吧。不能再次羞辱国君了。"("不可以再辱国君。")他命令驭手调转车头,放过了郑伯一命。

这个故事反映了贵族社会的一个重要信条,就是对对方的君主保持尊重。

如果今天的读者无法理解先秦贵族的精神世界,那么我们还是引用欧洲贵族的历史故事来加以对比。欧洲政治中也有一个类似的传统,那就是做过国王的人即使被从王位上推下来,也会受到必要的礼遇,这是骑士精神的表现之一。因此,欧洲权力斗争中的失败者鲜有被处死的例子。人们无法容忍一个国王杀掉另一个国王。他们不是不知道养虎遗患的道理,可就是不愿破坏自己的骑士风度。1688年,威廉三世征讨英国,从自己岳父詹姆斯二世手中夺取了王位。之后他网开一面,在囚禁岳父的城堡前的大海上不设防备,因此詹姆斯有机会顺利乘船逃到法国。第二年,他的岳父就组织了一支精良的雇佣军在爱尔兰登陆。威廉三世不得不从英法战争中腾出手来对付卷土重来的岳父,虽然最后将詹姆斯赶回了法国,却因此在英法战争中失利。不过,似乎没有人因此而批评威廉的不智。

长期以来,"贵族"在我们的头脑中成了一个负面的概念,它意味着铺张奢侈的生活和抱残守缺的价值观。其实,贵族们固然有保守、特权的一面,但也有优雅、超越和勇于承担的一面。

六

邲之战胜利的背后,是楚国综合国力的胜出。晋国大夫评价说,楚国在庄王的领导下"德立,刑行,政成,事时,典从,礼顺,若之何敌之?"(《左传·宣公十二年》)。意思是,德行树立,刑罚施行,政事成就,事务合时,典则执行,礼节顺当,谁能抵挡楚国?

晋国将军在战争中见识到,楚国如今已经深得用兵之道。"荆尸而举,商农工贾不败其业,而卒乘辑睦,事不奸矣。敖(即孙叔敖)为宰,择楚国之令典。军行,右辕,左追蓐,前茅虑无,中权,后劲。百官象物而动,军政不戒而备,能用典矣。"(《左传·宣公十二年》)李学勤先生说,荆尸"应是组织兵员的一种方式"(李学勤:《〈左传〉"荆尸"与楚月名》)。

意思是,因为事先充分的动员,楚国在战争中可以做到井井有条,商贩、农民、工匠、店主都不废时失业,步兵、车兵关系和睦，事务互不相犯。孙叔敖做令尹，选择实行楚国好的法典，军队出动，右军跟随主将的车辕，左军打草作为歇息的准备，前军以旄旌开路以防意外，中军斟酌谋划，后军以精兵压阵。各级军官根据象征自己的旌旗的指示而采取行动，军事政务不必等待命令就已完备，这是因为能够运用典则。

不过，在全军上下的喜气洋洋和部下的一片赞声之中，楚庄王的头脑仍然十分清醒。

战争结束后，楚国大臣潘党对楚庄王说："臣闻克敌必示子孙，以无忘武功。"下臣听说战胜了敌人一定要有纪念物给子孙看，表示不忘记武功。所以他劝告楚庄王："君盍筑武军，而收晋尸以为京观？"意思是说，君王何不建筑起营垒显示武功，收集晋国人的尸首建立高冢？

春秋时代，交战双方在战争结束后，战胜的一方为了向世人和他们的子孙后代炫耀自己的赫赫战功，往往将战败一方将士的尸体收集在一起，堆积在大路两侧，然后再用覆土夯实，形成一个大金字塔形的土堆，这种土堆历史上称为"京观""武军"等。

然而，楚庄王却拒绝了潘党的建议。《左传·宣公十二年》对此描写如下：

楚子曰："非尔所知也。夫文，止戈为武。武王克商。作《颂》曰：'载戢干戈，载橐弓矢。我求懿德，肆于时夏，允王保之。'又作《武》,其卒章曰:'耆定尔功。'其三曰:'铺时绎思,我徂维求定。'其六曰:'绥万邦,屡丰年。'夫武,禁暴、戢兵、保大、定功、安民、和众、丰财者也。故使子孙无忘其章。今我使二国暴骨,暴矣;观兵以威诸侯,兵不戢矣。暴而不戢,安能保大?犹有晋在,焉得定功?所违民欲犹多,民何安焉?无德而强争诸侯,何以和众?利人之几,而安人之乱,以为己荣,何以丰财?武有七德,我无一焉,何以示子孙?其为先君宫,告成事而已。武非吾功也。古者明王伐不敬,取其鲸鲵而封之,以为大戮。于是乎有京观,以惩淫慝。今罪无所,而民皆尽忠以死君命,又可以为京观乎?"

楚庄王说,"止戈"二字合起来是"武"字。武王战胜商朝,作《周颂》说:"收拾干戈,包藏弓箭。我追求那美德,陈于这夏乐之中,成就王业而保有天下。"又作《武》篇,它的最后一章说:"得以巩固你的功业。"它的第三章说:"布陈先王的美德而加以发扬,我前去征讨只是为了求得安定。"它的第六章说:"安定万邦,常有丰年。"

因此武功是用来禁止强暴、消灭战争、保持强大、巩固功业、安定百姓、调和大众、丰富财物的,这就是楚庄王提出的"武有七德"。因此一个国家动用武力的真正目的并不是为了炫耀武功。一个国君只有做到了这七件事才可以使后世子孙不能忘记他的武功。而现在我（楚庄王）使两国子弟暴尸野外，是为残暴。在这场战争中阵亡的晋国将士都是为了自己的国家而尽忠的，我怎么能够将他们筑为京观呢？

这番言论，体现了楚庄王对周文化的登堂入室，说明了楚国政治文化中中原文化的色彩已经非常浓重。这说明楚国已经扬弃了本国政治文化中的野蛮因素，而举起了人道主义的大旗。

于是楚庄王下令将晋军阵亡的将士妥善埋葬，自己在黄河边上祭祀河神之后便退军了。（"祀于河，作先君宫，告成事而还。"）这一决定体现了这位新任霸主的成熟、理智和富于同情心。

七

邲之战是楚晋争霸中具有决定意义的战役，对楚国人来说，这场战争是完胜的。不仅仅是军事上的胜利，更是精神上的胜利。从此楚国声威大震，鲁、宋、郑、陈等中小国家纷纷背晋从楚，晋国一时不敢南向与楚抗衡。

虽然周王朝始终没有赐予楚国方伯之职，但是楚国已经实质性地成为国际上最强的主导性力量。特别是楚国信守仁义的举动，更是赢得了各国的一致归心。

楚国终于登上了霸业的顶峰，楚庄王这个霸主，让天下人心服口服。

孔子两次称赞楚庄王说："贤哉楚庄王"（《史记·陈杞世家》）、"楚庄王霸其有方矣"（《新序·杂事四》）。因为楚庄王是春秋时代罕见的各方面都符合儒家理想的"完美"君主：灭掉陈国又重新恢复其国，在郑国穷途末路之际放了它一条生路；尊重生命，不建京观。这些行为达到了孔子坚持的儒家道德的最高境界：义行诸侯，适可而止，重德重民，恩威并施。

《吕氏春秋》曾把楚庄王列入"十圣、六贤"之内。所谓"十圣"，是指神农、黄帝、颛顼、帝喾、尧、舜、禹、汤、文王、武王；所谓"六贤"，是指齐桓公、晋文公、秦穆公、吴王阖闾、越王勾践和楚庄王。

韩非说："荆庄王并国二十六，开地三千里。"（《韩非子·有度》）刘向也说："楚庄王用孙叔敖、司马子反、将军子重，征陈从郑，败强晋，无敌于天下。"（《说苑·尊贤》）

司马迁对楚庄王的评价特别高，他说："庄王之贤，乃复国陈，既赦郑伯，班师华元。……嘉庄王之义，作《楚世家》第十。"（《史记·太史公自序》）

确实，在春秋五霸之中，蛮夷出身的楚庄王留在历史上的形象最为完美。和他比起来，晋文公过于苛刻，齐桓公过于精明，秦穆公过于阴险，而阖闾野心勃勃，勾践则"可与共患难，不可与共乐"。楚庄王则心怀宽容，能征能讨，有威有恩，知止不辱，知足不殆，成了春秋时代贤明君王的典范。

第十二章 楚国贵族的生活

一

春秋时期虽然处于缺乏最高权威的无政府状态，但并非弱肉强食，各诸侯国对彼此的行为都有着相对明确和稳定的预期，尤其对于那些大的诸侯国来说，在春秋中期以前几乎不存在现实主义意义上的生存安全威胁。与此相应的是，在春秋时期的大部分时间里，大国的对外决策几乎都不是以确保自身生存安全为出发点的。所以，贵族活得从容而优雅。

因此，我们不妨拿出一章的篇幅，结合近年来的考古成果，为大家复原一下春秋时期楚国的社会面貌和贵族生活。

首先我们来看一下楚国的都城面貌。20世纪50年代，一位名叫张云鹏的考古学家在湖北荆州古城北约5千米处的农田中发现了一座微微隆起的土台，旁边则是一道长长的土坝。凭着考古学家的直觉，他判断这里极有可能是一座规模巨大的古城遗址。

果然，数年的发掘，证明这道土坝是东周时代的一座城墙的遗迹。不久之后更多的考古发现，证明这里居然是2000多年前楚国的国都纪南城。鉴于这座古城的重要性，国务院于1961年公布纪南城为全国首批重点文物保护单位。

今天，在这片宁静的土地上，人们已经很难看出当年城市的痕迹。不过，如果在2000多年前来到这里，你一定会为它的雄伟而震惊。考古发掘证明，这座城市城垣周长达15.5千米，共有7座城门，南北还各有水门1座。城市面积为16平方千米，也就是说，有3个现在的荆州古城那么大。城墙基址宽14米，按照古代筑城城高与墙基相等的法则判断，城墙可高达14米，相当于3层楼那么高。这座都城的几座城门，按照周礼天子之城的要求，建有3孔门道。这在春秋时代的各国都城中都是绝无仅有的。

在楚国的鼎盛时代，这座城市是非常繁华热闹的。桓谭在《新论》中说："楚之郢都，车毂击，民肩摩，市路相排突，号为朝衣鲜而暮衣弊。"街上车马如流，人头攒动，衣服鲜明，货物林立。据马世之先生的研究，纪南城极盛时，有6万人家，人口30万左右。（马世之：《略论楚郢都城市人口问题》）在先秦时代，这样的人口规模说明它是一座超级城市。考古学家在城内发现了众多的大型宫殿遗址、贵族府第遗址，以及市民生活区、商业区、作坊区遗址，城内还发现了400多口水井，这些都证明了当时这座城市的繁盛之状。因为人口密集、市场繁荣，这座城市以物价高昂而闻名。《战国策·楚策三》记:"苏秦之楚,三日乃得见乎王。……对曰:'楚国之食贵于玉,薪贵于桂……'"

我们来重点看一下城市中央的宫殿区。通过对众多夯土台基中的松柏区30号建筑遗址的发掘,以及对它的礅墩、檐柱、地梁、建筑、室内装饰的复原,我们可以推测,这是一座"高堂邃宇"的四阿式重檐的多层建筑。

这座台基呈长方形,东西长80米,南北宽54米。台上的柱洞直径达80厘米,说明这座宫殿的柱子直径将近1米,由一人不能合抱的参天大树做成。宫殿中脊高23米,再加上台基,总高度近30米,相当于今天八九层楼的高度。宫殿上下两层屋檐,既有利于采光,又有利于突出这座建筑的雄伟壮丽。(图12-1)

从台基出土的错银铺首可见,这座宫殿的装饰是非常精美豪华的。《招魂》所载:"翡帷翠帐,饰高堂些。红壁沙版,玄玉梁些。仰观刻桷(jué),画龙蛇些。"正是对楚国宫殿的描绘。这座宫殿刻镂精工,为了达到最好的采光效果,门窗采用亮格、隔扇,即《招魂》所描述的"网户朱缀,刻方连些"。室内墙壁上还有瑰丽的彩绘。王逸认为,屈原的《天问》是"见楚有先王之庙及公卿祠堂,图画天地山川神灵,琦玮谲诡,及古贤圣怪物行事,周流罢倦,休息其下。仰见图画,因书其壁,呵而问之,以渫愤懑"(《〈天问〉序》),当时楚国的

东立面图　　　　　　　　横剖面图

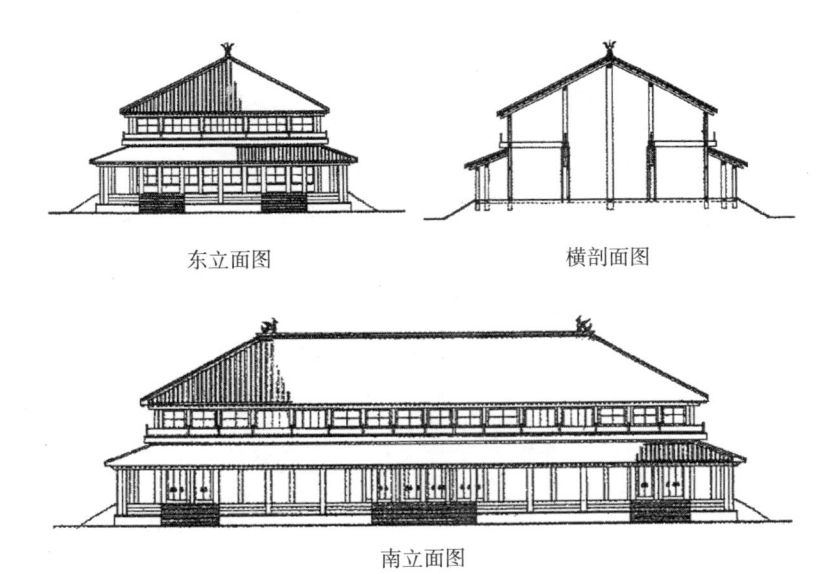

南立面图

图 12-1　纪南城宫殿复原图
（郭德维：《楚都纪南城30号宫殿台基的建筑复原研究》）

庙堂、宫殿中都有描绘各种神话传说的壁画。

二

1978年，湖北随州发现了一座巨大的古墓，它的墓主人是曾国国君曾侯乙（姬乙）。曾国就是前文提到的楚武王征服的随国。一国二名，在春秋时代并不少见。这座大墓的布局模仿墓主人生前的居所，它的一个个墓室象征着墓主人生前居所中的客厅、起居室、宴会厅等功能区。几百年来，曾国一直是与楚国关系最密切的属国之一，曾文化因此属于楚文化的一部分。不过，由于文字记载的缺乏，关于这个古国的具体情形，人们是通过考古发掘才得到更详细的认识。

曾侯乙墓中最引人注目的是随葬青铜器品类的丰富齐全，在下葬之时，人们几乎把墓主人生前的所有生活用品都搬了进来，曾侯乙墓出土的青铜礼器和日用器达134件。这134件器物中包括食器、酒器和水器117件，青铜生活日用器17件。这是至今我国出土青铜礼器数量最多、种类较全的一次，这些青铜器成组成套，排列有序，显然是仿照墓主人生前宴乐情景特意安排的。

要复原春秋时代贵族的生活，最好的办法之一是通过了解曾侯乙墓的文物。今天陈列在博物馆中的这些种类繁杂的青铜器，在当时都是做什么用的呢？传说贵族的生活"钟鸣鼎食"，那么春秋战国时代的贵族，到底是如何生活起居、衣食住行的呢？想必每一个参观博物馆的人心中对此都会感到好奇。我们不妨通过介绍曾侯乙墓中出土的文物，来尝试复原2000多年前楚国贵族的生活场景。

三

如果你穿越到春秋时期，参加贵族宴会，宾客们要做的第

图12-2 铸镶红铜纹饰盥缶

一件事是净手。在周礼中,这个环节叫"沃盥之礼"。《礼记·内则篇》记载:"进盥,少者奉槃(盘),长者奉水,请沃盥。盥卒,授巾。"也就是说,贵族洗手时,要由一位年长的仆人从上面倒水,一位年少的仆人捧着青铜盘在下面接水。洗完手后再由另一位仆人递上毛巾。

曾侯乙墓出土的这件精美的铸镶红铜纹饰盥缶(图12-2),就是专门用来盛洗手所用的清水的。另一件铜匜(图12-3)是用来倒水的,它的形体椭圆,好像一只瓢,使用时,握住后面的銎手,水从前面的流口流出。承盘(图12-3)则是仆人捧着用来接水的,它口大,圈足,腹浅而平,盘中还装饰着水族动物纹样,使用功能和艺术功能达到了完美统一。

图 12-3　铜匜、承盘

图 12-4　铜提链鉴

洗过手之后，第二个环节是"饰容"，就是整理自己的衣冠。客人们用到的是铜提链鉴（图12-4）。鉴，在古汉语中是镜子的意思。仆人轻轻打开鉴盖，客人把鉴中的清水当成镜子，看看自己的衣冠是否整洁。这就是中国最早的镜子。

整理好仪容后，主人和客人就可以进入餐厅了。曾侯的餐厅面积很大，主人和客人每个人面前都摆着一张案和一只俎（俎是一种四脚方形的青铜或者木质高盘），身边还侧着摆放一张几。图12-5这张浮雕兽面纹漆木案，在当时是用来摆放饭菜的。而俎（图12-6）则专门用来摆放汤匕、小刀等工具。至于几（图12-7），则是坐累了用来倚靠着休息用的。当然，几案并不能随便摆放，主人和客人的位置都是有严格规定的：主人要东向坐，主陪则南向坐，主客北向坐，随从西向侍。

先秦时代，所有人都席地而坐，曾侯乙墓出土的铸有精美龙纹的重达300多克的金镇和镂空龙纹重达1000多克的青铜镇，是用来压住席子四角，使席子不至于轻易移动的。

在席子上的坐法，也有讲究。"虚坐尽后，食坐尽前。坐必安，执尔颜。"（《礼记·曲礼》）不吃饭的时候，要尽量往席后坐，吃饭时要尽量往席前坐。坐时要安稳，不要前后左右晃动，要保持安静严肃。

几案之间，摆着几只造型优美的铜熏（图12-8），里面盛的是燃烧的香料。还有一套铜炭盆、箕和漏铲（图12-9），是用来

图12-5　浮雕兽面纹漆木案（复制品）

图12-6　俎

图12-7　漆木几

图 12-8　铜熏

图 12-9　铜炭盆、箕和漏铲

图12-10 镬鼎、鼎钩、长柄匕

取暖的。青铜炭盆上用镶铸法装饰着红铜花纹；而铜箕明显是依照竹编的样子制成的，一根根竹蔑花纹特别清晰；漏铲底上有53个菱形漏眼，证明它是用来筛炭的。它们保证冬季室内可以温暖如春。

在餐厅一侧地上，一般会陈放几只体型相当大的镬鼎。镬鼎相当于今天的锅，主要用途是烹煮牛、羊、猪等大型动物。它高高的三足或者四足下面，可以升起柴火。曾侯乙墓的镬鼎（图12-10）出土时鼎腹下面有一层厚厚的烟灰，证明它是墓主人生前宴饮时的实用炊具。和这只镬鼎一起出土的，还有两只鼎钩和一个长达1.58米的长柄匕（图12-10）。这说明，当时厨师在厨房加工好牛肉之后，仆人们会把这只镬鼎抬到餐厅之中，

图12-11　铜鼎及其腹部附饰

再用这只长柄匕将食物取出。

曾侯乙墓出土的一件铜鼎（图12-11）据推测应是用来盛放肉类的。它两耳明显外撇，束起腰部，鼎侧还有三只小兽在鼎边探头探脑，似乎想看看鼎里盛的是什么。鼎之所以重要，就是因为它的容量较大，只有贵族才能用得起，具有"别上下，明贵贱"的政治功能。

先秦贵族采用和今天西方人相类似的分餐制。厨师在厨房做好饭菜之后，仆人们将盛放饭菜的镬鼎等大型食器搬到宴席上。贵族们并不自己动手到鼎中取食，而是由仆人切肉取菜，分成一份份的送到主人与客人的案上。从饮食的角度看，分餐制无疑是一种更卫生的餐饮方式，也更符合贵族们的礼制和身份。

案上的食物摆放位置，也有严格的礼仪要求。《礼记·曲礼》说："凡进食之礼，左殽右胾（zì），食居人之左，羹居人之右。脍炙处外，醯（xī）酱处内，葱渫（xiè）处末，酒浆处右。以脯脩（xiū）置者，左朐（qú）右末。"也就是说，左边放带骨头的肉，右边放不带骨头的肉。饭食放在客人的左边，汤则放在右边。主菜也就是细切的肉和烤熟的肉放在外边，醋和酱等放在里边。葱末之类的放在案子的末端，酒浆之类的放在右边。如果再加脯、脩两种干肉，那就使它们弯曲的部分朝左而放在最右边。

与此相匹配的是，盛放不同种类食物的器具也有严格的讲究。比如古代盛饭的器具就分为四种：簋、簠、敦（duì）、盨（xǔ）。它们都是所谓"盛黍稷稻粱器"，但区别在于簋是圆形，簠为长方形，敦为球形，盨则是椭圆形。簋（图12-12）一般都有锥形圆盖，其功用是将大鼎烹煮的食物盛入后加盖，既保温又卫生。

用来盛肉的器具，则主要是小型的鼎。曾侯乙墓出土的几只体积很小的小铜鼎很可能是用来放小吃的。

豆是"菹醢（zū hǎi）器"，菹就是咸菜，醢就是肉酱。因此它就是用来盛放咸菜和肉酱等调味品的。曾侯乙墓出土的一只铜盖豆（图12-13），通体镶嵌着美丽的绿松石。

和今天的西方人一样，上古贵族吃饭时的主要工具是匕和

图12-12　簋

图12-13　铜盖豆

图12-14 金盏与漏匕

刀。匕相当于现在的汤匙、调羹，从体上分为尖形体匕和椭圆体匕，从柄上分为曲柄匕和直柄匕。曾侯乙墓出土的金质漏匕（图12-14），显然是用于从其旁的金盏中捞取食物的。

至于吃饭时的程序和礼仪，除了我们熟知的"割不正不食""席不正不坐"之外，《礼记·曲礼》还说："客若降等，执食兴辞。主人兴辞于客，然后客坐。主人延客祭，祭食，祭所先进，殽之序，遍祭之。三饭，主人延客食胾，然后辩殽。主人未辩，客不虚口。……卒食，客自前跪，彻饭齐以授相者，主人兴，辞于客，然后客坐。共食不饱，共饭不泽手。"

也就是说，客人的地位如果低于主人，就要拿着食物站起来致辞表示感谢，并表示自己的身份不配与主人同在堂上进食，自己还是去堂下吃吧。然后主人也起立劝阻客人，表示欢迎，然后客人才能落座。

进食之前，馔品摆好之后，主人要引导客人举行食前的祭礼。古人进食之前必行祭礼，每一种食物都要先拨出少许，放置在几案之上，以祭祀神灵祖先。所谓"祭所先进"，是指按进食的顺序，宴席先吃什么，就先用什么行祭，遍祭各种食物。

客人先吃三口饭，然后就要说饱了，主人劝让才能开始吃肉。先吃纯肉块，后吃带骨头的肉块。

主客要相互照顾着共同吃完。主人不能先吃完而撤下客人，客人也不能先结束进食。如果客人吃饱了而主人进食未毕，则"客不虚口"。虚口是指用酒漱口，以清洁口腔，表示进食结束。主人尚在进食而客自虚口，是不恭的表现。

宴饮完毕，客人须跪立在食案前，整理自己的餐具及剩下的食物，交给主人的仆从。待主人说不必客人亲自动手，客人才住手，重新坐下。

大家共用一个食器时，要谦让，不能光顾着自己一个人吃饱。"共饭不泽手。"吕氏注说："不泽手者，古之饭者以手，与人共饭，摩手而有汗泽，人将恶之而难言。"（〔元〕陈澔注：《新刊四书五经·礼记集说》）大家共用一个饭器时，取饭需要用手，因此要保持手的干净，不能轮到你取饭的时候再搓你的汗手。

此外，先秦时代，关于吃饭，还有很多其他规定，比如"毋抟饭，毋放饭，毋流歠（chuò），毋咤食，毋啮骨，毋反鱼肉，毋投与狗骨"。取饭时不要团饭，就是不要把饭压紧实，好像怕吃不饱一样；不要将手抓到的饭再放回去，怕别人嫌脏；不能张开口大喝特喝，好像自己要把羹汤赶紧喝完，那样显得很贪婪；吃饭时口中不能发出声音，这样不礼貌；不能用嘴去用力啃骨头，一则会发出声响，二则龇牙咧嘴的样子不雅，三则好像嫌主人饭菜不够，非要啃骨头才能吃饱一样；不要把没有吃完的鱼肉放回去；不要把骨头扔给狗吃，主人提供的食物很珍贵，不能用来喂狗。

所以，不到礼仪学院培训一段时间，今天的人穿越回去，是无法体面地参加春秋时的宴席的。即使礼仪娴熟的贵族，参加宴席，也经常吃不饱。一方面是因为礼仪过于烦琐，讲究太多；另一方面，"凡侑食，不尽食；食于人不饱"。陪尊长吃饭，绝不可尽兴地吃；凡是做客，不可吃饱。

四

相比吃饭，贵族们对饮酒更为重视。

中国上古酒文化非常发达，因为酒在先秦贵族的饮食生活中占据着中心的位置。这种神秘的、能令人产生幻觉的液体,不但令无数贵族为它沉迷,更使他们把它当作奉献给神的最主要的礼物。古代贵族在进行占卜、祭祀和战争前,都要大肆饮酒,以求好运,以壮威风。曾侯乙墓出土的这批青铜酒器,是已出土先秦青铜酒器的巅峰之作。

曾侯乙墓的酒器,令人们印象深刻的,首先是它们体量的巨大。有两件大尊缶自重分别为327.5千克和292千克,容积约430升,是迄今所发现的先秦酒器中最大的两件;有一套联座对壶(图12-15)总重约240千克,总容积约180升;有一套鉴缶,重

图 12-15　**联座对壶**

约170千克，缶的容积约65升；有一套尊盘，尊与盘总重28千克，尊的容积约9升。

虽然《战国策》说："昔者，帝女令仪狄作酒而美，进之禹，禹饮而甘之，遂疏仪狄，绝旨酒。曰：'后世必有以酒亡其国者。'"但事实上，酒的魅力是贵族们无法拒绝的。通过这些巨大的器具，我们可以猜想曾侯乙应是一个善饮的人，也可以看出在楚国贵族生活中，酒是如何须臾难离的。"酒池肉林""花天酒地"，这些成语通过这些酒器，化成了我们眼前的实物。

曾侯乙墓的酒器，还有一点令人们印象深刻，即酒器种类的繁多。在先秦青铜器中，酒器所占比例最大，种类最多。古代青铜食器在10种以上，而酒器在20种以上，每一种器物都有特定的称谓和特定的功能。贵族所用酒器的复杂，令人叹为观止，反映了先秦酒文化的繁盛和发达。

壶是用来盛酒的。曾侯乙墓出土的一只提链铜壶（图12-16），壶颈内收，可保持容

图12-16　提链铜壶

器内液体在提拿挪动时的平稳性；壶口略侈，与腹部交映，形成一条流动的曲线。

尊主要也是用来盛酒的。当时宴请贵宾时，往往不是直接奉上酒杯劝敬，而是将一个盛酒的尊奉送到宾客面前，以示尊敬，因而称为"尊"。

爵相当于现在的酒杯，前有倾酒用的瓦筒似的流，后有尖状尾，腹侧有鋬，口上有两柱，腹下有三尖足。关于这两个柱的用途，后世专家有几种不同的猜测。有人说，这两个小柱可以分开胡须，饮酒时胡须不会沾上酒。还有一种说法是两个小柱抵住鼻端，提醒饮者勿贪杯误事。这两种说法我个人感觉都有点不合常理。还有人说，小柱可能用于拴挂香料包，有点像今天的袋装茶；香料泡在酒里，喝酒时因拴在小柱上而不会被一起倒出来。更有专家认为小柱是用于拴过滤包过滤米酒的。

角也是饮酒器。其形制似爵，不过比爵简单一些，无流无柱。

觚（gū）同样是饮酒器，为"乡饮酒之爵也"。燕礼、特牲馈食礼中都是用觚。《论语·雍也》中孔子曾发出对礼制日益混乱的感叹："觚不觚，觚哉！觚哉！"

同一种功能，但是器形却有这么多不同，主要是为了体现礼治精神。事实上，酒具不光是用来盛放美酒的，更是贵族们分尊卑、定上下的礼仪用具。古语说："非酒器无以饮酒，饮酒之器大小有度。"王公贵族们使用酒杯，依身份高低贵贱而有严格的规定和区别。《礼记·礼器》云："贵者献以爵，贱者献以散"，"尊者举觯（zhì），卑者举角"。正因为诸侯们使用不同等级的酒器，后来才出现了"爵位"这个词。"爵位"，原义就是指酒器摆放的不同位置。先秦酒文化之所以如此发达，一个主要原因是它是先秦礼制文化的重要组成部分。

贵族们饮酒的礼节分为"献""酢""酬"三部分。客人坐定之后，主人先取酒爵到客人席前进献，叫"献"；然后，客人也要到主人面前回敬，叫"酢"；再由主人把酒注入觯中，先自饮，再劝客人同饮，叫"酬"。完成这样一套礼节，叫"一献之礼"。这套礼节在席中会重复多次，一丝不苟。

五

除了体量大、种类多这两点，曾侯乙墓出土的酒器更引人注目的地方，是其铸造的精美和设计的巧妙。

曾侯乙鉴缶（图12-17），堪称酒器之王。它通体布满镂雕和浮雕的蟠螭纹，一条条细如绒线，相互缠绕，繁密得让你点不清数目，然而却又排列有序，形态清晰逼真。鉴身外壁还有8个龙形耳钮。它们弓身向上作伏攀状，造型生动可爱。鉴身底部的四角各有一个兽形足。小兽昂首曲颈，挺胸弓腰，抬起两条前

图 12-17　曾侯乙鉴缶

腿，把铜鉴稳稳托了起来，造型十分动感。

它的功用也很有意思。如果用今天的叫法，其实可以称它"冰箱"。它分成青铜鉴和青铜缶两个部分。外套为鉴，缶在其中，缶和鉴之间有很大的空间，可以放冰，也可以放热水，因此具有冰镇、加温酒浆的双重功能。有专家将其称为我国目前所见最早的"冰箱"（当然也可以用作"保温箱"）。先秦的酒都是米酒，天热时很容易腐败变酸。因此，贵族家中都设有巨大的冰窖。酷暑季节，缶内盛入酒浆，中空部位放置冰块，就可以享用冰凉可口的冰酒了。屈原在《招魂》中有"挫糟冻饮，酎清凉些"之句，描述的就是冰冻甜酒、满杯痛饮的清凉感受。如果是隆冬季节，只要将热水注入中空部位，缶内的饮料就可以升温。不过，无论是冰块融化，还是注入热水，都会产生一定浮力，从而影响到缶的稳定。因此，铜缶底部方足上，开了一个孔。方鉴底部与缶的方足孔相对的部位，装有弯形栓钩，正好插入缶足的孔里，从而防止铜缶浮动或倾倒。更妙的是，有一只栓钩还装有倒钩，当将缶放入鉴中时，通过下压的动作，可以使弯钩向外侧倒，从而钩住缶底，这样就把缶牢牢地扣在鉴的内底而使之不能滑动；当向上提起缶时，弯钩向上并向内侧旋转90度，倒扣就松开了。古人的设计十分简单而巧妙，并不输于今人。

曾侯乙尊盘（图12-18）被称为"史上最复杂的（单件）青铜器"。它由盘和置于盘中的尊两件器物组合而成，功用与鉴缶相同。尊是酒器，盘是水器，夏季可盛冰用于镇酒，冬季可盛沸水用于温酒。它造型上十分繁复，让人眼花缭乱。盘下设兽形盘足，龙首、龙体、龙尾均蜿蜒曲折，表现出充沛异常的生命力。更冲击人视线的，是它的镂空和透空附饰，通过高低参差和对称排列，整齐中寓有变化，繁复中富于玲珑剔透，只能用巧夺天工来形容。

曾侯乙尊盘是中国古代青铜铸造技术的代表作。尊盘由本体、附件装饰及透空附饰组成。尊由34个部件经56处焊接与铸

图12-18　曾侯乙尊盘

接而成。盘则由38个部件经44处焊接而成。尊盘本体共饰有84条龙、80条蟠螭。盘口沿上的透空附饰，由高低两层、内外两圈蟠螭纹构成，每圈有16个花纹单位，每个花纹单位由形态不一的4对变形蟠螭组成。表层纹饰互不关联，彼此独立，仅凭内层铜梗支撑构成一个整体，令人叹为观止。这些透空部分是用失蜡法铸造的。失蜡法的原理很简单，就是用蜡做模，模外做范，浇铸时，蜡遇热熔化，器也就铸出来了。中国现已出土的最早的失蜡法青铜器，是在楚国淅川下寺春秋晚期的一座楚墓中发现的。曾侯乙尊盘的铸造时间稍晚于淅川下寺青铜器，其工艺水平比淅川下寺的更为高超，达到了前无古人，后无来者的境界，成为中国古代失蜡法铸造史上的里程碑。它是中国春秋战国时期最复杂、最精美的青铜文物精品，也是世界青铜文物中屈指可数的珍品。

贵族阶级的生活，不只是"荒淫腐朽"，其实也有对美的追求。冯友兰在《中国哲学史》中说："在礼节、礼仪的意义上，礼有另外一种功能，就是使人文雅。在这种意义上，礼使人的情感雅化，净化。"对春秋时代的贵族来说，礼乐不仅仅是一种制度，更是一种审美。《礼记·少仪》中这样描述贵族生活之美："言语之美，穆穆皇皇；朝廷之美，济济翔翔；祭祀之美，齐齐皇皇；车马之美，匪匪翼翼；鸾和之美，肃肃雍雍。"贵族们之所以如此讲求器具的精致，主要是一种精神上的要求。正所谓"宫室得其度，量鼎得其象，味得其时，乐得其节，车得其式，鬼神得其飨，丧纪得其哀，辩说得其党，官得其体，政事得其施，加于身而错于前，凡众之动得其宜"（《礼记·仲尼燕居》）。美，或者说和谐、得体、优雅，是贵族生活的首要追求。

曾国的这些青铜器，盛放着的是优雅与雍容，它们以其雄浑古朴的造型、绚丽精美的纹饰，代表了中国青铜文化的一个高峰。事实上，在春秋中期以后，中国大地上，体量最庞大和造型最精美的青铜器，几乎都出于楚国故地。这一事实证明，春秋中期以后，楚国的青铜铸造技术在我国传统青铜铸造技术的基础上，达到了新的、其他国家难以企及的高度。楚国在青铜器方面取得的艺术和技术成就，充分显示了其中原化的程度。

六

无论是吃饭还是饮酒，都缺少不了一种重要的背景：音乐。所谓"钟鸣鼎食"，并不是一种夸张的说法，而是对先秦贵族生活的写实性描写。

古代贵族的正式宴请，必有音乐和歌舞。其功用有二：一是为了贵族生活的排场，二是表现礼治精神。

音乐是礼治文化的重要组成部分。《吕氏春秋》高诱注说："礼所以经国家，定社稷，利人民；乐所以移风易俗，荡人之邪，存人之正性。"正因如此，"礼乐不可斯须去身"（《礼记·乐记》）。

曾侯乙墓出土的乐器共有8种，125件，这在我国音乐史上和考古史上都是一次空前的发现，其规模之大，前所未有。进入曾侯乙墓这座千年地宫的中室，犹如置身于一座音乐殿堂。近40平方米的中室内，100多件乐器按照一定的组合安放，宛如一个庞大的民族乐队，非常壮观。西部是高架整齐的编钟（图12-19），在2米多高的曲尺形钟架上，分下中上三层悬挂着大小不一的65件青铜编钟；与编钟相对，在东部是一具立于青铜底座上的大鼓；中室的北部，在青铜构架上分两层悬挂着一套石质编磬（图12-20）；在钟、磬与鼓之间，陈放着排箫、笙、瑟、筑一类的竹管乐器和式样不同的小鼓。这个阵容庞大的乐队，至少需要41名乐工参与演奏。在曾侯乙墓东西室中，人们共发现了21具陪葬棺，这21名死者经鉴定为13—25岁的妙龄女子，很可能就是喜好声色的曾侯乙的部分乐工或者舞女。由于酒器放置在中室的东墙下，正对钟、磬架所构成的空间，可以揣想，那就是墓主生前与宾客宴享的位置了。（参见刘再生：《中国古代音乐史简述》）

《楚辞·招魂》中有一段专门描写了贵族宴饮时钟鼓齐鸣、翩翩起舞的场面："陈钟按鼓，造新歌些。涉江采菱，发扬荷些。美人既醉，朱颜酡（tuó）些。娭光眇视，目曾波些。被文服纤，丽而不奇些。长发曼鬋（jiǎn），艳陆离些。二八齐容，起郑舞些。衽若交竿，抚案下些。竽瑟狂会，搷（tián）鸣鼓些。宫庭震惊，发激楚些。"

大意是说，安放好编钟，设置好大鼓，开始演唱新作的歌曲。唱罢《涉江》再唱《采菱》，更有《扬荷》一曲飞扬。美人已经喝得微醉，面庞红润发光，目光撩人，秋波流转。披着轻柔

图12-19　曾侯乙编钟

图12-20　曾侯乙编磬

艳丽的衣衫，长长的黑发盘起高高的云鬟，二八分列的舞女都采用同样的妆饰，跳着郑国的舞蹈上场。摆动衣襟像竹枝摇曳，弯下身子拍手。吹竽鼓瑟，热烈地合奏，猛烈敲击，鼓声咚咚。宫殿院庭都震动起来，唱出的《激楚》激越高昂。

在春秋战国，能享受金石之声的，只能是高级贵族。一般的贵族只能用鼓、瑟、笙一类的乐器。只有曾侯这样的高级贵族，才能使用编钟或编磬。曾侯乙编钟的钟架呈曲尺形，与编磬一起组成一个曲为三面的"广"字形，这即是古文献中说的"曲悬"。四面悬，谓之"轩悬"，是最高的等级，为天子的礼遇。轩悬去其一面，三面形成曲形，即曲悬。曾侯乙编钟的体量极为巨大。除去钟体不说，仅钟架下层三件铜人（连座）就分别重316.6千克、323.5千克、365千克。"曾侯乙编钟是我国目前出土数量最多、重量最重、音律最全、气势最宏伟的一套编钟，堪称'编钟之王'。"（王霖主编：《国宝档案之谜》）这些编钟每个都可以同时发出2个音，以现在国际通用的C大调7个音阶为同一音列来说，共跨5个8度。这些乐器证明了楚国音乐在当时居于领先的地位。

第十三章

晋楚双霸下的弭兵大会

一

楚庄王二十三年（前591年），楚庄王突然病重，他已经预感到自己将不久于人世，招重臣子重等人至病榻之前，命他们尽心辅佐太子。数日之后，楚庄王与世长辞，年仅十来岁的太子审登基成为楚共王。

春秋时代，一代霸主去世，往往意味着国家实力的下滑。楚共王虽然心胸宽厚，为人仁慈，但是能力才干不及其父。

不过，楚国的霸业并没有像齐国那样，随着一代雄主的去世而昙花一现。楚庄王去世后不久，公元前589年，在泰山脚下，楚国仍然以盟主身份举行了一次盛大的会盟。历史上称这场盟会为"蜀之盟"。这里的蜀是指今天山东泰安西部的一个地方。

原来晋国乘楚庄王去世国内动荡之机，于公元前589年出动大军讨伐齐国，在鞌（今山东省济南市西北）大败齐国。齐顷公不得不与晋国结盟。为了维护霸主荣誉，楚共王出兵北上，大举讨伐晋国的盟国鲁国和卫国。鲁、卫不敌，只好向楚求和。是年十一月，楚国邀集各国盟会。这次会盟的国家多达14个，除了宋、陈、卫、郑、鲁、蔡、许、曹、邾、薛等中原国家外，更引人注目的还有齐国和秦国这两个大国。可以说，当时天下最有影响的国家全部到场了。

这次会盟发生在楚庄王去世后两年，这一事实说明，楚国仍然实力强大。

然而，楚国在楚庄王时成为霸主，并不意味着晋国退出了争霸舞台。事实上，在楚国称霸后，晋国的实力并没有受到根本的削弱。公元前575年，因为争夺郑国的宗主权，晋楚之间又发生了一次大战——鄢陵之战。关于这场大战的部分情景，我们在前面已有所提及。战争的结果是楚共王缺乏庄王那样的统帅能力，在战争中被敌军将领用箭射伤一只眼睛，败退而返。

楚共王后期，晋国又出了一位能力很强的君主晋悼公，晋国在其治下，国力复盛，军治万乘。可惜天不假年，晋悼公壮年暴亡，不久晋平公殆政，"戎马不驾，卿无军行"（《左传·昭公三年》），晋国再次走向衰弱。

春秋中期的历史实际上是由楚国和晋国这两大强国主导，春秋中期之后的历史，实际上就是晋楚拉锯式争霸的历史。晋国一直是楚国强大的对手，两国不断较量，各有胜负。公元前632年的城濮之战，公元前597年的邲之战，公元前575年的鄢陵之战，以及许多小的战争，都是晋楚对中间地带的反复争夺。直至整个春秋之世结束，北晋南楚的政治争夺延续了百余年，这一时期我们也可以总括为"楚晋双霸时期"。由于两国实力大致相等，晋楚两大阵营在旷日持久的霸权争夺中互有胜负。

晋楚争霸是基于文化差异和经济利益而表现出来的北南政治对峙的集中反映，一定程度上，晋楚争霸代表了长江文明与黄河文明旷日持久的较量。黄河流域的国家曹、卫、鲁等依附在晋国周围，而长江流域的蔡、陈、许等国家多追随楚国。

二

由此引出的一个话题是：在春秋这些霸主中，到底哪个霸主实力最强？齐国、秦国、吴国和越国的霸主都是短暂辉煌，可以很容易排除在外，人们的争论主要集中在楚国和晋国谁更胜一筹之上。

由于《春秋》与《左传》均出自中原国家作者笔下，所以这两部史书中所描述的晋楚争霸史，呈现晋稍强而楚稍弱的景象，其中标志性的战争是晋楚间的第三次大战——鄢陵之战。在这场战争中，楚共王被射中眼睛，大败而归。

但是如果我们认真分析楚晋争霸战争的资料，一个不难发现的事实是楚国占有更大的优势。

赵鼎新说，衡量晋楚实力一个最具标志性的指标是郑国倒向哪一方。楚晋争霸的表现形式就是迫使更多的国家服从自己，一般的规律是南方国家经常被纳入楚国麾下，而北方国家大多数时间都归属晋国的阵营。只有郑国、宋国等夹在晋楚两国中间的二流国家左右为难。因为，它们"从楚则晋伐之，从晋则楚伐之"。如果它们倒向楚国，就会受到晋国的惩罚；而如果它们与晋国结盟，那么不久楚国必然兴兵讨伐。

正好处于晋楚两强之间的郑国倒向哪一个国家的时间更长，可以表明哪个国家的国力更强一些。我们从《中国历史地图集》上可以清楚地量出，从楚都郢至郑都新郑的直线距离为460千米左右，而从晋都新田至新郑的距离则仅为此数的一半左右。尽管如此，从齐桓公去世（前643年）到弭兵大会（前546年），郑国与楚结盟时间达49年，而与晋结盟达48年。赵鼎新说，这一事实清楚地证明，在晋楚实力势均力敌的情况下，楚国是稍占上风的。（参见赵鼎新：《霸权迭兴的神话：东周时期战争和政治发展》）

如果说以上比较还不明显的话，我们不妨再来看看其他数据：在整个春秋历史中，楚国主动发动的战争达111次之多，而晋国主动发动的战争仅有90次。其他国家的数据更低，齐国主动发动的战争有70次，秦国仅有44次。因此，毫无疑问，在整个春秋时期，楚国是最强大的国家。（参见赵鼎新：《东周战争与

儒法国家的诞生》）

三

　　晋楚争霸不但令这两个主角精疲力竭，更令众多的配角苦不堪言：黄河和长江流域的大小诸侯国几乎都卷入了两大霸主之间的战争，特别是那些地处晋楚两国中间的中原国家，更是兵连祸结，永无宁日，在七八十年之间，郑国被攻打了70多次，宋国被攻打了40多次。这些小国没有办法，只好采取实用主义态度，"牺牲玉帛，待于二境"，哪个国家来攻打，就跟哪个国家结盟。郑国的大夫子良明确说，郑国的政策就是"唯强是从"："晋楚不务德而兵争，与其来者可也。晋楚无信，我焉得有信？"（《左传·宣公十一年》）

　　因此，实现和平，成了几乎所有国家的共同愿望。特别是宋国。宋国四面为强邻所包围，处兵家必争之要地，屡遭别国进攻。在生存空间极其有限的条件下，宋国只有在大国中间巧妙周旋才能保全自身。因此出现了以华元、向戌为代表的一批杰出外交家。

　　经过宋国等国的积极斡旋和诸多小国的共同呼吁，一场"弭兵运动"在国际间展开。经过漫长的协商，公元前579年，楚国和晋国终于达成协议：两国宣布从此停战，加强友好往来，以共保国际和平。盟约说:"凡晋楚无相加戎,好恶同之,同恤菑危,备救凶患。若有害楚,则晋伐之;在晋,楚亦如之。……有渝此盟,神明殛之。"(《左传·成公十二年》)然而,这次所签订的停战条约并没能持续太长时间。双方的称霸雄心并未被一纸盟约束缚住。在4年之后,双方就爆发了鄢陵之战。失利后的楚国力图报复,连续与晋国征战多年,仍然不分胜负。

公元前546年,14个国家的代表群集宋国都城商丘。春秋时期一次非常重要的国际会议——弭兵大会在这里召开,会议的主题是停止战争。这是一些二流国家又一次发起的和平会议。除了郑国和宋国外,曹、卫、陈、蔡等中小国家多年来也备尝战争所带来的苦果,处于"其民人不获享其土利,夫妇辛苦垫隘,无所厎(dǐ)告"(《左传·襄公九年》)、"民死亡者,非其父兄,即其子弟。夫人愁痛,不知所庇"(《左传·襄公八年》)的悲惨境地,早已经受够了。无论是其统治者,还是其平民百姓,都早就如"大旱之望云霓",期盼着和平能够降临。

宋国又一次承担起调停人的角色。这一次,为了保证停战协定的约束力,它召集了14个国家前来会盟。

宋国大夫向戌与晋国执政赵文子和楚国令尹子木都有很好的私交,在察觉和了解到晋楚双方都有歇手不打的意向后,便奔走于晋楚两国之间。晋国韩宣子对此的分析是:"兵,民之残也,财用之蠹,小国之大灾也。将或弭之,虽曰不可,必将许之。弗许,楚将许之,以召诸侯,则我失为盟主矣。"(《左传·襄公二十七年》)如果不同意宋国的建议,晋国就会丢失话语权,让对手登上道义制高点。楚国也爽快地同意。此外,向戌再接再厉,先后抵达秦国和一些中小诸侯国,争取到它们对弭兵倡议的认同与支持。

黄朴民分析说,这样重要的会盟,居然各国君主全部"隐形",而由14个诸侯国大夫代表所在国家出席,这在春秋历史上尚属于第一回,这也是礼乐征伐"自大夫出"的一个显著表现。在盟会上,大家确认了"双霸主"制度,也就是说,晋楚两国并列为霸主,除了齐国与秦国因为实力强大,只做双方的朋友之国而不做属国外,其他10个国家均成为双方的双重属国,要同时向晋楚两国纳贡,即"晋楚之从交相见也"。(参见黄朴民:《战略均势与弭兵大会》)

晋楚弭兵大会,是两个争霸国家在各自无力征服对方的情况下向对方有条件的妥协,长期争霸的两大主角分享霸权。弭兵大会体现出的均势外交思想,在中国得到实践。这一次停战协定真的发生了作用,从那之后五六十年间,晋国和楚国没有再发生过战争。

不过,其原因并非仅仅是宋国的调停工作做得出色,更重要的是楚晋两国各自遇到了严重的问题。

对晋国来说,弭兵大会是内部分裂情况下的一种对外妥协。

春秋中期以后，大部分诸侯国内都出现了一个共同的现象，那就是政权不断下移。各国的政权越来越落入有实力的贵族阶层手中，以下犯上的政变层出不穷，有的甚至导致国家分裂。其中最典型的就是晋国。自从公元前607年赵穿杀死了晋灵公后，晋国世卿贵族的势力就不断上升，直至政治权力完全落入了"六卿"，即六家贵族之手，以至于一国之君在本国政治的角斗场上只能扮演一个跑龙套的角色。卿大夫势力不断膨胀，内乱不已，纷争无止，使得晋国不得不将自己的主要注意力转移到国内来，无法集中力量与楚国相角逐争雄，正所谓晋国"实不能御楚，又不能庇郑"（《左传·襄公十年》）。发展到最后，晋国被三家贵族瓜分干净，晋静公被废为庶人。"三家分晋"事件也被很多史学家认为是春秋的结束和战国的开始。

楚国并不存在这样的内部问题，与中原国家比起来，楚国一直更为集权。但是楚国却面临着一个更为严重的问题。晋国是出现内忧，楚国则是出现了外患：日益强大的吴国对楚国构成巨大的威胁。

第十四章 吴国的崛起

一

公元前589年春，一支长长的马车队伍从楚国都城出发北上，车中那些沉甸甸的皮箱压得车轴吱吱作响，显然其中装满了财物。按惯例，出使他国的使者用不着带这么多行李，楚国大夫申公巫臣这次出使，是打算一去不复返。

虽然新君楚共王给他的使命是出使友邦齐国，他的目的地却是楚国的敌人晋国。

楚庄王一死，权臣们很快就开始了激烈的党争，以令尹子重、司马子反为首的王族与以申公巫臣为首的屈氏卿族矛盾激化。子重和子反都是楚庄王的弟弟，在著名的邲之战中，他们统率楚国右军，可见其地位的重要。楚共王即位后，他们以叔父之尊，分别出任楚国的令尹和司马，执掌大权。

巫臣，屈氏，名巫，出身于卿族，也是楚庄王的重臣，在楚国拥有重要影响力，不过与子重和子反一直矛盾重重。

强人的下一代往往性格比较软弱，楚庄王的继承人楚共王就是这样一个人。他即位时年仅十来岁，根本无法控制朝中老臣们的争斗。大夫巫臣在党争中落于下风，形势险恶，于是借着这次出使的机会，抛弃了自己的地位和家族，逃到了楚国的对手晋国。

虽然"楚材晋用"这个成语要到楚康王时代才出现，但是楚国的人才流失，在楚庄王去世之后不久就出现了。

巫臣的政治对手子反抓住这个机会，怂恿年少的楚共王严厉处置巫臣家族。巫臣的逃亡给楚国的声誉造成了严重的负面影响，因为他不仅叛逃，还带着一位著名美女，使此行被涂上了桃色色彩，一时间轰动各国，严重影响了楚国的国际形象。

哪位美女呢？倾城倾国的夏姬。公元前599年，夏姬颠倒陈国君臣，导致楚庄王次年起兵攻伐陈国。夏姬是郑穆公的女儿，后来辗转回到了郑国。巫臣出逃的目的地虽然是晋国，但是他先到的是郑国。伐陈之战时他随同楚庄王出征，见识了这位美女的风采，几年过去了，他仍然心心念念地惦记着。一到郑国，他就向夏姬求婚。这时候的夏姬，至少已是40多岁的半老徐娘了，仍然能让巫臣拜倒在石榴裙下，可见其非同一般的魅力。巫臣的出现既让她意外，也令她感动，她当即欣然应允。因此，这确实是一场惊天动地的爱情。娶了夏姬之后，巫臣才带着她投奔了晋国，制造了当时国际上的轰动新闻。

巫臣在楚共王初立之际叛逃，确实让共王感觉难堪。在子重、子反等人的怂恿下，楚共王将巫臣留在楚国的族人全部诛杀，巫臣的至亲子阎、子荡和清尹（官名）弗忌家族都被杀光，连襁褓中的婴儿也没能幸免，巫臣家族的全部财产也被瓜分。

春秋时代，一个国家的重臣出奔逃亡并不少见，遭到如此惨烈报复的却不多见。消息传到晋国，巫臣如同五雷轰顶。

一个月后，子重、子反接到了一封发自晋国的信件，他们打开一看，上面写着这样一行字："余必使尔罢于奔命以死！"（《左传·成公七年》）

"疲于奔命"这个成语因此诞生了。巫臣的这句话并不是恐吓，深谙春秋各国局势的他早已想好一条借刀杀人的妙计。

二

不久之后，巫臣请使于吴，来到吴国，投奔吴王寿梦，并使吴国与晋国交好。

和楚国早期一样，吴国原本是一个长期地处边远而默默无闻的落后小国。据说，吴国的开创者是周太王的长子太伯。史载，周太王很喜欢小儿子季历，但是按照传统，族中必须立长子为继承人，太王因此郁郁寡欢。太伯明白父亲的意思，以为父亲采药为借口，和二弟仲雍一起逃到荒凉的江南，在梅里（今江苏省无锡市新吴区梅村街道）建都，建立了勾吴国。

历史事实很可能并非如此富于戏剧性。吴国的王族也许来自中原，不过吴国的主体民族却是地地道道的少数民族，以至于不久之后，以太伯为首的王族也"断发文身"，在生活习俗上全面"蛮夷化"了。和楚国的早期历史一样，吴国的文明水平一直远远落后于中原，因此长期被中原国家当成蛮夷对待。比如公元前584年，吴国侵入郯(tán)国(鲁国的属国)，鲁国大臣季文子说："中国不振旅，蛮夷入伐，而莫之或恤。"(《左传·成公七年》)明确地将吴国称为"蛮夷"。

蛮夷之国要想强大起来，必须经历中原化进程，吸收中原国家先进的文明成果。和楚国一样，吴国对向中原国家学习十分热心。特别是到了吴太伯19代孙寿梦为君的时候，这种愿望更为强烈。因为寿梦曾经亲自游历过中原各国，亲眼见识了中原国家的先进富庶，因此更强烈地感受到吴国的落后。野心勃勃的寿梦与当初的楚武王一样，在称王之后，一心一意地寻求自强之法。

巫臣的到来，使他如获至宝。这位楚国的叛臣，在吴国受到了国师一样崇高的待遇。巫臣的智力输出，大大促进了吴国中原化的进程。

巫臣成为吴国的最高军事参谋。他从晋国南下时，特意带来了30辆战车。原来只会水战的吴国很快掌握了车战的秘密。巫臣离开吴国时，不但留下了战车，还留下了一些优秀的射手和驭者。特别是他把儿子狐庸留在了吴国，后来狐庸被吴王任用为相国。在晋国的大力帮助下，吴国全面吸收了中原先进的军事文明。

除了战车，巫臣来到吴国时，还带来了大量的书籍。在竹简时代，书籍是极为珍贵的礼物。晋国还送了中原的乐器、乐师、工匠给吴国当礼物。巫臣极大地推动了吴国的中原化进程，这在寿梦的小儿子季札身上鲜明地体现了出来。季札是吴王寿梦的小儿子，他从小在巫臣带来的士人指导下饱读诗书，对中原礼乐文明有着很深的造诣，因此后来吴国屡次派他出使中原各国。公元前544年，他出使鲁国，在听鲁国乐工演奏古乐时，作了非常精彩的点评，令鲁国贵族大为佩服。《史记·吴太伯世家》中，惜墨如金的司马迁详细记载了季札对每一首曲子的评论。接着他又游历齐、郑、卫、晋等国，一路与晏婴、子产、叔向等中原名臣评论各国的历史和政治得失，所言多切中要害。这些事情证明，吴国在季札之时，充分实现了中原化。吴国蛮夷民族本身具有尚武精神和进取心，而中原化的军事组织技术使其如虎添翼。

三

巫臣为什么要从晋国来到吴国呢？

弭兵大会平分霸权后，晋楚间虽然不再交战，但明争暗斗并没有停止。两国间的直接对抗，转变为扶助代理国以牵制敌方。

春秋后期，政治家们的国际谋略水平越来越高，远交近攻，成了各国外交的主要原则。为分散晋国的力量，楚国与晋国的西邻秦国建立起友好关系。秦国要想跻身列国，只能向东发展，但东境是大国晋国的地盘。秦与晋因此敌对，与楚结好，这是基于地理原因必然形成的政治关系。

同样，为减轻自己的压力，晋国决定在楚国的邻国中挑选一个代理国。为了复仇，巫臣向晋景公献上一条计策：吴国在楚国的东南，如果晋国能扶持吴国，使吴国强大起来，牵制楚国，那么必然会让楚国陷入两线作战的尴尬境地。晋景公一听大喜，马上采纳了这条战略方针。这才有了巫臣将人才输出到吴国之事。

楚国为了牵制吴国，也有意扶植越国。

这样一来，就导致了天下在东西走向上特别明显地呈现出秦、晋、楚、吴、越几个国家间的链式政治关系。所谓链式政治关系，即是在大体东西方向相邻的秦、晋、楚、吴、越五国关系中，相邻接的均为敌国，相间隔的均为友国。也就是说，晋、吴成为联盟，而秦、楚、越成为与之对立的联盟。这是晋楚争霸主格局向东西两向的延伸。（参见冯立鳌：《千年的遗恨：变动中的政治格局与列国沉浮》）

四

像楚国当初一样，吴人实力稍充，就迫不及待地开始扩张。

就在巫臣使吴的这一年，吴国就开始进攻楚国。在巫臣的谋划下，吴国不断进攻楚国的边邑驾（今安徽省无为市）、棘（今河南省永城市）、州来（今安徽省凤台县），以及夹在吴国和楚国中间的小国巢国和徐国。由于实力还远远不如楚国，吴国采用游击战术，一旦楚国大军前来抵抗，吴军就撤退。一年之中，巫臣的老对手子重、子反先后奉命七次奔驰以抵御吴军。"余必使尔罢于奔命以死！"巫臣这句预言，很快变成了现实。两国之间那些原来臣属于楚国的蛮夷小国，都被吴国占领。强大起来的吴国开始成为楚国后方的心腹大患。

中原化从来都是一把双刃剑。

在吴国因中原化开始步入上升期的同时，楚国却开始承受中原化的负面影响，它迎来了史上最为奢侈的国君：楚灵王。

《人物御龙帛画》

1973年湖南长沙子弹库1号墓出土。此帛画为丧葬中使用的"魂幡",出土时平放在椁盖板与外棺中间的隔板上。

从簋

商周时期的盛饭工具。商周时期，簋是重要的礼器，在祭祀和宴飨时，簋以偶数组合，与奇数组合的列鼎配合使用。据记载，天子用九鼎八簋，诸侯用七鼎六簋。

王子午鼎

1978年河南淅川下寺出土，是春秋时期楚国贵族传家之宝的重器。这件鼎上既有中原地区常见的范铸阳线，也有荆楚独特的浮雕与圆雕。

曾侯乙尊盘

1978年出土于湖北随州市擂鼓墩曾侯乙墓。这件尊盘的惊人之处在于其鬼斧神工的镂空装饰。经专家鉴定,此系采用"失蜡法"铸造。

漆木簠

湖北枣阳九连墩2号墓出土，供食器，为战国中晚期器物。

狩猎纹漆樽

这是古代盛酒用的樽,1952年湖南长沙颜家岭35号楚墓出土。通体器壁以黑漆为地,采用了堆漆技法,用朱色等表现五层不同场景和人物。此樽构图想象丰富,笔法简练,神情生动,充分显示出楚国匠师们的高超技艺。

漆木虎座凤架鼓

2002年湖北枣阳九连墩2号墓出土。它是迄今为止楚墓出土的虎座凤架鼓中最完美的一件。

人骑骆驼铜灯

1965年湖北江陵望山2号墓出土。这件灯具或为先秦时代仅见骆驼造型之文物，可谓珍贵至极。

第十五章

楚灵王的『中原病』

一

中原化意味着一个国家经济文化的全面脱胎换骨和升级换代，给这个国家带来更丰富、更高层次的物质和文化产品。在中原化的前期，中原的高度文明与边缘国家的野蛮气质相结合，意味着这个国家政治军事实力、国际竞争力的迅速增长。

但另一方面，文明发展到一定程度，必然会出现剧烈的社会分化，权贵阶层对社会底层的榨取很容易达到极限。社会上层会在温柔乡中失去早期的质朴、勇敢和力量，而下层人民也会因为上层社会的骄奢淫逸与之离心离德，整个民族因此不再团结一心。一旦边缘民族的质朴、好战精神被中原的熏风吹散，那么，这个民族的厄运也将随之降临。

在楚庄王将楚国推上霸主地位后不久，楚国就出现了"中原文化病"的征兆。"楚王好细腰，宫人多饿死"这句家喻户晓的咏史诗，说的就是导致楚国第一次衰落的国君——楚灵王。

二

《左传·昭公十三年》记载了楚灵王还是公子围时候的一件事:

> 初,灵王卜,曰:"余尚得天下。"不吉,投龟,诟天而呼曰:"是区区者而不余畀,余必自取之。"

当初,公子围手持龟甲和蓍草占卜,向神灵询问他能否成为下一任楚王。火灼龟甲的噼啪声过后,龟甲裂纹显示的结果是"不吉"。他勃然大怒,用力抛掉龟甲,歇斯底里地咒骂着苍天:"你不肯给我,那么我就自己去夺取!"

楚灵王是楚庄王的孙子。这位娇生惯养的公子认为,他理所当然地要得到天下所有的好处,享尽天下所有的快乐。然而不幸的是,他是楚共王的次子而不是长子。按照礼法原则,王位最终传给了他的哥哥楚康王,哥哥在位不久,又轮到他的侄子郏敖少年登基。按照楚国的传统,这位精力充沛、不甘寂寞的王叔做了令尹,掌握了实权。虽然是臣子,可是这位王叔却把自己当成了国君。他到虢国参加诸侯盟会,穿着与国君一样的盛装,用着与国君一样的仪仗,出行打猎时车上也经常插着王旌。这些举动已经把他的不臣之心彰显于天下。

自从楚庄王开始全面推行中原礼法制度以来,宫廷政变在楚国已经很久没有发生了。然而，许多楚国贵族都在担心这位不安分的王叔会效仿他的那些先祖，从年少的侄子手中夺取王位。果然，公元前541年冬，公子围出使郑国，途中获悉楚王病重，立刻赶回郢都。和那些通过政变上台的先祖们一样，公子围的梦想通过一场血腥的宫廷政变得以实现：他借探病的机会将年少的楚王郏敖死死按在床上，从自己帽子上解下缨带，勒住郏敖的脖子。他不但缢杀了郏敖，还斩草除根，杀死了郏敖的两个儿子。这场血腥的政变发生后，"公子围"这个称呼在史书中变成了"楚灵王"。

三

作为楚庄王的孙辈，楚灵王是在顺境中成长起来的，因此他生来贪图享受。在他即位之初，楚国国力依然强盛。楚灵王没有将楚国的实力推上一个新台阶，而是把统治者的排场和享受推上了一个难以超越的高度。

在湖北潜江境内的龙湾，有几个巨大的土台，它们面积巨大，顶部很平坦。千百年来，这些土台当初到底是做什么用的，一直是人们心中的谜。20世纪80年代，考古学家对这些土台进行了考古发掘（图15–1）。随着工作的深入，一件件筒瓦、板瓦、红砖、青铜门环出土了。专家们越来越兴奋，因为越来越多的证

图15-1 1987年楚国章华台Ⅰ区发掘现场

据表明，这可能是被誉为"天下第一台"的楚国章华台遗址。

公元前539年，郑国国君郑简公亲自来到楚国，祝贺灵王登上王位。因篡位自立而担心得不到国际社会承认的楚灵王当然大喜，他不但以最高规格来接待郑简公，还兴高采烈地带着郑简公到楚国风景最优美的胜地"江南之梦"，也就是今天的湖北潜江去打猎。他们收获了堆积如山的猎物，唯一让灵王不满的是，所住的行宫条件有点简陋。打猎回来后，他作出了一个重要决定：要在"江南之梦"修建一个天下最大、最豪华的离宫。

据《左传》记载，公元前535年，楚国人在古云梦泽修建了这座方圆20千米的宏伟宫苑。其宫殿"台高十丈，基广十五丈"

(《水经·沔水注》)。章华台建成后，楚灵王将众多的宠妃、湘娥、齐倡、郑女安置在这座行宫之内，"设长夜之淫宴"，管弦之声，昼夜不绝。传说因灵王"好细腰"，那些因拼命节食而羸弱的宫女登台途中需休息三次才能登顶，所以章华台又被后人称为"细腰宫""三休台"。

考古学家们认为，龙湾遗址群中的放鹰台1号楚宫基址（图15-2）很可能就是章华台，理由很充分：屈原在《九歌》中描写楚国王宫说"鱼鳞屋兮龙堂，紫贝阙兮朱宫"，而考古学家确实在它的廊檐下面发现了用贝壳铺成的华美路面。特别是土台上面直径105厘米的柱洞，其超乎寻常的巨大尺寸，让考古学家相信，除了章华台，不可能有别的建筑有这样的规模。通过今天的技术复原，我们可以再现这座中国历史上早期国家园林宫殿建筑群的大体样貌（图15-3）。它的台基宏伟坚固，木榭高挑纤秀，装修豪华精美，路面用紫贝铺成，门环用青铜铸就，墙上画着精美的壁画。文献说"台高十丈"，按楚制，约23米。这意味着当时仅这座台基的高度，就相当于今天的七八层楼高。楚国宫殿都是层台累榭，加上木榭的高度，这座建筑至少应该相当于今天10层楼高。毫无疑问，这是当时世界上最高和最华丽的宫殿建筑之一。考古学家确认，这是目前已知我国古代第一座层台累榭遗址，也是我国历史上最早的国家园林宫殿建筑群。2000年，龙湾遗址被国家文物局评为"全国十大考古新发现"；2010年，又

图 15-2　龙湾遗址群中的放鹰台 1 号楚宫基址

图 15-3　楚章华台主体复原透视图
（杨鸿勋：《宫殿考古通论》）

被国务院公布为全国重点文物保护单位。

章华台竣工之后，楚灵王迫不及待地向各国派出使者，邀请各国国君出席落成典礼。然而，只来了一位国君——鲁昭公。

楚灵王即位之后，已经多次邀请天下诸侯来楚国相会，比如灵王三年（前538年），他曾经请郑、许、陈、蔡、徐等10个小国在楚国会盟。头两次，各国国君都应邀出席，然而两次过后，各国国君都发现，楚灵王举行盟会，动机不像其他盟主那样是为了协调国际关系，而是为了显示楚国的强大，强调楚国高人一等的国际地位，以满足他个人的虚荣心。楚灵王在即位不久就"穷木土之技，单珍府之实"，不惜耗费人力物力，"举国营之"修建这座巨大的宫苑，目的其实也是为了"以豪华富丽夸于诸侯"，威服各国。因此，这次典礼，各国都不约而同选择了拒绝。"愿得诸侯与始升焉，诸侯皆距，无有至者。"（《国语·楚语》）鲁昭公之所以没有拒绝，是因为他是一个追求"时尚"的君主。

在楚庄王把楚国推向霸业顶峰之后，楚国的富强已经举世无双，楚国文化已经成为"新派""华丽"的代表。事实上，在章华台落成之前，楚国建筑就已经引领天下建筑的新潮流。在楚灵王的长兄楚康王时代，鲁国的君主鲁襄公曾经访问楚国，他被造型新颖的楚国建筑所倾倒，回国后立刻命工匠在都城里建了一座"楚宫"。他是如此喜欢这座"楚宫"，以致几年后终老在了这里。和后世对新奇事物喜欢加上"洋"字一样，"楚"字对中原人来说，就意味着"时髦"。"楚宫"就类似今天的"洋房"。除了"楚宫"之外，还有许多事物被冠以"楚"字："楚冠""楚服""楚歌""楚舞"……楚国贵族创造的享受新花样，成为天下各国追求的潮流。

从小就长在"楚宫"的鲁昭公怀着对楚国文化的好奇心，踏上了出访之路。

《左传·昭公七年》记载："楚子成章华之台，愿与诸侯落之。……楚子享公于新台，使长鬣者相，好以大屈。"

鲁昭公亲自前往参加了章华台的"落礼之会"（即落成典礼）。楚灵王在新建的章华台上为鲁昭公举行"飨燕之礼"，用一位长有美须的人作相礼之人。楚灵王还送了鲁昭公一张"大屈之弓"，以示夸耀。

在楚国的几天里，鲁昭公不停地参加灵王为他举行的宴会。这些宴会总是夜以继日，有时从中午吃到下午，晚上干脆移入地宫之中继续听着丝竹之音开怀畅饮。更让鲁昭公大开眼界的是，楚灵王宫中的宫女居然有数千名之多，这在先秦时代绝对是罕见的。

四

楚灵王时代的奢靡生活，是建立在楚国雄厚的物质财富基础上的。中原化如同一剂奇妙的膨化剂，使楚国得天独厚的潜力一下子被激活，物质财富这块蛋糕越做越大。楚庄王称霸之后，中原政治文明大大提高了楚国社会开发自然、利用自然的能力，中原技术使得楚国的生产力以几何速度增长。特别是弭兵之盟带来的和平环境，为楚国的物质财富增长提供了难得的战略机遇期。楚灵王时代的物质财富比楚庄王时期，已经增长了数倍。然而，这一切没有为楚国继续向上提供助力，却为楚灵王大肆挥霍创造了条件。

《国语·楚语》记载，章华台竣工之后，楚灵王带着随侍伍举登台观赏。楚灵王得意地对伍举说："这章华台之美，天下难比了，对吧？"（"灵王为章华之台，与伍举升焉，曰：'台美夫！'"）伍举却不以为然地回答道："臣以为国君以受到百姓拥戴为美，以安抚百姓为乐。不应该以土木建筑的精美为美，以丝竹之音的优美为乐。"（"对曰：'臣闻国君服宠以为美，安民以为乐，听德以为聪，致远以为明。不闻其以土木之崇高彤镂为美，而以金石匏（páo）竹之昌大嚣庶为乐。'"）

接下来他又说："先君庄王为匏居之台，高不过望国氛，大不过容宴豆，木不妨守备，用不烦官府，民不废时务，官不易朝常。问谁宴焉，则宋公、郑伯；问谁相礼，则华元、驷䰣；问谁赞事，则陈侯、蔡侯、许男、顿子，其大夫侍之。先君以是除乱克敌，而无恶于诸侯。"意思是："我们先君楚庄王建造的匏居台，高不过可以观望国家吉凶的气象，大不过能够容纳宴会的杯盘，用的木材不占用国家的守备，财用不增加官府的负担，百姓不误农时，官吏不打乱日常的政务。说到宴请的有谁，是宋公和郑伯；说到有谁导引朝见的礼节，是华元和驷騑；说到有谁辅佐宴会事务，是陈侯、蔡侯、许男和顿子，他们的大夫们各自陪侍自己的国君。先君就靠这样消除祸乱，战胜敌国，而并不得罪诸侯。"

"今君为此台也，国民罢焉，财用尽焉，年谷败焉，百官烦焉，举国留之，数年乃成。愿得诸侯与始升焉，诸侯皆距，无有至者。"意思是："现在您建造了这高台，使国家和百姓疲惫不堪，钱财都用光了，年成不好，百官忙于应付差事，举国上下都来建造它，花了好几年才建成。您希望有诸侯来庆贺，和他们一起首次登上高台，可是诸侯们都拒绝，没有一个来的。"

"夫美也者，上下、内外、小大、远近皆无害焉，故曰美。若于目观则美，缩于财用则匮，是聚民利以自封而瘠民也，胡美之为？"和谐才是美，就是说，上下、内外、大小都适度才是美的。而修建这章华台耗费了大量的财物，征用了这样多的百姓，虽然确实好看，但怎么谈得上美呢？

当然，我们凭常理很容易推测，《左传》《国语》中这类长篇大论的论述，不全是真实的历史，而是夹杂着大量的后人的加工与发挥。楚灵王是《左传》《国语》中的"反面典型"，因此关于他的每一种行为，作者几乎都会引述当时贤人君子的评论，这些评论反映的更多是后世对楚灵王的评价。不论如何，楚灵王"穷木土之技，单珍府之实"，建造了这座宫殿园林，典型地说明了此时的楚国统治者是如何滥用民力的。楚国停止争霸步伐，外部原因是吴国的兴起，而内部原因则是政治腐化导致的民怨沸腾。换句话说，吴国能在楚国身边顺利崛起，也是因为楚国自己的内部腐化给了它机会。

五

楚灵王不光喜欢营建大的工程项目，也喜欢做楚国历史上那些篡位之君们经常做的一件事——带兵出征。

为了夺回被吴国蚕食的国土，公元前530年冬，楚灵王突发奇想地派偏师包围了徐都，自己则与主力进驻乾溪（今安徽省亳州市东南）以威慑吴人。不过到了乾溪，楚灵王没有急于研究战况，他遇到了南方很难遇到的大雪，兴致很高地出门赏雪去了。他"皮冠"、"秦复陶"、"翠被"、"豹舄（xì）"，也就是说，灵王戴着皮帽，穿着秦国赠送的羽衣，罩着翠羽披风，蹬着豹皮靴子，亲自拿着马鞭，威风凛凛地出来看雪。楚灵王在所有的享受上都要追求最新最美，连军装都要引领天下的新时尚。

后来右尹子革前来拜见，看到灵王不先进行军事布置而是忙于游玩，他心中十分焦急，对灵王说道："当初周穆王想要随心所欲，走遍天下，要使天下都留有他的车辙马迹，所以祭公谋父作了一首题为《祈招》的诗，来劝穆王收敛心志。大王，您还记得这首诗吗？"（"昔穆王欲肆其心，周行天下，将皆必有车辙马迹焉。祭公谋父作《祈招》之诗，以止王心。"）

灵王知道子革话里有话，故作不知。

子革又说，周穆王就是因为听了这首诗，才没有因出游而招祸，最后平安地死在宫里。子革又背诵了一遍《祈招》。

楚灵王虽然很不高兴，但子革的一番话对他也并非没有触动。在这次出巡之前，他已经接到了有人密谋政变的消息。他自己也知道，即位这么多年来，贵族中对他不满的人很多。他能否得到善终，心里还真是没底。他顿时没有了赏雪的兴致，"揖而入，馈不食，寝不寐，数日不能自克"。楚灵王有的只是雄心而缺乏能力。

传闻并非空穴来风。果然，不久之后，楚灵王的三个弟弟联起手来，带领对楚灵王的统治久已不满的贵族们，趁其领兵在外，在首都发动了一场政变。如同当初楚灵王杀掉自己的侄子一样，楚灵王的两个孩子也被他们的叔叔们活活勒死。他的三个弟弟瓜分了国君、令尹和司马三职。楚灵王慌忙带领大军，向首都进发。一路上他尝到了众叛亲离的滋味：军队不断哗变，连他的随从也都跑光了。他只身一人，在山中踽踽独行，农民们谁也不让他进门，以致他三天没有吃到一口饭。直到这个时候，楚灵王才知道全国上下是如何痛恨自己。

在绝望中，他自缢而死。

楚国这场著名的政变的另一个结果是楚国军队又一次大败。听到楚国政变、楚军撤退的消息，吴国军队越过边境，趁势追杀，大败楚军，楚国五位大将被吴国俘去。

格鲁塞总结边疆民族汉化的规律时说："又过二三代后，（如果不被某次民族起义赶出长城的话）这些中国化的蛮族们除了丧失蛮族性格的坚韧和吸收了文明生活的享乐腐化外，从文明中一无所获，现在轮到他们成为蔑视的对象，他们的领土成为那些还留在他们土生土长的草原深处的、仍在挨饿的其他游牧蛮族垂涎的战利品。"（〔法〕勒内·格鲁塞：《草原帝国》）楚国正是这样，王室贵族毫无节制地吸取民脂民膏，很快就遭到了报应。被楚灵王掏空了家底的楚国，现在已经成为它身边另一个侯国——吴国眼中的猎物。虽然吴师入郢发生在楚灵王之后，但史学家普遍认为，与"明实亡于万历"一样，楚国之衰，实缘于灵王。

第十六章

伍子胥的复仇

一

和春秋战国时代的许多大事一样，"吴师入郢"这一有着多重原因的重大历史事件，也被史家简化成了伍子胥与楚王的个人恩怨。不过，正如蝴蝶的翅膀有时是风暴的起源一样，一些历史细节确实是起于青蘋之末的微风。

楚灵王因为穷奢极欲而造成民怨沸腾，然而他的继任者楚平王仍然"奢侈纵恣，不能制下"。在他的统治下，权贵阶层仍然过度剥夺百姓，导致"民不安其土"，使楚国国力持续下降。楚平王的一次荒唐举动，更造成了春秋史上另一次更著名的智力输出。

楚国的贵族伍氏一直贤人辈出。在楚灵王时代，伍举敢于在章华台上直言进谏。在平王时代，他的儿子伍奢因为贤明出众而成了太子建的太傅。然而不幸的是，正是这一任命让他身遭奇祸。

公元前527年，楚平王为太子建聘秦国公主伯嬴为妃。第二年，伯嬴被迎娶到楚国郢都。不料公公一见到儿媳，就被她的美艳惊呆了，居然将太子的妃子据为己有。

这一变故使尴尬而愤怒的太子建与楚平王渐生嫌隙，太子建后来逃离了楚国，造成了轰动天下的新闻。楚平王认为儿子逃走是太傅伍奢没有教育好的缘故，一怒之下，将伍奢的家人，包括其子伍尚诛杀。伍奢全家只有他的另一个儿子伍子胥幸免。

伍子胥与孔子同一时代，从小"勇而多谋"的伍子胥历尽艰难逃出了昭关，来到吴国。如果说巫臣的第一次"智力输入"令吴国脱胎换骨，那么伍子胥的第二次"智力输入"更是令吴国如虎添翼。

不过，巫臣入吴时已经是天下闻名的政治家，所以马上受到礼遇。而刚刚到达吴国时的伍子胥却是一个无名之辈。公元前522年，衣衫褴褛的伍子胥出现在吴国街头。他满面尘土，饿得站不起来，只好匍匐在大路上，伸出手去，向吴人讨饭。《战国策》说他"夜行而昼伏，至于菱水（即溧水，在今江苏省溧阳市境内），无以饵其口，坐行蒲服，乞食于吴市"。也就是说，楚国对他的追捕很急，他只能昼伏夜行。到了吴国之时，他已经好多天没有吃东西，只好乞食于路。

到了吴国之后，伍子胥一直没有受到重用，7年之中，他只是吴国贵族公子光的一名普通的食客。不过，伍子胥从来没有动摇过杀回楚国的信念。他的余生就只剩了一项任务，那就是复仇。

公元前515年，一位名叫专诸的刺客改变了吴国的历史。他用一把藏在鱼腹中的匕首刺杀了吴王僚。这场由伍子胥策划的政变帮助他的主人公子光登上了王位，使其成为新君阖闾，也使他自己登上了吴国政坛，开始了他的复仇计划。

二

公元前516年，在位13年的楚平王享尽荣华富贵后去世，楚平王夺太子建的妻子所生的儿子即位，成为楚昭王。楚国君臣们安然享受着祖先们创造的财富，他们完全没有意识到，身边的小国吴国正在酝酿着一场战争大戏。在为父兄复仇的强烈愿望的推动下，伍子胥导演了一场春秋史上最精彩的进袭战。这场战争，不但将使楚国的百年古都化为一片灰烬，也将使楚国走向灭亡的边缘。

如同一个国家上升期的所有雄才大略的君主一样，吴王阖闾也知人善任。为了谋求霸业，他大胆任用外国客卿，除了重用伍子胥外，他还将另一名楚人伯嚭（pǐ）用为参谋，任命从齐国奔吴的孙武为将军。伍子胥遂与孙武一起，日夜操练吴军。

虽然对最终战胜楚国很有信心，但是伍子胥认为楚国现在还有相当的实力，在最终出兵伐楚之前，要进行一个必要的铺垫。伍子胥为阖闾献上了著名的"三军疲楚"之计。他对吴王阖闾分析道："楚执政众而乖，莫适任患。"（《左传·昭公三十年》）也就是说，楚国权力分散，决策层优柔寡断，很难下决心。他建议吴王把吴军分成三部分，每次出一师以击楚，轮番去骚扰楚国。楚国君臣耽于享乐，只会疲于应付，下不了决心伐吴。这样，持续的骚扰战，便可以有效地削弱楚国国力。等楚国国力消耗得差不多了，再以三军攻之，胜券自然在握。吴王马上依计而行。从此楚国就面临了"无岁不有吴师"的局面。吴国连续出战，声东击西，在水陆两线多次击败楚军，使楚军疲于奔命。

经过多年的拉锯战，楚国国力被消耗得差不多了。公元前506年，吴国大举攻楚。

伍子胥深知，吴国毕竟是一个小国，要击败楚国这样的大国，只能集中优势兵力，迅速直取要害，力求一击致命。吴军采取了突袭战术。《中国古代战争战例选编》说："吴军这一深远迂回的战略奇袭，在实施战略机动时，完全出乎楚人意料，兵不血刃，长驱深入楚境千余里。"吴军奇迹般地出现在汉江边上。可以说，这是中国历史上"闪电战"的典范。

在外国专家的指导下，吴人的军事技术已经达到天下一流，与此同时，吴国人血液中那尚武好战的蛮族因子还没有稀释。也就是说，吴国正处于蛮夷文明与中原文化的最佳结合点上，这也就意味着它的战斗力开始超过老迈的楚国。

楚昭王仓促集合军队迎战，在汉江边被吴军击败，只好后撤。吴军的进军速度令楚军无法想象。《吕氏春秋》说："吴阖闾选多力者五百人，利趾者三千人，以为前陈。"《左传·定公四年》说："楚人为食，吴人及之，奔。食而从之，败诸雍澨，五战及郢。"往往是败逃的楚国刚刚停下来做饭，吴军就已经赶到。楚军只好弃灶饿着肚子逃跑，而吴军吃完楚军做的饭，继续追击。就这样，吴军五战皆捷，势如破竹，攻破了郢都。

楚昭王逃亡到属国随国。伍子胥率领吴军浩浩荡荡开进郢都。伍子胥命令将士将郢都夷为平地。吴师"烧高府之粟，破九龙之钟，鞭荆平王之墓"（《淮南子·泰族训》）。郢都中火光冲天，一座座豪华的府第在大火中倒下。

接下来，伍子胥又带领一支军队，来到楚国王陵。他命人将楚平王的陵墓挖开，拉出楚平王那已经腐烂了的尸体，拿起马鞭，狠狠地向尸体抽去，足足打了300鞭，才终于出了一口恶气。

三

虽然伍子胥灭了楚都，但是楚国后来的大诗人屈原却好几次写诗歌颂他，表示"浮江淮而入海兮，从子胥而自适"（"我要投入大海啊，去追随伍子胥的灵魂"）。先秦的史籍，比如《左传》《国语》《韩非子》《吕氏春秋》《战国策》等，提到伍子胥，都是肯定他的光辉事迹的，说他是"烈丈夫"。因此，他也是中国历史上著名的贤人。

确实，伍子胥身上鲜明地体现出楚人的性格，即热烈和执着，不达目的，绝不罢休。因此春秋战国时代那些著名的复仇故事大多以楚人为主角。

不过，如果放在后世，伍子胥可能就不再是正面形象了。君要臣死，臣不得不死，父亲被杀就叛国投敌，攻打自己的祖国，在后世的价值标准中显然是大逆不道的，应该被骂为"楚奸"。后世岳飞和长子岳云都被宋高宗冤杀，如果岳飞其他3个儿子投奔金朝，帮助金朝灭了宋朝，肯定没有任何人去歌颂他们。

那么，为什么伍子胥在先秦会受到肯定呢？

因为在先秦，中国人的生存逻辑与后世并不一样。在先秦，中国社会最高原则是血缘原则，"家大于国"。周王把自己的亲人分封到各地，周王的亲人又在自己的小国之内，再进行层层分封。因此周代每个人，都生活在一个大家族当中。效忠于自己的家族，比效忠国家重要。所以当时人的价值标准是"父高于君"，父亲比国君重要。《郭店楚简》说："为父绝君，不为君绝父。"意思是说，为了父亲，可以不管国君。但不能为了国君不管父亲。因此儒家认为，血缘原则是最重要的，"父为子隐，子为父隐，直在其中矣"（《论语·子路》）。给父亲报仇，是绝对正确的，别管对方是不是国君。

因此，伍子胥在逃离楚国时才可能与自己的好友、楚国大夫申包胥发生这样一段对话。《左传·定公四年》载："初，伍员与申包胥友。其亡也，谓申包胥曰：'我必复（通"覆"）楚国。'申包胥曰：'勉之！子能复之，我必能兴之。'"当年他对申包胥说："我必灭楚。"申包胥答道："你若灭楚，我必复楚。"

申包胥是伍子胥青年时代的好友。他同情伍子胥家族的悲惨遭遇，认为伍子胥为父报仇，是正义之举，无可指摘，所以他才说"勉之"。但与此同时，他不能因为与伍子胥的友情而忘记对国家的忠诚，因此又说"子能复之，我必能兴之"。

因此，郢都被攻破之后，申包胥主动请缨，日夜兼程，"跋涉谷行，上峭山，赴深溪，游川水，犯津关，蹠蒙笼，蹶沙石，跖达膝，曾茧重胝，七日七夜，至于秦庭"（《淮南子·修务训》）。

他跪在秦哀公面前，向秦国乞师："吴为封豕、长蛇，以荐食上国，虐始于楚。寡君失守社稷，越在草莽，使下臣告急，曰：'……若以君灵抚之，世以事君。'"（《左传·定公四年》）

虽然秦国与楚国是盟友，但是兴举国之兵援救，仍然是一件不好下决心的事。老谋深算的秦哀公说："你先下去休息吧，让我再考虑考虑。"

申包胥哪有心情去休息。他就站在秦宫墙外,放声痛哭。史书夸张地描述说,他"依于庭墙而哭,日夜不绝声,勺饮不入口七日"(《左传·定公四年》)。

历史演义一直说,秦哀公是被申包胥七日七夜的痛哭打动,才派出兵车500乘以救楚。春秋战国时代的许多故事,都是这样富于传奇性。其实,在这个传奇故事的背后,是春秋晚期错综复杂的国际关系。如前所述,春秋晚期晋、吴成为一派,而秦、楚、越成为另外一派。两派之间,形成明显的链式制约关系。远交近攻,从那时起就是不变的国际关系规律。秦国与晋国是多年的宿敌,那么晋国的盟友吴国自然也就是秦国的敌人。表面上看,秦哀公是被申包胥七日七夜的痛哭打动。而事实是,秦国稍作推辞,只是为了提高出兵的要价。即使楚国不承诺什么,秦国最终也会出兵,因为秦国救楚,表面上是抵抗吴国,实际上是在抵抗邻居晋国的霸权。

国都沦陷,点燃了楚国各个阶层的爱国热情。楚国各地民众自发组成义勇军,沿路打击吴国军队。而秦人的到来,更是重振了楚军的士气。尚武的楚人与吴军开始相持。伍子胥设计的突袭战至此演变成了持久战。吴国毕竟以寡击众,国力有限,随着战争的延长,后勤补给不足的弱点就暴露出来了。在经过几次战败后,吴军不得不带着战利品撤回国内。楚国幸存了下来。

虽然国家没有灭亡,但楚国也因此战而失去了霸主地位。蛮夷小国吴国得意扬扬地向天下宣称，它成了新一任霸主。"吴国势力的崛起及其屡屡不断地西向侵楚，是晋楚争霸的主格局向东南方的延伸。"（冯立鳌：《列国政局的五百年云谲波诡》）

第十七章 昭惠中兴——楚国的恢复

一

短时间来看,被吴国攻陷首都,当然是楚国的奇耻大辱。然而祸兮福所倚,如果没有这次灾难,楚国江山不可能800年屹立不倒:吴国施予楚国的是一次及时的刺激,促使楚国重新出现了活力。

楚昭王君臣回到残破的首都郢都,遍地残垣断壁,没有一处完整的房屋,连城墙都被吴军彻底平毁。

因为战争破坏得实在太严重了,楚国只好放弃旧郢,在郡地,也就是今天的湖北宜城东南一带另建新都。楚国为城市命名的特点是保持传统,在不断迁移的过程中,他们经常以先人旧居地名来称呼新居,因此楚人仍称这个新都为"郢"。史载楚昭王"迁郢于郡,而改纪其政,以定楚国"(《左传·定公六年》)。他重用子西、子綦、子闾等有能力的大臣,励精图治。

刘向《说苑·正谏》说:

楚昭王欲之荆台游，司马子綦进谏曰："荆台之游，左洞庭之波，右彭蠡之水，南望猎山，下临方淮。其乐使人遗老而忘死，人君游者，尽以亡其国，愿大王勿往游焉。"王曰："荆台乃吾地也，有地而游之，子何为绝我游乎？"怒而击之。于是令尹子西驾安车四马径于殿下曰："今日荆台之游，不可不观也。"王登车而拊其背曰："荆台之游，与子共乐之矣。"步马十里，引辔而止曰："臣不敢下车，愿得有道，大王肯听之乎？"王曰："第言之。"令尹子西曰："臣闻之，为人臣而忠其君者，爵禄不足以赏也；为人臣而谀其君者，刑罚不足以诛也。若司马子綦者，忠臣也；若臣者，谀臣也。愿大王杀臣之躯，罚臣之家，而禄司马子綦。"王曰："若我能止，听公，子独能禁我游耳。后世游之，无有极时，奈何？"令尹子西曰："欲禁后世易耳，愿大王山陵崩阤，为陵于荆台；未尝有持钟鼓管弦之乐，而游于父之墓上者也。"于是王还车，卒不游荆台，令罢先置。

楚昭王乘车准备出新郢的西门，打算到荆台去游玩。司马子綦和楚昭王的兄长令尹子西先后进谏昭王：大王忘了灵王是怎样祸乱国家的了吗？如果这样纵情逸乐，四处游玩，很快您就会重蹈灵王的覆辙。昭王闻听，马上令车夫返辔，并且下令将自己死后的坟墓筑在荆台上，以为后世子孙借鉴。

对话如此详细,情节如此有故事性,显然这只是一个后世附会的传说故事。不过传说故事的背后总有历史真实。吴国的进犯,对楚国上下来说,都是一次极为深刻的教训。《左传·定公六年》说:"楚国大惕,惧亡。"吴师退后,楚昭王和统治集团的其他成员们痛定思痛,思考失败的原因。

楚昭王反思之后得出的第一个结论,是要"和"。楚灵王时代,王室内部斗争激烈,叔侄相残,兄弟相杀,造成统治阶级上层的严重分裂,大大削弱了楚国的统治力量。楚昭王则竭力经营家族内部的和谐。楚昭王把自己的几个兄弟都安排在令尹等重要的位子上,他总是采取谦卑姿态,虚心听取王室成员各方面的意见,所以他的兄长们才敢经常批评他。孔子称赞敢于进谏的子西说:"至哉,子西之谏也。"(《孔子家语·辩政》)王族内部纷争较少,是战后楚国政治恢复稳定的一个主要原因。

楚昭王反思的第二个结论,是要"退"。楚国之所以败于吴国,根本原因是权贵阶层对其他阶层压榨过度。因此,楚昭王不再像楚灵王那样放纵自己的欲望,而是制定了休养生息、培植国力的国策。这就是史载的楚昭王"改纪其政,以定楚国"。他在上严明政治纪律,约束权贵阶层;在下实行与民休息,大力修复水利工程,全力发展生产。《容斋随笔》中有一个故事:

楚昭王之季年,有云如众赤鸟,夹日以飞三日。周太史曰:

"其当王身乎？若䄮（yíng）之，可移于令尹、司马。"王曰："除腹心之疾而置诸股肱，何益？不穀不有大过，天其夭诸？有罪受罚，又焉移之？"遂弗䄮。

楚昭王末年，接连三天，太阳边上都有一朵云像红鸟一样飞。太史占卜之后，对昭王说："这个征兆说明国君您将会生大病。唯一的办法是举行法会，用法术把这场大病转到令尹和司马等大臣身上去。"楚昭王长叹一声说："将心腹之疾转移到四肢上能有什么益处呢？假如我没有大的过错，上天难道能让我早死吗？我有祸事，怎么能让别人承担？如果真有什么大祸，就让我自己来承担吧！"

楚昭王的宽厚和谦退，使楚国贵族重新团结起来，也使楚国国力初步恢复。虽然不久后他果然因病去世，但是政权平稳地转移给了他的儿子楚惠王，他的几位兄弟尽心辅佐侄子，继续昭王的休养生息政策，楚国重新走上了正轨。孔子因此说："楚昭王知大道矣，其不失国，宜哉！"

二

楚国能自我修复，从表面上看，是因为楚昭王个人品质的出色。但是如果我们向深层发掘，就会发现，楚国能自我修复与楚文化的特质也有关系。

物质文明的厚度决定着精神文化的高度。从楚庄王时代起，楚国的物质力量持续上升，使楚国的文化厚积薄发，摆脱了长期以来落后于中原各国的局面，呈现出后来居上之势。其中最有代表性的文化成就是老庄哲学。

楚地原本是文化荒地，春秋晚期到战国时代，却诞生了精辟深邃的老庄哲学，与居于东部齐鲁的儒家，和居于西北魏秦的法家鼎足而立，成为影响中国后世文化发展的一个重要源头。

老庄哲学的特点与楚国的土壤是分不开的。正如清末民初知名学者刘师培说："大抵北方之地，土厚水深，民生其间，多尚实际。南方之地，水势浩洋，民生其际，多尚虚无。"（刘师培：《刘申叔遗书》）多水的南方催生了老子深邃而流动的智慧。对于水，老子有非常深刻的体悟："上善若水。水善利万物而不争。处众人之所恶，故几于道。"做人应如水，水滋润万物，但从不与万物争高下，这样的品格才能征服万物，达到大道。所以老子说："大国者下流，天下之交，天下之牝。"大国谦下，天下自然归附。

老子治国理念的核心是"无为"，老子说："圣人无常心，以百姓之心为心。"老百姓的愿望，就应该是政治高层的方向。老子认为，和谐是政治的最高标准，凡事过度了就要后退。"天之道其犹张弓与？高者抑之，下者举之；有余者损之，不足者补之。天之道，损有余而补不足。"意思是说，自然之道好像拉弓一样，太高了就按下一些，太低了就举高一些，有多余的就减少一些，有不足的就补充一些。

和春秋战国其他思想家不同的是，老子很少强调积极进取，而不断提醒统治者要谦退，要自居下方。"知其雄，守其雌，为天下谿；……知其荣，守其辱，为天下谷。"意思是说，虽知阳刚的显要，但仍能坚守阴雌的柔静心态，要谦退、平和，就像能包容天下的溪谷一般。

楚昭王为人的谦退、施政的"无为"，与老子思想的辩证，同样是基于楚国文化的特质。楚昭王的儿子楚惠王继承父亲休养生息的政策，楚国国力不断增长。楚惠王十一年（前478年），楚国出兵攻灭陈国，把这个老牌诸侯国变成了自己的一个县。楚惠王十二年（前477年），楚军又大败巴人，把国境线向西推进。这一事实证明，楚国在摔倒之后已经站了起来，重新以大国的姿态屹立于江汉之间。"祸兮福所倚，福兮祸所伏。"老子的这一思想，在楚国的昭惠中兴中得到了最好的阐释。

三

打败楚国后，吴国夺取了楚国在南方的霸主地位。

继楚国之后成为一方霸主，小国吴国并不满足。和当初的楚国一样，它野心膨胀，踌躇满志，已经不把楚国放在眼里，而是把目标定在了问鼎中原，成为天下第一大国。因此，吴国投入了巨大的人力物力，开始修建通向北方的运河邗沟，为其远征提供后勤支援，准备逐鹿中原。公元前484年，吴国击败齐国。公元前482年，在黄池之会上，吴国公然与晋国争夺盟主之位。此次盟会使吴国霸业达到了极点。

然而吴国遇到了和楚国当初几乎一样的问题：另一个比它更远离中原的蛮夷之国越国，在它身边苏醒了。在伐楚战争中，吴国从楚国撤兵的原因，除了楚国有秦国的鼎力帮助外，还有一个是越国乘机从后方进攻吴国，一时造成吴国后方着火。

和楚国、吴国一样，越国也把它的早期历史与中原联系起来。越国宣称自己是大禹的后代。不过这个传说并没有得到所有国家的认可。事实上，越国作为比吴国还要偏远的小国，一直处于落后的文化状态，很少与中原地区发生联系。

在遇到吴国的强有力挑战之后，楚国痛定思痛，决心效法晋国的做法，在国际上施展手腕。它采取了迂回隐蔽的策略，开始全力扶植位于吴国身边的宿敌越国，推动越国的中原化进程，以策动他们从南侧进攻吴国。楚国的宛县县令文种和另一位大夫范蠡也去越国做了大臣。和当初的吴国一样，越王勾践把文种、范蠡奉为上宾，言听计从，越国从此驶上了中原化的快车道，成为吴国最有力的牵制者。

越国对吴国的最初挑战并没有像吴国挑战楚国那样顺利，而是遭遇了惨败，以致越王勾践被迫到吴国为奴。英明过人的勾践毅然决定让楚国人文种主持越国一切军国大事，自己去吴国为夫差做牛做马，秽衣恶食，在屈辱中苦苦等待东山再起的机会。

"卧薪尝胆"这个成语因此诞生。中国古人认为隐忍是英雄的最高境界，勾践则是将"小不忍则乱大谋"的信条贯穿到底的第一人。勾践穿着马夫的围裙，系着打柴人的头巾，夫人穿毛边破衣，衣不蔽体。勾践切草喂马，夫人给水除粪，三年无愠色。夫差得病三月未愈，勾践"以手取其便与恶而尝之"，终于赢得了吴王的欢心和信任。夫差失去警觉，数年后释放了勾践。勾践回国以后，撤掉了舒服的席子，睡在稻草堆上，还在房间里挂上一只苦胆，每天早上起来后就尝尝苦胆。

在智囊文种和范蠡的帮助下，越国10年生聚，10年教训，卧薪尝胆，奋发图强。公元前482年，吴军主力悉数北上争霸，然而，螳螂捕蝉，黄雀在后，吴甲北上给了越国一个千载难逢的机会。这之后，越国不断发兵，攻打吴国，从而扭转了两国间的实力对比，最终在公元前473年灭亡了吴国。历史再次重演，后发的"蛮夷"战胜了先发的"蛮夷"。楚国的扶越制吴政策至此大获成功。

吴国没能像楚国那样，扛住身边另一个蛮夷之国的打击，以至于由骤兴到灭亡，如同昙花一现。之所以如此，除了国家体量比楚国小外，更重要的原因是它缺乏楚国那样深厚的文化基础。作为一个后发国家，它的崛起过程太短，身上的落后性还没有充分洗去，一直没有建立起系统的官制、法制，甚至还没来得及铸造自己的货币。虽然季札等少数贵族礼乐文化素养十分深厚，但是统治集团的整体文化水平不高。在战胜楚国之后，他们更是志得意满，停止了进一步中原化的脚步。夫差就曾经大言不惭地说："我文身，不足责礼！"没有深厚的文化，就意味着他们视野不够宽广，思维不够稳健，只知进，不知退，只知放任自己的野心，不懂得留有余地，因此，这个"地方二千里，带甲七十万"的强国在短暂称霸后，又迅速消失在历史中。

第十八章 从文物看楚文化的特质

一

纵观春秋战国时期的楚文化，我们的第一个印象就是它的开放性、兼容性和创造性。楚国文化是一种兼收并蓄的文化。比如楚国青铜器源自中原，但是却自有风格特点。中原青铜器的风格是雄浑粗壮大气，而楚国青铜器在庄重之外，还以装饰生动、富于变化闻名。它们精雕细镂，富丽繁密，显示了工匠的奇思巧技，显示了楚人的趣味与喜好。

1978年，河南南阳淅川下寺楚墓中出土一套（7件）用失蜡法铸造的列鼎，最大的一件是王子午鼎（图18-1）。鼎通高67厘米，口径66厘米。王子午是楚庄王之子、楚共王之弟，曾任楚国令尹之职。

这只鼎是典型的楚鼎。它的撇耳和束腰，都体现了楚文化的典型特征。王子午鼎的设计十分注重艺术的形式感，表现出独具的匠心。撇耳、束腰和鼓腹，形成一道优美的曲线，腹壁等距离

图 18-1　王子午鼎（七鼎之一）

装饰了6只爬兽，探出口沿，消除了两耳间数条平行线造成的呆板滞重之感，无论从哪一个角度看，都显得活泼而不失庄重稳实之感。它从容地矗立在那里，气势不凡，活脱脱一副楚人踌躇满志的心态的写照。（参见邵学海：《王子午鼎的繁缛与铸客鼎的简约——论楚国青铜艺术风格的形成与嬗变》）

撇耳和束腰的出现不仅是为了美观，也与实用相关。在祭祀过程中，人们要把已熟的牛、羊等分类依次装入鼎中，然后再移入中庭。鼎耳外撇，如两只把手，使搬运者与鼎腹间隔一定的距离，克服了垂直鼎耳搬运的不便。

王子午鼎的形制，别开生面，是对西周以来鼎制的重大突破，反映了楚人强烈的创造精神。中原的鼎，追求厚重大气、威严肃穆，因此一般笨重硕大。然而，中原鼎被楚人收细了腰之后，立即有了曲线之美，平添了许多妩媚。和这只王子午鼎一样，大部分楚墓中出土的重器，都有着令人眼花缭乱的装饰。源自中原的青铜器，吸收了蛮夷风格之后，其风格由中原的凝重、典雅、简朴一变而为楚国之活泼、灵动、繁缛。

楚文化的瑰丽多彩，与它独特的地理环境分不开。首先，楚国地处南北之交，水路交通之便利天下独步，交通网络四通八达。水路溯江而西，可达巴蜀经济区；通过汉淮诸水，可以北上与中原互通有无；沿江东下吴越，可以一日千里；通过湘资沅澧等江，则可以直通湖南，乃至滇黔。1957年，鄂君启节在安徽寿县被发掘出土。节上的文字反映出楚怀王时期商业的繁荣和制度的完善。鄂君启节舟节中载："屯三舟为一舿，五十舿。"每次贸易动辄150舟，可见规模之大。而且贸易频繁，"岁能返"。鄂君启的商贸船队不仅能到达长江以南的湘资沅澧这样较大的水系，而且还能深入到楚国有效统治区域边缘地带的桂东北的小支流（黄沙河等）。（参见蒋波：《楚怀王生前身后的悲喜剧及其原因分析》）其次，楚人源于华夏，身处蛮夷之中，性格具有极强的包容力。楚国所征服的地域少数民族林立，楚人从不以正统自居，楚文化也从来没有中原文化那样的优越感和排他性。楚国从立国之初，就以一种开放的心态，采取怀柔少数民族的政策，"甚得江汉间民和"。及至强盛之时，更是明确了"抚有蛮夷，奄征四海，以属诸夏"(《左传·襄公十三年》)的混一夷夏政策，楚人的这种开放融合的思想，比当时管仲"戎狄豺狼，不可厌也；诸夏亲昵，不可弃也"(《左传·闵公元年》)和孔子"裔不谋夏，夷不乱华"(《左传·定公十年》)的思想都要开明。因此楚国文化中既有华夏文化的遗传，又有荆人、巴人、越人、徐人等少数民族的贡献。楚人以博大的胸怀吸取周边文化之长，使中原文化和蛮夷文化在这里交流融合，楚国文化因此表现出异常强烈的丰富性和创造性。

在政治上，楚国前期中央集权比较强大，但是政治结构呈现多元性。楚国扩张过程中，王道与霸道兼用，武力与怀柔并重，虽然战胜了许多国家，但是对许多小国是存而不灭，并非"绝其社稷，有其土地"，而是使之长期成为自己的属国。战国时期，楚国更是大行封君制。战国七雄中，实行封君制最早，封君最多和封地最广的就是楚国，现在已知的楚国封君就有六十多位，封君世袭并对封地有全面统治权。封君制、县制、属国制并存，楚国多元的政治结构，自然导致文化多元，显示出非同一般的强大容忍度、开放性和凝聚力，创立了介乎夷夏之间的楚制和楚俗。

楚文化的开放性，还体现在楚国文化遗存当中发现了大量的域外文化因素。"从有关楚国的文献记载和出土文物、简帛中，可以发现来自古埃及、印度、巴比伦、西亚、西伯利亚和环太平洋地区的多种文化因子。"（宋公文、张君：《楚国风俗志》）

人们通常认为，中西文化交流是从公元前139年（汉武帝建元二年）张骞出使西域开始的，广为人知的"丝绸之路"在那时打通。其实，早于张骞大约4个世纪，楚国就已经有了中西文化交流。证据之一，就是一种被称为"蜻蜓眼"的玻璃珠。典型的"蜻蜓眼"玻璃珠，胎色或酱黑或赭红或石绿，上面塑着眼珠纹，眼珠纹由蓝白相间的圆圈构成。这是典型的地中海文化的产物，浓缩着地中海的蓝天白云和碧波白帆的影子，与中国传统装饰纹样的风格迥异。然而，它却大量出土于湖北、湖南的楚墓中（图18-2、图18-3）。通过科学仪器分析，人们发现这种玻璃珠是钠钙化合物，而早期的中国玻璃是铅钡化合物。先秦的中国没有钠钙玻璃，正如同时的西方没有铅钡玻璃。因此，这些东西无疑是西方的舶来品。最迟在公元前6世纪末期，楚国已经有进口的西方"蜻蜓眼"玻璃珠了。由此可以顺理成章地说，楚国与西方文化交流的开端不会晚于公元前6世纪末期，比汉朝与西方开

图18-2 湖南近年出土的"蜻蜓眼"玻璃珠

图18-3 曾侯乙墓出土的"蜻蜓眼"玻璃珠

始文化交流早了大约4个世纪。(参见张正明:《"蜻蜓眼"玻璃珠传递的信息——楚人的开放气度》)

学者研究认为,早于北方的丝绸之路,有一条"南方丝绸之路",它起自欧洲,经西亚、南亚,再到中国云南,终点是当时的楚国。这条路翻越横断山脉,其艰难可想而知。公元前5世纪,中国的丝绸已成为希腊上层人士喜爱的服装材料。出土的先秦丝织物中,以楚地的最为精美;而在中国发现的"蜻蜓眼"玻璃珠中,又以楚地的数量最为壮观。因此有人推测，南方丝绸之路上的主要运输品，很可能是楚地丝绸和以希腊的玻璃珠为代表的玻璃制品。这说明楚文化虽是内陆型的，但它很有开放性，其开放性比沿海型的齐文化、吴文化和越文化有过之而无不及。

左鹏认为，如果说"蜻蜓眼"玻璃珠是楚人与南方各地乃至南亚交通往来的实物例证，那么人骑骆驼铜灯则是楚人与北方各族乃至中亚诸国交流的艺术象征。在俄罗斯乌拉尔河流域的巴泽雷克，一个相当于我国战国时期的游牧民族贵族墓葬中，曾出土了楚国的四山镜和丝织刺绣物。这些丝织物，无论丝纤维、花纹风格，还是刺绣工艺，都与长沙烈士公园3号楚墓出土的龙凤刺绣相同。巧合的是，同属战国时期的江陵望山2号楚墓中，出土了一件人骑骆驼铜灯（图18-4）。铜灯由上下两部

图18-4　人骑骆驼铜灯

分组成，上部分是灯盘和灯柱，下部分是方座。方座上骆驼四脚站立，昂首垂尾，驼峰中坐一人，两腿夹住骆驼，两手举着灯柱。这件铜灯造型别致，制作精巧，人和骆驼的形象栩栩如生。同样的铜灯在湖北荆门后港楚墓也出土过一件。骆驼被人誉为"沙漠之舟"，在楚地显然难有用武之地。但骆驼的形象，多次出现在楚人日常生活用品的装饰中，楚人足迹之广，开放程度之深，由此可见一斑。（参见左鹏：《"蜻蜓眼"式琉璃珠与人骑骆驼铜灯》）

二

楚文化的另一个特点是风格独特、个性强烈。

楚文化产生的自然环境与中原文化明显不同。春秋战国时期，楚地地域广阔，"山原水原杂错分布，大江芳泽云蒸霞蔚，山野丛林鸟兽出没，风雨晴晦朝夕不同，自然物产和劳动要比北方来得多样化"（王建辉、刘森淼：《荆楚文化》）。日本学者青木正儿说："南方气候温暖，土地低湿，草木繁茂，山川明媚，富有自然资源……所以，南方人生活比较安乐，有耽于南国幻想与冥思的悠闲。因而，民风较为浮华，富于幻想、热情、诗意。而其文艺思想，则趋于唯美的浪漫主义，有流于逸乐的华丽游荡的倾向。"（〔日〕青木正儿：《中

国文学思想史》)

潘光旦说:"中国人自己很早就看出南方和北方的不同。他们自己说,南方人喜欢远游,容易采取新的见解,求智识的欲望很深切,容易受人劝导,风俗习惯富有流动性,做事很有火气,他们的政治思想和政治手腕倾向激进的一方面。北方人的品格恰好相反,他们爱家,情愿困守田园,不容易采取新的见解,很有决心和毅力,主意一经打定,谁都动摇他不得,风俗习惯富有固定性,做事很慢,但很有耐性,他们的政治思想和手腕倾向保守一方面。"(潘光旦:《中国人的特性》)

烟波荡漾的自然风光,赋予了楚人自由浪漫、灵巧好动的性格气质以及求新求变、富于想象力的审美趣味。"这是一片神话、诗歌、音乐、舞蹈,充满水墨烟云浪漫激情的肥沃土壤,人民生活于一种多样化的和谐优美的大自然怀抱中,熔铸了他们情感变化多样、热烈且富于无拘无束的浪漫想象的气质。"(王建辉、刘森森:《荆楚文化》)楚文化的特点是浪漫主义的,楚人创造的老庄哲学,思想浩瀚恣肆,思维深广诡怪,特别是庄子的寓言,充满浪漫主义想象。而《楚辞》等文学作品,更是创造出一个个幻想漫游的世界,体现出楚人具有其他地域文化无可比拟的奇异、诡谲的浪漫艺术心理和强烈的探究追寻的精神以及恢宏广博的气势。"《离骚》《天问》和整个《楚辞》的《九歌》《九章》以及《九辩》《招魂》《大招》……构成了一个相当突出的南方文化的

浪漫体系。"(李泽厚:《美的历程》)

楚文化个性强烈的另一个原因是楚民族是一个独立意识很强的民族。"楚有江汉川泽山林之饶;江南地广,或火耕水耨,民食鱼稻,以渔猎山伐为业,果蓏(luǒ)蠃蛤,食物常足。"(《汉书·地理志》)由于谋生较为容易,楚人就可能有较多的时间和精力进行精神上的追求。此外,也不需要组织强大的集体力量以克服自然,所以楚国也没有形成像北方国家那样严密的宗法制度。在这样的生活环境中,个人受集体的压抑较少,个体意识相应就比较强烈。楚人性格强悍,不甘人下,民族自尊心异常强烈。他们不买周天子的账,甚至冒天下之大不韪"问鼎中原",理直气壮地自称"我蛮夷也",充分显出楚人桀骜不驯、"敢为天下先"的强烈个性。这种个性造就了楚文化与中原文化的显著区别。(参见王峰、黄莹:《楚人文化心理论略》)

因此,楚人在审美上追求瑰丽新奇,有着充沛的创新意识。楚人喜欢筑高台、着奇服、好细腰、戴切云冠。在北方国家看来,楚人不拘礼法、不尊形制、标新立异。出土的楚文物共同的特点是色彩富丽、线条流畅、造型独创、飞扬恣肆。变化多样的龙凤纹、栩栩如生的动物纹、夸张抽象的几何纹是楚人偏好的样式。那飘逸流畅的线条、斑斓繁富的色彩、琦玮谲诡的造型,无不洋溢着生命的激情和清新的气息。

因为富于想象力,楚国器物的造型,往往出奇制胜、出人

图18-5　长沙子弹库1号墓出土的《人物御龙帛画》

意料。楚人尚鬼崇巫，巫风炽烈，他们沉浸在一片充满奇异想象和炽热情感的神话世界中娱神与娱己。长沙子弹库1号墓出土的《人物御龙帛画》（图18-5），人御神龙，孤鹭相从，构思诡异浪漫。楚地艺术造型许多是动物合体、人兽合体，奇幻怪诞，充满神秘色彩。（参见罗运环主编：《荆楚文化》）楚人的墓葬中

图 18-6　江陵天星观 1 号墓出土的双头镇墓兽

镇墓兽及辟邪之物非常普遍，且造型十分独特，一般由方形底座、曲形兽体和鹿角所组成。兽体形状怪异，面目狰狞，给人以恐怖和神秘感。比如江陵天星观 1 号墓出土的鹿角人面的双头镇墓兽（图 18-6），睁目吐舌、狰狞恐怖，显示其引魂升天的神威，充满了诡谲浪漫的神秘美感。（参见陈振裕主编：《楚秦汉漆器艺术·湖北》）

虎座凤架鼓是楚文化中最富特征的器物之一，它由卧虎、凤鸟组成。凤鸟足践猛虎，包含了辟邪驱鬼、引魂升天的含义。

虎座凤架鼓的两只老虎匍匐于地，昂首站立在老虎背上的凤鸟背对背架起一面彩绘大鼓。器物通体彩绘，髹（xiū）黑漆为底,以红、黄、褐等色绘出虎斑和凤羽。木胎则由楚国特有的优质木材楠木雕刻而成。虎仰首蹲伏,凤昂首立于虎背。鼓悬于双凤之间,系于凤冠之上。此鼓造型逼真,彩绘绚丽多姿,既是乐器,也是艺术佳作。值得注意的是,在凤与虎的组合形象中,凤高大轩昂,虎却矮小瑟缩,趴伏于地,反映了楚人崇凤贬虎的风尚。

在已发掘的多个楚墓中发现了数个虎座凤架鼓,造型十分相似。2002年湖北枣阳九连墩2号墓出土的一件虎座凤架鼓(图18-7),通高135.9厘米,宽134厘米,以两只昂首卷尾、四肢屈伏、背向踞坐的卧虎为底座,虎背上各立有一只长腿昂首、引吭高歌的凤鸟。背向而立的凤鸟中间,一面大鼓,悬挂在凤冠之上。两只小兽,后足蹬在凤鸟背脊,前足托住鼓腔。器身通体髹黑漆,运用红、黄色彩绘,彰显了楚文化的浪漫与神奇。

确实,无论是平面图案,还是立体造型,凤都是楚国艺术品中永远的主角。神采飞扬的凤鸟,体现着楚人充满生命激情、发扬踔厉的民族气质。它或展翅飞翔,或足踩飞龙,或翅扇猛虎,大多长颈高足、身形轻灵、气度非凡、矫健洒脱。楚人也经常将凤形象的特征打散分布于器皿之上,"分解的极点,或仅具一目一喙,或止得一羽一爪;变形的极点,或类如花叶草茎,或类如行云流星,或类如水波火光;抽象的极点,是化为纯粹

图18-7 枣阳九连墩2号墓出土的漆木虎座凤架鼓

的曲线。这样，于形固有失，于神则有得，而且给观赏者留有广阔的想象余地"（张正明：《楚史》）。由凤翼、凤尾演变而生的云纹，舒展大气、萦回变幻，表现出楚人惊人的时空想象力和造型把握能力。

就连楚国的文字，也有这样的特点。和其他国家的文字比起来，楚文字字体更为修长，仰首伸脚，笔画富于变化，多波折弯曲，很像美术字。我们可以把楚文字与鲁文字作一个对比（图18-8）。

人们把这类楚文字称为虫书。除虫书外，还有鸟书，就是在

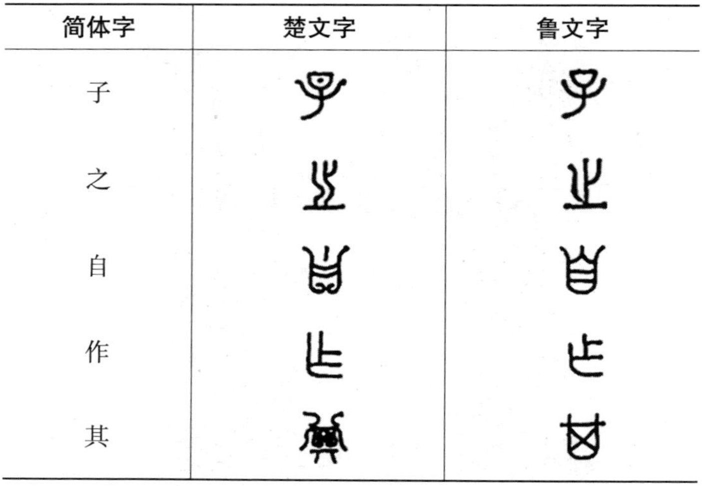

简体字	楚文字	鲁文字
子		
之		
自		
作		
其		

图18-8　河南淅川下寺2号楚墓所出王子午鼎铭文和山东莒县大店2号莒墓所出编钟铭文比较（各取5个字）

篆书的基础上，加以装饰性的笔画，使每个字都像鸟一样灵活飞动。在王子午鼎的铭文中，有一些已经属于早期的鸟书，比如其中的"用"字（图18-9）。而楚王孙渔戟上的铭文（图18-10），则是更典型的鸟书，鸟的头身尾爪，都已经出现。郭沫若说："南文尚华藻，字多秀丽；北文重事实，字多浑厚。"（《郭沫若全集·考古篇》第八卷）胡小石认为，古文字体，北方以齐国为代表，南方以楚国为代表，"齐书整齐而楚书流丽，整齐者流为精严，而流丽者则至于奇诡而不可复识"（《胡小石论文集》）。楚人的奇诡和浪漫，在文字上也表现得淋漓尽致。

图 18-9 王子午鼎铭文（局部）

图 18-10 楚王孙渔戟铭文

总之，在强盛期，楚国的物质文化和精神成就都是相当可观的。以老子、庄子为代表的道家哲学与齐鲁的儒学及魏秦的法家成为中国文化中的三大流派。以屈原的作品为首的"骚体"文学，当之无愧地成为战国时代最伟大的文学作品。除此之外，楚国在青铜冶铸、丝织刺绣、漆器工艺等方面，都取得了独步天下的成就。

第十九章 战国时期的到来

一

越国消灭了吴国,这是周王朝历史上首次出现大国被灭。这提醒我们,历史已经告别春秋,来到了战国。

我们经常把春秋战国连称,但是大部分人都没有注意到春秋与战国之间的本质性的差别。

战国时代战争的激烈程度和残酷程度都远超春秋时代。春秋时代的战争是贵族的"游戏",以荣誉为目标,战争规则明确,将领风度翩翩。因此,春秋时代被灭掉的都是大国身边微不足道的小国,从来没有哪个大国吞掉另一个大国。比如郑国夹在楚国和晋国之间,被攻打了70多次,却始终没有被楚晋任何一方吞并。而战国时代,战争却是功利的,目的是直接消灭对方的国家,掠夺对方的人口。越国吞并吴国,开辟了一个大国吃掉另一个大国的不幸先例,在那之后,灭国战争愈演愈烈,直至秦灭六国。

春秋时代贵族们活得从容而优雅，国与国之间的边界和关塞，并不遣兵把守，因为人们不会不宣而战。而到了战国时代，各国防范森严，日日枕戈待旦，不择手段成了战争的主要手段。春秋时期一个重要的战争规则是"师不伐丧""闻丧乃止"。如果一个国家出兵时遇到对方国君去世，就要主动退兵。

公元前569年，楚国大军浩浩荡荡去讨伐陈国。走到一半，接到报告，陈成公去世。楚国大将立刻下令军队返程。

然而从春秋后期开始，特别是到了战国时代，对方国君去世，却成了己方出兵的最佳时机。公元前329年，楚威王去世，楚国上下正大办丧事。消息传到魏国，魏惠王立刻把将军召进宫中，命他趁这个机会马上出兵伐楚，攻取了楚国的陉山（今河南省漯河东）。此类事件史不绝书。再如《史记·田敬仲完世家》载："齐威王元年，三晋因齐丧，来伐我灵丘。"又如《战国策·燕策一》："齐宣王因燕丧攻之，取十城。"礼仪、荣誉，已经不再是战国政治家们考虑的主要问题。国家的生死存亡，使他们变得如同狼一样残酷无情，不放过猎物身上的任何一个伤口。

春秋向战国过渡的过程中，各国在战场上越来越普遍地运用诡诈原则。比如伍子胥向吴王阖闾提出"疲楚误楚"的策略方针，就是典型的代表。吴军五战五捷，破楚入郢过程中，纵深突袭、迂回包抄等战法，体现了运动歼敌、连续作战的新模式，这是以往战争中从来没有过的。

因此战国时期战争的规模和惨烈程度，也是春秋时代所无法比拟的。春秋时代的战争规模通常很小，"未有杀人累万者"（顾炎武：《日知录》），战争通常会在一天之内结束，很少有超过三天的大战。比如著名的城濮之战、鞍之战，都是一天之内就决出胜负。鄢陵之战"旦而战，见星未已"（《左传·成公十六年》），也不过持续了两天。而在战国时期，各国"能具数十万之兵，旷日持久数岁"，战争投入人数众多，旷日持久，十分惨烈，"争地以战，杀人盈野，争城以战，杀人盈城"（《孟子·离娄上》）。比如长平之战从公元前262年到公元前260年持续了近两年，秦昭王"自之河内，赐民爵各一级，发年十五以上，悉诣长平"（《史记·白起王翦列传》），进行全国总动员，双方兵力总和达到了数十万。春秋时代，战争中的俘虏一般是放回，最多俘为奴隶，而战国时则往往坑杀，以消灭对方有生力量。公元前293年的伊阙之战，白起打败韩魏联军，斩首联军士兵就有24万。而据统计，秦国在统一战争中一共屠杀了超过150万他国士兵。

战国时期的战争给人民带来的深重灾难，是春秋时未曾出现的。《墨子·非攻下》说："入其国家边境，芟刈其禾稼，斩其树木，堕其城郭，以湮其沟池，攘杀其牲牷，燔溃其祖庙，劲杀其万民，覆其老弱，迁其重器。"

雷海宗说："战国时代的战争非常残酷。春秋时代的战争是贵族包办，多少具有一些游戏的性质。我们看《左传》中每次战争都有各种繁文缛礼，杀戮并不甚多，战争并不以杀伤为事，也不以灭国为目的，只求维持国际势力的均衡。到战国时代，情形大变，战争的目的在于攻灭对方，所以各国都极力奖励战杀，对俘虏甚至降卒往往大批坑杀，以便早日达到消灭对方势力的地步。吴越之争是春秋末年的长期大战，也可说是第一次的战国战争。前此大国互相之间并无吞并的野心，对小国也多只求服从，不求占领。吴国仍有春秋时代的精神，虽有灭越的机会仍然放过，但伍子胥已极力主张灭越。后来越国就不客气，把横行东南百余年的大吴国一股吞并。从此之后，这就成为常事。"（雷海宗：《中国文化与中国的兵》）

顾炎武说："春秋时犹尊礼重信，而七国则绝不言礼与信矣。春秋时犹宗周王，而七国则绝不言王矣。春秋时犹严祭祀，重聘享，而七国则无其事矣。春秋时犹论宗姓氏族，而七国则无一言及之矣。春秋时犹宴会赋诗，而七国则不闻矣。春秋时犹有赴告策书，而七国则无有矣。邦无定交，士无定主，此皆变于一百三十三年之间。"（[清]顾炎武撰、[清]黄汝成集释：《日知录集释》）

二

这是为什么呢？

主要是因为铁器在春秋末期战国初期实现了普及。青铜时代形成的国家规模比较小，因为青铜不足以支撑大规模的生产力。青铜器很珍贵，所以主要做礼器和兵器，农业工具大部分还是木石制作的，难以深耕细作，所以粮食产量不高。

但是铁器出现后就不同了。今天铁器很常见，但是在历史上，铁的出现是一件大事。相比青铜器，铁器价格便宜，同时铁犁比木犁能更轻松地耕种土地，越来越多的荒地被开垦，粮食产量大幅增加。

我们知道，在铁器普及之前，春秋时代的各国，并不是连在一起的，就是说，国与国之间没有边界。英国汉学家吉德炜说商代的国家结构如同瑞士干酪，里面充满了空洞。周王分封诸侯，就是派出自己的兄弟子侄，到一片荒蛮的大地上建立一个又一个据点。所以西周初期近千个方国，其实"领土就好似一个拥有超过1700个周朝堡垒、要塞和据点的群岛，其周围就是由潜在的村民和异族部落组成的汪洋大海"（〔英〕塞缪尔·芬纳：《统治史》卷一）。春秋时代以前的诸侯国，是一个一个点，而不是一片一片的，点和点之间是荒野或少数民族生活的地方，所以叫"华夷杂处"。

举个例子，宋国和郑国之间，有隙地六邑，至春秋末期一直是没人要的。所以春秋以前，中国大部分土地是没有开发的，开发了的只占一小部分。这种情况下，就没有出现统一国家的压力。

但是，铁器普及后，粮食产量增加了，人口也开始爆炸式增长，荒野陆续被开辟，各国的疆界才开始连接，国土的争夺越来越激烈，统一国家也必然要出现。因此春秋和战国的战争本质不同。

三

战国时代，国际形势发生了巨大变化。楚国的长期对手晋国分裂成魏、韩、赵三国，晋国这个昔日最强大的敌人已经不复存在。不过，即使一分为三，魏、韩、赵的力量仍然不可小觑，特别是晋国的主要继承者魏国通过李悝变法异军突起。而西面的秦国在经过长期的蛰伏之后，也开始露出獠牙。东面的齐国被田氏取代后，也再度强大起来。天下大势由楚晋争霸，演变成楚、秦、齐、魏、燕、赵、韩七国争雄的局面。

在相对宽松的春秋时代，人们可以活得很优雅，而在冷酷的战国时代，人们必须活得精明而无情，才能在异常激烈的竞争中幸存下来。

在春秋时期，一个国家如果战败，只需要找几位口才好的使者，卑辞厚礼前去请和，就可以化解危机。而在战国时代，一次战败，很可能意味着国家灭亡。

此时诞生了法家学派，其思想是在弱肉强食的战国时代兴起的一股全新的思维方式。

周代礼乐文明的基础是"人性善"。因为大家都是同一个家族，或者有亲戚关系，所以相互之间提倡体谅包容，"仁"是处理人际关系的准则。而法家学派的理论基础是"人性恶"。在人欲横流、生死存亡的战国时代，"温良恭俭让"已经没用了，必须放下温情，准备战斗。因此法家的思路就是通过变法摧毁以礼乐文明为代表的贵族制度，在此基础上建立一套全新的统治方式，强化集权，扩大军队，提高战斗力，保证国家生存下去。

为什么要强化集权呢？因为当时各诸侯国内的政治通常都是比较混乱的。我们前面说过，周代的分封制，过了几代之后，因为血缘关系弱化，诸侯不听天子的命令。在各诸侯国中也出现相似的情况，诸侯也都是把领地分给自己的亲人，让他们当卿大夫，然后世袭。过了几代，这些卿大夫也不再听诸侯的命令。甚至诸侯的陪臣也敢使用天子才能用的"八佾"仪仗，让孔子大呼"是可忍，孰不可忍"。最典型的是三家分晋，卿大夫干脆合伙瓜分了这个国家。

内部分裂，对外当然没有抵抗力。所以，君主首先要打击贵族力量，统一指挥，提高国家能力。其次要扩大军队。国家要想不被吞并，就要有强大的武装。

要扩大军队最关键的是什么？是钱。

战争是最消耗资源的。战争就是资源的耗费过程。苏秦对楚威王说："（楚国）地方五千里，带甲百万，车千乘，骑万匹，粟支十年，此霸王之资也。"(《战国策·楚策一》）这说明当时政治家充分认识到军事与一国经济实力的关系。因此，要发展军事，就需要提高政府对社会资源的汲取能力，换句话说，从民众身上收到更多的钱，征到更多的兵。

铁器普及之后，井田制就瓦解了。因为农民用铁器，很短的时间内就把原来用木器石器种很久的公地种完了。种完了还有大把时间，于是就自己开荒。开了荒，打了粮食归自己，不用交公。

这样，大家都忙着开荒，原来那点土地，可种可不种了。井田制渐渐瓦解，国君和贵族能收上来的粮食就更少了。

所以鲁国最早进行的改革，叫"初税亩"。按字面解释，就是开始按亩纳税。就是说，老百姓手里的公田和私田，都要交税。原来只有公田要交税给国君，现在自己开荒的地也要交税，这样国君的税收就大幅增加了。这一制度于公元前594年在鲁国开始，后来楚国、郑国、晋国等国家也陆续跟进，这是国家汲取能力的第一次大幅增强。

国家汲取能力的第二次增强，则是从分封制变成郡县制，中央可以直接管理地方。如前所述，郡县制最先出现在楚国，后来被各国效仿，因此战国时代越来越多的国家变成郡县制。

如果说争霸是春秋时代的主题，那么变法就是战国时代的主旋律。进入战国之后,各国争先恐后开始变法。一部战国史就是一部变法史。每一次变法,都会催生一个强国;每一次变法,都会引起周围国家的连锁反应。李悝在魏国兴起改革大潮,吴起也在楚国推行变法。

四

楚国政治中存在的问题,是封君制。

《战国策·楚策一》说,楚宣王与安陵坛在云梦泽打猎,飞鹰逐鹿,非常快乐。不过打猎结束后,楚宣王又感觉很落寞:"寡人万岁千秋之后,谁在地下陪我一同享乐?死后孤零零一个人,那是多么可怕!"("乐矣,今日之游也。寡人万岁千秋之后,谁与乐此矣?")

安陵坛立刻跪在楚宣王面前:"大王,您对臣下如此仁慈,您万岁千秋之后,我愿意跟着您到地下,如果有蝼蚁来啃食,我宁愿先让他们吃!"("臣入则编席,出则陪乘。大王万岁千秋之后,愿得以身试黄泉,蓐蝼蚁,又何如得此乐而乐之!")

楚宣王非常感动,打猎回宫后,立刻宣布,封安陵坛为"君"。

或许,这就是楚国封君制的来源。当然,和春秋战国时代众多故事一样,通过一个传奇性的故事来解释一项重大制度的起源，只是历史叙述者一个取巧的办法。

事实是，楚庄王全力中原化，带来了楚国文明发展的突飞猛进，也不可避免地将中原文化的负面因素引到了楚国的政治中。楚庄王依照周礼，依照"亲亲"的血缘原则，在高层政治中更多地依赖王族，由王室成员充当令尹，以压制卿族势力的膨胀。在他身后，子重、子反与巫臣的党争以及巫臣的落败，正反映了楚国政治的这种变化。

这一变化对日后的楚国影响极为深远。此后百余年间，楚国形成了令尹等高官非王族不得担任的传统。到了楚惠王时代，鉴于灵王时代王室分裂的前车之鉴，为了团结王室成员，更开创了一项新的政治制度：将那些功劳最大的王室成员封为"君"，土地世袭，其地位仅低国君一等。

在惠王时代，封君人数不多，封君制的负面后果还没有充分显现。然而，越到后来，楚国的封君滚雪球似的越滚越多。史学家考证，楚国的封君最多时居然有60多位。这些封君占据了国内最丰腴的土地，在封地为所欲为，不听楚王号令，造成楚国贵族集团过度膨胀。事实证明，楚庄王时代开始的依照周礼制定的"亲亲"举措，虽然一度抑制了卿族势力，却导致楚国高层政治流动性日渐降低，高层贵族日渐腐败，给楚国政治带来了严重后果。

公元前402年的一天，楚声王的车队正行走在郢都。突然，一名刺客冲出来，剑光一闪，楚声王的车舆中传来一声惨叫。车队一片混乱，侍卫们把国君的车舆围在当中，四面搜索刺客的身影，却一无所获。

关于这件事，史书上记载的是楚声王为"盗"所杀。一国之君，在自己的都城，被刺客暗杀，实在让人觉得有些匪夷所思。

因此历史学家们推测，这位刺客，很可能是某位颇有权势的封君所养的死士。封君与国君之间的冲突，导致堂堂国君当众被杀。

楚国在诸国中最早实行郡县制，在君主集权程度上一度领先于各国，这是楚国称雄天下的制度优势。进入战国时期后，各国都开始大胆破格任用才能之士，焕发出勃勃生机。而楚国不但还和原来一样，高级官员全部由王族垄断，而且还进一步推进封君制，导致贵族势力盘根错节，根深蒂固，形成一个牢不可破的庞大利益集团。权贵集团不但威胁到王权的稳定，也吸走了国家的大部分利益，成为全社会难以承受的负担，军队和社会中下层不满日甚。

权贵阶层不但大肆榨取民脂民膏，而且为了自己的私利，经常和国君发生冲突，楚声王很可能就是被一位对自己心怀不满的权贵所暗杀。

第二十章 吴起变法

一

楚声王被刺后,继任者是他的儿子、楚惠王的曾孙楚悼王。

登上王位后,楚悼王发现,昭惠中兴过去几十年之后,楚国的国土已经缩小不少。随着北方三晋的崛起,楚国北部边境受到越来越大的压力。在他即位后第二年(前400年),三晋联军在乘丘击败楚军。楚悼王十一年(前391年),三晋再次伐楚,楚国更是在大梁、榆关两地相继大败。

除了外患外,内忧也令悼王夜不安枕。事实上,对外战争的连续失败,和父亲被刺这一内乱有一个共同的原因,那就是楚国的王权受到严重的牵制。他永远无法释怀父王的惨死。因此从即位起,他就开始思考如何改变楚国的政治现状。恰在这时,吴起到来了。

二

公元前387年的一个傍晚，一辆马车从魏国一路南下，奔向楚国。马车上坐着的是魏国的名将吴起，他受到魏国国君魏武侯的猜忌，愤而离开。环顾天下，楚国地大势强，因此他来到楚国，以图大用。战国时代，各国争相延揽人才，这种跨国跳槽是很常见的事。

吴起的大名早已为各国所知，事实上他简直就是一个活着的传奇：他才华横溢，智略出群，初出茅庐，就率领鲁军大破齐军。在为魏文侯服务期间，他更是"曾与诸侯大战七十六，全胜六十四"，"辟土四面，拓地千里"（《吴子·图国》）。

当然，比起这些战功，让吴起广为人知的，是他"大义灭亲"的故事。

《史记·孙子吴起列传》载："齐人攻鲁，鲁欲将吴起，吴起取齐女为妻，而鲁疑之。吴起于是欲就名，遂杀其妻，以明不与齐也。鲁卒以为将。将而攻齐，大破之。"

公元前412年，吴起曾来到鲁国谋求发展。吴起本是卫国人，为求得在政治上的发展，他成年后倾家荡产寻找门路，期望获得重用，却没能成功。他来到鲁国时，适逢齐国进攻鲁国，大兵压境，却找不到一位合适的将军。

有人向鲁君推荐吴起，说他才华出众，可以大用。鲁君也看好这位精明强干的青年军事家，不过对他却有一丝担心。他对大夫说："吴起的妻子是齐国人，关键时刻会不会里通外国？"吴起知道了鲁君的担忧后很快作出了决定。没有任何事物能成为他进取路上的障碍，即使是至亲至爱的人。吴起用妻子的头颅，换取了鲁君的信任，也奠定了自己的事业基础。

不知不觉间，时间的车轮已由春秋驶入了截然不同的战国时代。礼乐文明的外衣已经在各国残酷的竞争中被撕成碎片，人心中那浓黑的邪恶公然暴露在极度寒冷的冬天之中。

战国时代多极的政治格局和激烈竞争的社会环境，使那些底层社会的人才可以以能力为资本，迅速飞黄腾达，因此人的欲望空前高涨起来。《史记》说吴起"欲就名"，功名欲望异常强烈，并穿插了一段补叙："其少时，家累千金，游仕不遂，遂破其家。乡党笑之，吴起杀其谤己者三十余人，而东出卫郭门。与其母诀，啮臂而盟曰：'起不为卿相，不复入卫。'遂事曾子。居顷之，其母死，起终不归。"

把《左传》与《战国策》作一对比，我们会惊讶于道德崩溃的速度。春秋时期，外交家们折冲樽俎的武器往往是《诗》《书》，一篇大义凛然的礼义说辞足以遏止千乘雄师，但到了战国时期则一变而为赤裸裸的利害分析。孟子见梁惠王，梁惠王的第一句话就是："不远千里而来，亦将有以利吾国乎？"（《孟子·梁惠王上》）这深刻地反映了战国自上而下的功利主义风气。

为了利益，人们可以没有原则，苏秦先向秦王献上一霸天下的计策，未被接纳，立即掉头转向，去说服其他六国合纵灭秦。

吴起在做将军带兵打仗时，始终坚持自己的一个原则，那就是和士卒同衣同食，睡觉时不铺席子，行军时不乘马坐车。有一次，士兵中有人生疮，他用嘴亲自为士兵吸脓。然而那名士兵的母亲知道这事后非但没有感激，反而大哭起来。因为往年吴公也曾为这个士兵的父亲吸过疮上的脓，他父亲作战时就一往无前地拼命，所以就战死了。而现在吴公又为她的儿子吸疮上的脓，所以这个母亲已经可以预知儿子的命运。这位母亲通过惨痛的经历，知道吴起一举一动背后都隐藏着精确的算计。

吴起就是"功利主义文化"的典型代表。功利欲望使他被异化成了一台精密计算的机器，或者说长出獠牙、专心捕猎的野兽。没有办法，因为只有这样的人在那个时代才能成功。

三

吴起的到来让楚悼王非常兴奋，多少年来，他一直盼着能有一位这样的人才辅佐自己。

吴起为楚悼王分析，现在楚国的问题是"大臣太重、封君太众"（《韩非子·和氏》），国君不能独掌大权。权贵集团"上逼主而下虐民"，不但欺压普通百姓，还威胁到国君的安全。吴起认为，改变这种局面唯一的办法，就是削弱权贵们的势力，让那些封君不再世袭。

吴起的思路与楚悼王不谋而合。在经过短暂的磨合后，吴起就被楚悼王任命为令尹，开始了轰轰烈烈的变法。

吴起变法的主要内容，概括起来：一是加强王权，限制权贵的势力；二是奖励耕战，增强国力。

吴起大胆地挑战世袭制度。他规定，"封君之子孙三世而收爵禄"（《韩非子·和氏》）。也就是说，封君过了三代，就要没收他们原有的爵禄，用这些土地和财产来奖励那些有战功的人。也就是所谓"废公族疏远者，以抚养战斗之士"（《史记·孙子吴起列传》）。实施这一措施的目的是为了解决分配不公，提高楚国将士对外扩张的积极性。

吴起还"令贵人往实广虚之地"（《吕氏春秋·贵卒》）。楚国土地广袤，开发极不充分。吴起把贵族迁到边远地区去垦荒开发，一方面使广阔疆域得到有效利用，另一方面也削弱了贵族的势力。

那些违抗吴起命令，拒不前往边远地区的贵族，被吴起抓了起来，处以灭族之刑。这样残酷的场景在楚国的历史上还是第一次出现。

除了打击贵族之外，吴起的改革措施，还包括实行严刑峻法，"禁游客之民，精耕战之士"（《史记·范雎蔡泽列传》），游手好闲不愿意努力耕作的百姓，被吴起手下的官员抓起来。散漫惯了的楚国百姓将要被吴起改造成耕战并重、亦兵亦农的斯巴达式战士。那些外国来的游说家一律被赶出楚国。同时，他还大力统一思想，控制舆论，禁止纵横家在楚国进行游说，"破横散纵，使驰说之士无所开其口"（《战国策·秦策三》）。

要改变一个社会的传统是艰难的。战国时代几乎每一次变法，靠的都是严刑峻法，铁腕手段。吴起制定了极为严格的法律，老百姓一旦违抗政府的命令，就要被抓起来。性格较为自由散漫的楚国百姓很不习惯新法律，很快楚国的监狱就人满为患。

吴起的改革针对楚国的时弊，在短时间内取得了明显的效果。权贵阶层受到了空前打击，但社会其他阶层的活力被迅速激活，特别是将贵族迁移到边远之地的政策，有力地促进了楚国边疆地区的开发。

考古发掘证明，楚悼王时期，楚国明显加快了对新征服地区的开发与经营。特别是湖南湘江流域的经济，在楚悼王时代出现了异常迅猛的增长。考古学家在这里发现了许多楚墓，这些楚墓大部分是战国中后期的。比如，在梅山北部地区发现的战国早期墓有40多座，而到了楚悼王之后却猛增至200多座，墓葬数量的猛增，说明在这个时期这里得到了充分的开发。这一考古发现，与典籍所说的吴起"令贵人往实广虚之地"的记载一致。

在内政得到整顿的基础上，吴起出色的治兵才能得到了更充分的发挥。吴起精明的头脑和严格的训练使楚军战斗力大增，楚国很快摆脱先前在对外战争中的颓势，取得了几次重大胜利。《史记·孙子吴起列传》评论吴起变法的结果时说："南平百越，北并陈蔡，却三晋，西伐秦，诸侯患楚之强。"

四

然而，吴起变法的各项措施没有能够贯彻到底。在人治时代，国家的命运与统治者的个人生命总是密切相关的。正当变法顺利进行，楚国朝气初现之时，公元前381年（楚悼王二十一年），楚悼王不幸病逝。

吴起变法能取得一时的成功，原因是他手握利剑，对那些不听指挥的楚国贵族可以随时刀剑伺候。然而，吴起变法过程中的政治布局有一个致命的问题：吴起本身是外国客卿，他在楚国社会没有丝毫根基。一旦支持他的国君去世，他立刻变成孤身一人。这是这个精明的政治强人手腕再高明也无法改变的局面。

在变法中利益严重受损的楚国贵族势力迫不及待地在楚悼王的葬礼上对吴起发起攻击。《史记·孙子吴起列传》载："及悼王死，宗室大臣作乱而攻吴起，吴起走之王尸而伏之。击起之徒因射刺吴起，并中悼王。"当吴起走入葬礼大厅时，不知道是哪位早就对吴起怀恨在心的楚国贵族抄起侍卫手中的弓箭向吴起射去，这一突然的举动一下子点燃了所有贵族积蓄已久的怒火，顿时参加葬礼的人纷纷举起弓箭向吴起射去。机警的吴起迅速跑到楚悼王的尸体旁，但是这一举动也没能挽救他的性命，乱箭如同飞蝗一样射向吴起和楚悼王的尸体。

吴起的许多改革措施被新任国君废止，只有少量保留下来。吴起这次失败的变法对楚国的一项意外而重要的贡献，是一大批贵族因为伤及楚悼王的尸体而被清除。按照《吕氏春秋·贵卒》的说法："荆国之法，丽兵于王尸者，尽加重罪，逮三族。"因此楚悼王的继承人"乃使令尹尽诛射吴起而并中王尸者，坐射起而夷宗死者七十余家"（《史记·孙子吴起列传》）。70多家贵族被消灭，楚国封君贵族势力因此受到严重打击，一定程度上缓解了贵族与社会其他阶层的矛盾，也促成了宣威盛世的到来。

总的来说，吴起变法虽然半途而废，但楚国的贵族势力还是受到了沉重打击，王权重新占了上风，国家恢复了部分活力。

第二十一章 宣威盛世

一

灭了吴国之后,越国一度雄心勃勃,也试图北上逐鹿中原,成为天下的霸主。但是过于偏远的地理位置给它制造了难以跨越的障碍。和吴军一样,越军长于水战而不善陆战。当初吴国能攻楚成功,主要是因为吴楚之间有长江、淮河相连。而越军北上,则没有水道作为后勤补给,即使在整修了吴国开建的邗沟、菏水等以军事目的为主的运河后,它仍显得力不从心。因此,越国不得不把扩张的方向,瞄准了曾经的盟友楚国。

此时的楚国已经不再是楚昭王时代的楚国了。楚悼王改革虽然没有彻底成功,但不久以后,楚国又迎来了另两位雄主——宣王、威王。他们励精图治,勤政有为。对国内,继续实行对民众退让的政策,不轻易动用民力;在国际上,楚国也相时而动。宣、威二王不像以前一些楚国国君那样,对小国一味使用蛮力征服。但是兼并的机会一旦出现,他们也绝不会放过。《战国策·魏策二》中记载，魏国相国惠施曾以"休"和"罢"（通"疲"）两个字来描述楚国与齐国国策的不同："以休楚而伐罢齐，则必为楚禽矣。"也就是说，楚国在内息民，对外休战，所以叫"休楚"。齐国却不断用兵，以致国力衰竭，所以叫"罢齐"。这种策略显示出楚国作为一个老大强国稳重精明的国际战略。

通过这种战略，楚国利用各国矛盾，不失时机地对外出击。在北面，楚国已经灭了蔡国。在西面，楚国已经把疆土扩展到了巴蜀。在东面，楚国也一直伺机东进。

现在，越人主动进攻，机会来了。久有准备的楚威王兴兵抵抗，越国的自不量力为自己招来了灭顶之灾，楚国轻松地击败了越国，并顺手灭了它。然后，楚国又一鼓作气，击败了越国的盟友齐国。史载："楚威王兴兵而伐之，大败越，杀王无疆，尽取故吴地至浙江，北破齐于徐州。"（《史记·越王勾践世家》）

此时，楚国的疆域在诸侯国中已经首屈一指。楚国的版图，西起大巴山、巫山、武陵山，东至大海，南起五岭，北至汝、颍、沂、泗诸水，囊括了长江中下游以及淮水流域。《淮南子·兵略训》上说："昔者楚人地，南卷沅、湘，北绕颍、泗，西包巴、蜀，东裹郯、淮……楚国之强，大地计众，中分天下。"大致在楚威王末年，"楚国已是东方第一大国、世界第二大国，版图仅亚于西方的亚历山大帝国"（张正明：《楚史》）。

在楚国的历史上，还从来没有在如此短的时间内取得如此辉煌的战绩。

二

考古资料表明，楚国墓葬的数目以战国中期的增幅最大，其高峰在战国中期后段。由此可知，宣威时代，楚国跃升到经济顶峰，这一时代的墓群如此密集，为并世列国所罕见。考古学家在赵家湖、雨台山和九店发现的楚墓，虽然几乎都是小墓，表明墓主生前的地位不高，但是随葬器物却都比较丰盛，这一现象在其他国家很少出现，这说明楚国当时物质文化十分发达。九店战国中期后段的楚墓中，出土了大量的剑、戈、玉佩、带钩、玻璃珠、水晶珠、天平、砝码、铜镜以及玛瑙杯等，还有毛笔、笔筒和竹简，这些足以表明，从宣王晚期到怀王晚期，郢都一带中等阶层的生活是多姿多彩的。凄冷、阴沉的地下墓群，展示给我们的却是墓主生前所处的那个热闹、灿烂的世界。

最能反映当时楚国强大的是熊家冢楚墓。

在纪南城西北20多千米，有一座小山一样的土堆。20世纪六七十年代，人们在修建水利设施时，在土堆附近发现了很多陪葬坑，一个考古大发现由此拉开了帷幕。

在2006年开始的有计划的发掘中，考古人员勘探发现，主冢墓口面积阔达4900平方米，其地下椁室面积竟有400多平方米，是随州曾侯乙墓墓室的两倍多。

随着考古越来越深入，考古学家们越来越兴奋。特别是在大墓西侧发现的车马坑（图21-1），一个仪仗车队时隔2000年后重见天日，显示了墓主人当年生活的奢华。这座车马坑长达132.4米，宽11.4—12米。这是目前所知全国考古发现最大的车马坑。车马坑内出土了43辆马车及164匹战马遗骸，车轮、车厢、车伞虽历经2000余年，其轮廓却依然十分清晰。墓中车马装饰华丽，有大量的玉片串饰甲胄；在33号车马坑，马的颈部有30多枚树叶状的玉片。最令人震惊的，是其中有3乘六马驾车。古文献中有"天子驾六"的记述。按《逸礼·王度记》

图21-1　熊家冢墓地车马坑

记载:"天子驾六,诸侯驾五,卿驾四,大夫三,士二,庶人一。"2002年,洛阳城区发现一座周王墓,出土一辆六马驾一车,即"驾六",当时被称为"惊世发现",并因此在原址修建了一座天子驾六博物馆。

荆州熊家冢和洛阳周王城车马坑同为东周时期的墓葬,周王是天下共主,地位最高,然而在洛阳发现的这座天子驾六的车马坑长42.6米,还不及熊家冢大车马坑的三分之一。无论是车马坑的数量、规模,还是天子驾六的数量,周王城都无法与熊家冢相比。楚国挑战王权的传统,从这3乘天子驾六中可见一斑。

熊家冢墓地是迄今所见东周时期规模最大、布局最完整、规划最严谨、保存遗迹最丰富的楚国特大型贵族墓地。虽然时间已经过去2000年,封土几乎已经被风吹平,但是今天遗址的气场,仍然令参观者感到震撼。在这座墓葬南、北侧,共发现了100多座殉葬墓,它们排列整齐,规划有序。"天子杀殉,众者数百,寡者数十;将军大夫杀殉,众者数十,寡者数人。"(《墨子·节葬下》)可见熊家冢主冢级别接近天子,或者僭越了天子。熊家冢墓地比秦始皇陵要早,但其规模宏大的主冢、阵容豪华的车马坑,可与陕西秦始皇兵马俑媲美。

这座陵墓已发掘30余座殉葬墓,出土玉器超过1300件,种类涵盖春秋以来楚国所有的玉器品种,而且制作工艺精致,透

图21-2 熊家冢祭祀坑中出土的大玉璧

雕、阳雕、阴雕等艺术手法都有运用。祭祀坑中还发现了直径达22厘米的大型玉璧（图21-2），而这种玉璧按礼制只能是天子礼天之用。殉葬墓中首次发现玉器以组佩形式出现，进一步表明了殉葬者和墓主身份绝非一般。大量的龙形玉器，则说明战国时代，楚国文化已充分中原化。

有人判断，熊家冢的墓主可能是楚惠王、楚简王两人中的一位，也有人认为墓主应是楚悼王。

无论如何，楚悼王之后，楚国又一次进入了繁荣、辉煌的时期，取得了物质文化和精神文化的全方位的卓越成就。最能

图 21-3　枣阳九连墩 2 号墓出土的战国漆木匜形杯

反映这一时期楚国经济发展水平的，是战国楚墓中出土的大量漆器和丝绸。

战国时代，贵族们争奇斗巧，他们厌倦了笨重的青铜器，喜欢上了轻便而美丽的漆器。漆树主要生长在南方，所以楚国得天独厚。楚国髹漆工匠们的技艺精湛，楚式漆器程序复杂、工艺精细、色彩丰富（楚人能调制出红、黄、蓝、绿、金、银等彩漆，色调比中原漆丰富多彩得多）。楚国贵族对漆木器的喜爱到了"生死不离漆"的地步，几乎生活中每一处都离不开漆器。生活用漆杯（图21-3、图21-4）、漆碗、漆篦（图21-5）、漆豆、漆盒（图21-6）、漆卮、漆盘、漆勺、漆方壶、漆案、漆俎、漆几、漆杖、漆箱、漆床，娱乐用漆鼓、漆瑟、漆琴、漆竹笛，工艺摆设有漆鹿、漆座

第二十一章 宣威盛世

图21-4 枣阳九连墩2号墓出土的战国漆木耳杯

图21-5 枣阳九连墩2号墓出土的战国漆木簋

图 21-6　江陵雨台山 10 号墓出土的战国彩绘猪形盒

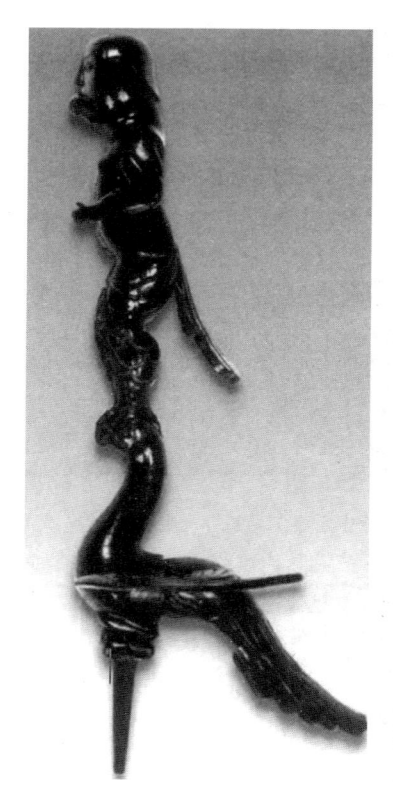

图 21-7　荆州天星观 2 号墓出土的战国漆羽人

屏，丧葬用品有漆镇墓兽、漆木俑、漆棺等，林林总总，种类异常丰富。目前湖北发现的战国漆器有70余种，数量达5000余件，为全国之最。这些漆器造型夸张奇特，色彩热情强烈，纹饰飞扬流动，画面诡谲莫测，大都属于艺术珍品。比如"漆羽人"（图21-7、图21-8），人形的上身，却有着鸟的尾巴和爪子，腿上还依稀刻画着鳞状的羽毛，羽人立于一只凤鸟的头上，凤鸟又站立在蟾蜍形底座之上，象征着对自然的崇拜以及对天的敬畏，是楚国巫文化的见证。20世纪50年代长沙五里牌出土的一件彩漆虎子（图21-9）则说明了贵族们日常生活用品制作得多么精致用心。这件彩漆虎子用

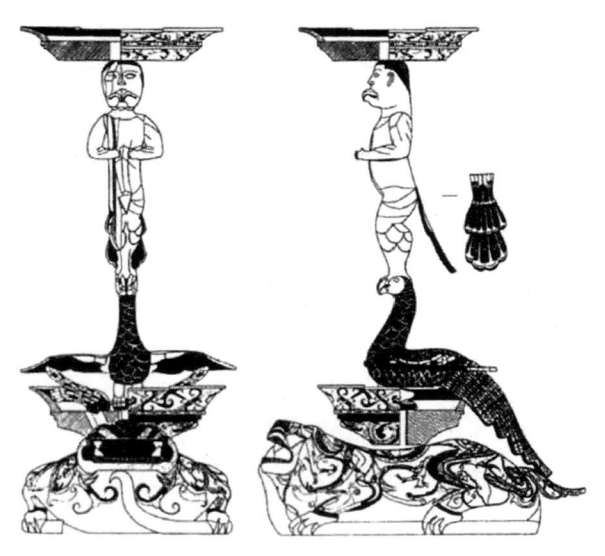

图21-8 漆羽人整器复原图
（赵晓斌：《荆州天星观二号楚墓出土一件漆木器的复原及探讨》）

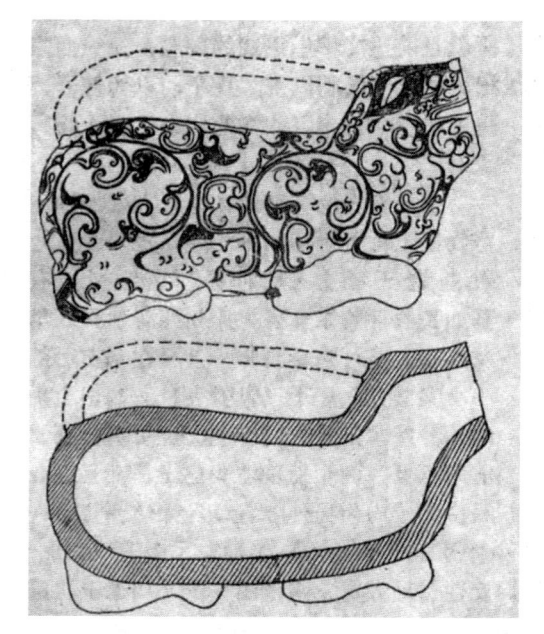

图21-9　长沙五里牌3号墓出土的战国彩漆虎子

整木雕成,虎昂首匍匐,双眼圆睁,两唇张开,四肢粗壮,臀部肥圆,尾反卷连接后脑成为把手,整体雕刻构思巧妙,线条流畅圆浑,反映当时楚国漆器工艺达到了很高的水平。

楚国贵族们在追求器物的精美时,有时甚至不那么在乎器物的实用性。比如前文提到的浮雕兽面纹漆木案(图12-5),图案之繁复,镂刻之精美,登峰造极。然而,案是用来置放食物的,这样一座大部分是浮雕、只有两小块光滑平面的大案,显然只能

图21-10　湖北江陵望山1号墓出土的漆屏风

用来摆两件小小的装饰物。

　　湖北江陵望山1号墓出土的一件漆屏风（图21-10），长51.8厘米，高仅15厘米，却雕有51个动物，有大蟒20条，小蛇17条，蛙2只，鹿、凤、雀各4只。它髹黑漆底，以朱红、灰绿、金银漆彩绘凤纹等，真可谓巧夺天工。楚国贵族们为了追求生活品位而不计成本由此可见。

　　除了漆器，楚地出土的丝织品，更能体现楚国贵族生活的奢华。

　　1982年1月，荆州博物馆接到报告：马山砖瓦厂的工人取土时发现了一处古墓葬。考古人员随即赶往现场。2月4日，在无数双眼睛注视下，内棺盖被揭开，满满一箱色彩艳丽、灿若云霞的丝绸出现在众人眼前。

由于丝织品中含有丝蛋白，容易腐烂，很难在古墓中长期保存，完好的早期丝织品在考古过程中极少发现。荆州当时已经发掘了几千座古墓，但在数以万计的出土文物中，珍贵的丝织品却只是偶见残片。

而这次发掘的墓葬中，死者身上包裹着一层层共13件衣衾，除了主人脚上麻鞋的底和表层以外，其余全部都是丝织品。专家共在墓中发掘出衣物35件，种类囊括了绢、纱、罗、绮、锦、绣等几乎所有的丝绸织造品种类。这是中国历史上，年代最久远、保存最完好、数量最多、最精美的一次丝织品发现。小小一座古棺，堪称一座楚国"丝绸库"。

对龙对凤纹浅黄绢面绵袍堪称荆州博物馆的镇馆之宝（图21-11），这件国宝很长时间没有公开展出，一直被小心谨慎地采用充氮气、抽真空等方法珍藏在文物保管库里。这件衣服材质轻柔，刺绣花纹美妙绝伦，领缘和袖缘镶着动物纹复合绦带，襟和下摆缘用大菱形纹锦装饰，体现了楚人神奇浪漫的艺术风格。马山1号墓的主要价值在于它体现了古楚国在丝织工艺上的高度的丰富多样性。专家介绍，这件绵袍的价值主要体现在它工艺精湛的"锁绣"技艺上。这是一种不同于苏绣，也不同于任何其他我们所熟知的织绣方法的技艺，所采用的绣线代表着非常高超的工艺水准。研究人员取出一根丝线，放在显微镜下仔细观看，这一根肉眼看起来已经细到不能再细的丝，竟然是由更细的丝线编

图21-11 对龙对凤纹浅黄绢面绵袍

成辫子组成的。古代的楚人，就是将这些极细的丝线用锁绣的方法，一气呵成，将纹样绣在了自己的衣衾之上的。

从马山1号墓丝绸的发现来看，当时的楚国可能已经掌握了古代丝绸全部种类的织造方法。密度最大的绢面达到了经度每平方厘米158根，纬度每平方厘米70根，超过了今天由现代机器生产的常用织物的密度。

图 21-12　龙凤虎纹绣罗单衣刺绣图案

这些丝织品不仅制作精细,而且往往绘有艳丽华美、奇幻飞动的图案。比如有一件绚丽夺目的龙凤虎纹绣罗单衣。它精美的刺绣图案(图 21-12)展现了一幅有趣的画卷:凤凰有着夸张绚丽的花冠,一足后蹬,作腾跃状,另一足前伸,扼住下方龙的颈部;凤的一翅扇中一龙之腰,另一翅扇中一虎之腰。以一敌三的凤凰,神情悠闲,胜似闲庭信步,整个搏斗场面充满了力与美。

第二十二章 楚国的衰落和秦国的崛起

一

月盈而亏,盛极而衰,是中国历史自古以来不变的规律。即使是以象征生生不息的凤凰为图腾的楚国也不能例外。

楚国衰落的伏笔,其实早在它达到极盛前就已经埋下:吴起那次著名的变法未能彻底,就已经注定了楚国将在国际竞争中落后。

吴起的改革针对楚国的时弊,在短时间内取得了明显的效果,但因为变法中途而废,楚国政治顽疾只是获得了时间上的短暂缓解,过了几十年,在宣威盛世过去之后,贵族势力又一次自然增长到国家不能承受的程度。

二

"楚不用吴起而削乱,秦行商君而富强"(《韩非子·问田》),

吴起变法的失败，使楚国走上了下坡路。

与楚国的变法半途而废比起来，其他国家的变法大都成功了，特别是秦国。

公元前361年，秦孝公即位，之后重用商鞅实行变法。商鞅在秦国都城的城门前，立了一根三丈高的木柱，创造了一个"徙木立信"的成语，由此拉开了他的改革大幕。

在各国的变法当中，有许多近乎相同的原则。比如商鞅变法在许多方面，几乎是吴起变法的翻版。就说这个"徙木立信"吧，分明就是抄袭吴起"徙辕立信"的典故。据《韩非子·内储说上》载，吴起在魏国做将军时，曾经在城北门外放了一根车辕，下令说，谁能把车辕搬到南门外，就厚加封赏。人们都感觉这是玩笑，半天没人去动那根车辕。后来一个傻乎乎的士兵说这有何难，扛起车辕搬到了南门外。吴起当场赏赐给他大笔钱财，士兵们因此知道了吴起说话算数。吴起便趁热打铁下了一道命令：明日谁要是先攻入秦国的岗亭，就封谁为国大夫。士兵们第二天个个奋勇当先，很快就攻下了秦国的岗亭。商鞅"徙木立信"显然是从这个故事受到的启发。

至于商鞅变法的其他方面，也与吴起变法几乎如出一辙。战国时代各国变法的重点都是：打击贵族阶层，调动其他阶层的积极性；鼓励耕战，发展生产，以提高政府的收入，富国强兵；严刑峻法，强调法令的权威性。甚至商鞅为统一思想，控制舆论，

"燔诗书而明法令"(《韩非子·和氏》),也类似于吴起的"破横散纵,使驰说之士无所开其口"(《战国策·秦策三》)。因此,我们可以说,商鞅变法是吴起变法的升级版和扩大版。

它们的不同,只不过是一个成功了,而另一个基本失败了。秦国实力本来一直弱于楚国,它一直是追随于楚国后面的忠实盟国。然而,两次结果不同的变法,决定了秦国迅速超越楚国,并且最终吞并楚国,统一天下。

三

两次变法一成一败,表面原因是吴起变法遇到了楚悼王的猝死,而商鞅变法则得到了秦孝公更有力、更长久的支持。其背后的原因,却是秦国和楚国这两片气质不同的土地,与法家文化的契合程度不同。

从表面上看,在天下各国中,秦国与楚国是最相似的。

正如本书开头所述,楚人的祖先祝融传说是颛顼的后代,秦人也自称是颛顼的苗裔,与中原国家同是炎黄子孙。当楚国在中国南方"以启山林"时,秦人则在西北"逐水草而居","杂戎翟之俗"。两国都在恶劣的生存环境中形成了顽强进取的精神,形成了自己独特的民族文化。和楚国一样,边疆小国秦国也一直得不到中原文明的承认:"秦僻在雍州,不与中国诸侯之会盟,夷

翟遇之。"(《史记·秦本纪》)

两国的区别只是秦国比楚国还要落后，蛮夷化的程度还要深。

秦国的地理环境远不如楚国。它处于荒凉的西北高原，物产稀少，人民生活贫困。《汉书·刑法志》这样描述秦国："其生民也狭隘，其使民也酷烈。"秦国的立国和发展一直落后于楚国。楚国在西周初年就立国了，秦国直到东周时代才被封为诸侯国。犬戎进攻周王室之际，大部分诸侯不管不问，唯独质朴的秦人积极勤王，"战甚力，有功"，在战后又护送周平王东迁，因此秦襄公被感激涕零的周平王封为诸侯。和楚国以及齐、晋、鲁等老牌诸侯国相比，秦国参与诸侯竞争的历史短了整整一个西周的时代，大约迟了300年。因此，一开始，秦国比楚国还要受人歧视。"六国卑秦，不与之盟"——开会的时候都不叫秦国。西周秦人墓葬中的随葬品远少于楚人，而且大多数都是陶器，这反映出秦国早期经济文化远远落后于楚国。如果比较历史之悠久，物质之繁盛，文化之发达，秦国不能望楚人之项背。此时并无任何征兆表明秦国会成为战国统一运动的最后胜利者。

但是，在改革大潮中，秦国却能顺应时代，迅速成功。商鞅变法，使秦国发生了让人完全意想不到的变化，由此迅速崛起。那么，为什么是落后的秦国在列国变法中取得了最大的成功，而领先的楚国却失败了呢？一个主要原因在于他们对中原文明态度的不同。

四

和楚国竭尽全力中原化不同，秦人对中原礼乐文明一直不那么热衷。楚国的强大，是因为它背靠蛮夷，却不断向中原汲取文化力量。秦国自立国之初，就没有经历过充分中原化的过程。秦人长期与戎狄杂处，因此染上了浓烈的蛮夷气质。

与楚国人一样，秦国历代君主都有着特别强的奋斗精神，他们通过与中原国家交战，敏锐地发现了中原文明的弱点：那是一种过于文弱的、精致的、不适合战场的文明。

有一次，西戎的使者由余拜访秦穆公，两人之间发生了这样一次对话。

秦穆公问："中国以诗书礼乐法度为政，然尚时乱，今戎夷无此，何以为治，不亦难乎？"（《史记·秦本纪》）也就是说，中原国家有诗书礼乐，现在还乱成一锅粥，你们西戎没有什么文化，治理起来是不是更难啊？

由余本是晋人之后，因为投身于西戎而被重用，因此他非常熟悉中原文化和游牧文化的区别。由余回答道："此乃中国所以乱也。夫自上圣黄帝作为礼乐法度，身以先之，仅以小治。及其后世，日以骄淫。阻法度之威，以责督于下，下罢极，则以仁义怨望于上，上下交争怨而相篡弑，至于灭宗，皆以此类也。夫戎夷不然。上含淳德以遇其下，下怀忠信以事其上，一国之政犹一身之治，不知所以治，此真圣人之治也。"(《史记·秦本纪》)

在由余看来，诗书礼乐，正是中原国家混乱的原因。因为中原文化发展的规律，是国家富强后统治者多会骄奢淫逸，导致国家上层和下层分裂，造成内乱。而草原文化则不然。草原民族物质文化不发达，贫富差距也不大，他们以绝对服从为天职，具有高度的凝聚力和向心力。因此上下一心，很团结。

这一席话说得秦穆公如梦初醒，深以由余为贤，遂聘由余为宾客。从此之后，秦国的立国战略发生根本性变化，它不再致力于向中原发展，而是向戎狄发展，大力吸收戎狄文化。穆公时代开始伐戎，"益国十二，开地千里，遂霸西戎"(《史记·秦本纪》)。《后汉书·西羌传》说，生活在秦地的少数民族，"强则分种为酋豪，弱则为人附落。更相抄暴，以力为雄，杀人偿死，无他禁令。……以战死为吉利，病终为不祥。堪耐寒苦，同之禽兽。虽妇人产子，亦不避风雪。性坚刚勇猛，得西方金行之气焉"。秦霸西戎后，戎族在秦国人口中的比例上升，甚至在局部地区占有主导地位。西北少数民族的强兵良马成为秦军的有生力量；与西戎的融合，给秦人的躯体注入更多粗犷和野蛮，决定了秦人狼一样的性格。

因此，在战国七雄中，秦国文化是最独特的。它与中原文化有很大距离，很大程度上，它是一种草原文化。秦国和游牧民族一样，百姓停留在"淳朴忠厚"的半野蛮状态，尚武团结。"秦中士卒，以军中为家，将帅为父母，不约而亲，不谋而信，一心同功，死不旋踵。"（《战国策·中山策》）四塞之地的秦国很少受到外部文化的冲击和刺激，所以秦人整体文化素质不高，本土很难产生杰出人才，也明显缺乏楚文化的创造性。秦国的著名宰相，几乎都是从其他国家聘来的。这个国家不可能产生屈原那样富于想象力的文学巨匠和《楚辞》那样的鸿篇巨制，也无法产生像庄子那样洒脱飘逸、老子那样思想深刻的哲学家。

在战国七雄中，秦国文化是最野蛮、最缺乏人道主义精神的。正在中原国家渐渐改变殉人的野蛮风俗的时候，秦国却变本加厉。考古发现，秦武公死时，殉死者66人；穆公死时，殉死者多达177人。陕西凤翔雍城发掘出土的秦公1号墓，墓主秦景公，是秦穆公的四世孙，墓中被殉葬者竟有186人之多。被杀殉之人主要放置于墓室四周。一类是箱殉，共72具；一类是匣殉，共94具。箱殉是将殉葬者以绳索捆绑成蜷曲的形状，装入箱内；匣殉者被装入长2米、宽0.7米左右的薄棺材之内。另外，在墓室的填土中还发现20具人牲。

《诗经》中那首著名的诗歌《黄鸟》说："交交黄鸟，止于棘。谁从穆公？子车奄息。维此奄息，百夫之特。临其穴，惴惴其栗。彼苍者天，歼我良人！如可赎兮，人百其身！"大意是说，黄雀鸟啾啾鸣叫声凄凉，飞来停落在枣棘上。让谁陪着穆公去殉葬？子车家老大名奄息。就是奄息这个百里挑一的勇士豪杰，今天面对白骨森森的殉葬坑，仍然恐惧得颤抖心悲凉。那高高在上的苍天啊，我们的良人被无辜地杀害了！

诗中提到的子车氏三子奄息、仲行、针虎兄弟，时人称为"车氏三良"，是当时著名的勇士豪杰，都是为秦穆公殉葬而死的。《史记·秦本纪》载，秦穆公死，"从死者百七十七人，秦之良臣子舆（车）氏三人名曰奄息、仲行、针虎，亦在从死之中。秦人哀之，为作歌《黄鸟》之诗"。

在战国七雄中，秦国也是最功利的。西北少数民族的生产关系比较简单、原始、纯朴，所以他们直接以追求生存、积累财富为目的，很少加以掩饰。因此秦人比楚人更醉心武力，崇拜强权。他们偏重物质利益，崇尚集权，质朴直接。在一个外交场合，秦昭王母宣太后竟然以床笫间的事来譬喻秦韩两国利害关系。《战国策·韩策二》说："楚围雍氏五月，韩令使者求救于秦，冠盖相望也，秦师不下崤。……宣太后谓尚子曰：'妾事先王也，先王以其髀加妾之身，妾困不支也。尽置其身妾之上，而妾弗重也。何也？以其少有利焉。'"这番话其他国家的贵族是绝对不可能讲出来的。率直的秦穆公毫不掩饰自己的野心，他将宫殿命名为"霸城宫"，将河流改名为"霸水"。司马迁评价秦国文化说："今秦杂戎翟（狄）之俗，先暴戾，后仁义。"（《史记·六国年表》)秦穆公之后的历代统治者,也有着其他国君罕有的强悍气质。例如,秦孝公因为被人瞧不起而愤然喊出:"诸侯卑秦,丑莫大焉。"(《史记·秦本纪》)他们效法秦穆公,确立了军事征服、霸有天下的发展路线。

事实证明,后发优势是秦国统一天下的主要原因。历史短,文化浅,礼治传统不完备,反而成了秦国发展壮大的优势。因为文化包袱轻,所以秦国在列国之中改革精神最强烈。那些老牌强国深受西周宗法制度的束缚,用人凭血缘,看门第。只有秦国君主能够冒天下之大不韪,不怕别国嘲笑,四处招揽人才。

百里奚在楚国以放牛为生。秦国的谋臣公子繄向新即位的秦穆公举荐百里奚。秦王大喜,想派人前去带重金迎请百里奚。公子繄说:"楚王因为不知道百里奚的才能,才让百里奚养牛。若用重金聘他,那不就等于告诉别人百里奚是千载难遇的人才吗?您可以用一个奴隶的市价,也就是五张黑公羊皮来换百里奚。那样楚王就一定不会怀疑了。"百里奚来到秦国后,马上就被拜为上大夫。秦人称百里奚为"五羖大夫"。羖,就是黑公羊的意思。

从商鞅变法开始,秦国的著名宰相,几乎都是从其他国家聘来的。正是这些外来的人才大幅度改革了秦国的内政外交,让这个落后国家获得了巨大的发展。

五

秦国的简单、质朴、野蛮、残酷和功利主义气质，与法家文化一拍即合。

春秋晚期和战国时代连绵不断的战乱和社会动荡，使各国精英都在苦苦思索解决这一局面的办法，并为此提出了种种方案。

诞生于鲁国的儒家学派的方案是复古，让一切都回到西周初年"礼乐征伐自天子出"的井井有条的局面。诞生于楚国的老庄学派的方案是"绝圣弃智"，放弃所有的文明成果，返归原始社会的"小国寡民"时代，使人们老死不相往来。诞生于具有悠久人文传统的宋国的墨家的方案看起来更具可操作性。墨家学者大多来自社会下层，他们有强烈的社会实践精神。墨者们吃苦耐劳、严于律己，把维护公理与道义看作是义不容辞的责任。它的理论以"兼爱"为核心，提出"非攻"的主张，要求天下人"兼相爱，交相利"，不要再成天为了私欲而战争。

法家文化最为特殊。学者胡克森说，法家文化有着深厚的草原文化基因。法家诞生于晋国故地，兴盛于秦国，而这两个国家有一个共同的地理特点，那就是都处于戎狄环绕之下，是各国中受戎狄文化影响最深的。法家的直接起源地在三晋，它的周围是犬戎、白狄、赤狄、北戎、西戎和狐氏。李元庆认为，晋国从立国时起，即是中原华夏民族与北方戎狄民族接壤杂处的重要诸侯国，是不同民族活动的历史舞台，民族关系异常复杂。如前所述，与中原散漫的农业文明相比，戎狄文化具有纪律严明、上下一致的军事化作风，也具有只求物质利益、不重精神价值的直接简单。所以蒙文通说"法家故西北民族之精神"。（参见胡克森：《秦、晋法家文化之比较》）

诞生于半草原半农业区域的法家文化，具有其他中原文化所没有的残酷、简单、直接的特点。法家学派的思考，完全是围绕着君主利益这个核心，而丝毫不顾及其他阶层的利益。法家学派认为百姓都是自私自利的愚蠢之徒，官吏则各谋私利，连夫妻、父子都不可相互信赖。因此民智不足用，民心不足虑。他们建议统治者从人的劣根性出发，严刑峻法，把人当成动物一样管理，只要运用好赏罚这个利益杠杆，加上严刑峻法，以法刑人、以势压人、以术驭人，就可以调动民众，达到富国强兵的目的。法家不相信感情，只相信利益；不相信文化，只相信刀剑。因此法家改革者所制定的法律，都异常严苛残酷。事实上，吴起的性格，最典型地代表了法家文化对人的塑造。

法家文化中确实也有很多正面因素。我对韩非子的好感可以追溯到中学时代。高三语文课本中那篇《五蠹》，观念新颖、语言泼辣、逻辑严谨，一下子就征服了17岁的我。韩非子的思想显得那样"现代"和"进步"。"便国不必法古""利民不循其礼""三代不同礼而王，五伯不同法而霸"，《商君书》里这些痛快爽直的语言一破有史以来中国古人言必法先王、行必遵古训的迂腐沉闷之气，让人耳目一新。而这些改革者张扬自我的作风，打破一切条条框框的勇气，不避锋芒、敢为人先的魄力和摧陷廓清、翻天覆地的气势确实也为中国人的整体人格特征增添了许多亮色。

但是，对法家变法精神的另一面，我们也不能不有所认识。应该说，在春秋战国各思想流派中，法家文化是最不人道、最反人性的。如同西方的马基雅维利主义一样，法家不追求公平正义，只追求现实功利。不过，马基雅维利主义在西方诸思想流派中始终居于末流，而在中国，百家争鸣的结果却是法家思想最后胜出。

六

吴起变法在楚国的失败，在某一侧面，说明了功利主义文化在楚国的失败。因为楚国文化的气质与功利主义反差极大。

如前所述，楚文化的特点是开放性、兼容性和创造性。和秦国不同，楚国从立国之初，对少数民族就并非只有"压服"和"杀戮"之策，而是更多采取怀柔政策，所以"甚得江汉间民和"。

楚人热衷扩张，却并不致力于掠人为奴。他们明智地尊重各地的文化传统和习俗，表现出强烈的人道精神。比如在大冶铜绿山的考古中，人们并没有发现在春秋战国多年的开采中，有矿难及虐待而亡的现象。

因此，楚文化远比秦文化更人道、更宽容，"华夏蛮夷濮越，文明程度相差很大，历史渊源各不相同，楚国都能加以安抚。楚国在战争中从未有过像秦军那样，动辄斩首几万，也没有见过大量俘馘的记录"（黄瑞云：《楚国论》）。而且"对于被灭之国，楚人的惯例是迁其公室，存其宗庙，县其疆土，抚其臣民，用其贤能。即使对于蛮夷，也是相当宽容的"（张正明：《楚文化史》）。正因为如此，楚国才能够显示出强大的开放性和凝聚力，在横跨大江南北的广大领域上，开创了一个发达的楚文明。孔子周游列国，"楚昭王兴师迎孔子"，孔子欣然前往楚地，但是他却西不入秦。显然，秦国在孔子眼中，是一个蛮夷之地，不可能实行王道。

而秦国的功利主义气质与法家文化却一拍即合。关于商鞅变法，一个很有意思的故事是，商鞅第一次见到秦孝公，像对中原国家君主那样说"以王道"，而秦孝公昏昏欲睡。于是，下一次见到秦孝公，他"说公以霸道"，孝公大悦。这个故事说明，商鞅变法的主导思想，是放弃中原王道政治文化，而改行赤裸裸的霸道。

商鞅的思路，是根据秦人物质贫乏、文化落后、不尚礼仪、只图实利的国民性格，进一步禁学愚民，实行严刑峻法，限制工商业发展而奖励耕战。从文明发展的角度来看，这一思路明显是反文明、反文化的。商鞅变法以奖励耕战、富国强兵为主要内容，极大地激发了人的私欲。正如《淮南子·要略》所说："秦国之俗，贪狼强力，寡义而趋利，可威以刑，而不可化以善。可劝以赏，而不可厉以名。被险而带河，四塞以为固。地利形便，畜积殷富。孝公欲以虎狼之势而吞诸侯，故商鞅之法生焉。"

在战国时代，文明不再是一个国家的护身符，野蛮才是最有力的武器。欧洲历史也有相似的规律：

> 德意志人确实重新使欧洲有了生气。……然而，德意志人究竟是用了什么灵丹妙药，给垂死的欧洲注入了新的生命力呢？……使欧洲返老还童的，并不是他们的特殊的民族特点，而只是他们的野蛮状态，他们的氏族制度而已。
>
> …………
>
> 凡德意志人给罗马世界注入的一切有生命力的和带来生命力的东西，都是野蛮时代的东西。的确，只有野蛮人才能使一个在垂死的文明中挣扎的世界年轻起来。而德意志人在民族大迁徙之前所努力达到并已经达到的野蛮时代的高级阶段，对于这一过程恰好最为适宜。（《马克思恩格斯论民族问题》）

在战国变法中，商鞅变法是最彻底的一次大改革。商鞅全面吸取了前几次变法，包括吴起变法的经验教训。秦国通过改革，成功地提高了资源汲取能力和军事作战能力，取得了惊人的成效，不久就使秦国"东并河西，北收上郡，国富兵强，长雄诸侯。周室归籍，四方来贺，为战国霸君。秦遂以强，六世而并诸侯，亦皆商君之谋也。夫商君极身无二虑，尽公不顾私，使民内急耕织之业以富国，外重战伐之赏以劝戎士，法令必行，内不阿贵宠，外不偏疏远，是以令行而禁止，法出而奸息"（《新序》）。原本长期落后于楚国的秦国，迅速与楚国比肩。

第二十三章 屈原改革失败

一

公元前329年，中国历史上发生了两件大事。一件是一代雄主楚威王去世，其子楚怀王即位；另一件是魏国人张仪来到秦国，不久成为相国。这两件事为以后中国历史的发展埋下了深远的伏笔。

即位这一年，楚怀王大约30岁。在楚威王羽翼下一帆风顺地成长起来的这位天潢贵胄，性格宽厚、率直和天真。他有着楚国国君传统的责任感，却缺少了一些在战国这个严酷时代生存所必需的狡诈和城府。

楚怀王刚刚即位之时，楚国疆域广阔，国力强大，看起来很有希望与秦国一争高下。在他登基前不久，楚威王刚刚灭了越国，楚国在面积上已经成为当时的第一大国。与此同时，在经济上，楚国物产丰饶，国库充盈。正是凭借这种强大的国力，即位伊始，楚怀王取得过军事上的胜利。《史记·楚世家》记载："六年，楚使柱国昭阳将兵而攻魏，破之于襄陵，得八邑。又移兵而攻齐，齐王患之。"即位之初，楚怀王雄心勃勃，力图有所作为，所以他重用20多岁、才华横溢的屈原，令其"造为宪令"，展开变法。

屈原出身王族，正如他在《离骚》中所说："帝高阳之苗裔兮，朕皇考曰伯庸。……纷吾既有此内美兮，又重之以修能。"因此，他对国家有着强烈的责任感。他天资聪颖，自幼受过良好的教育，"博闻强志，明于治乱，娴于辞令"（《史记·屈原贾生列传》），得到了楚怀王的重用，20多岁官位就高至左徒，也就是副宰相。"入则与王图议国事，以出号令；出则接遇宾客，应对诸侯。王甚任之。"（《史记·屈原贾生列传》）

屈原虽然如此年轻，但是因为熟读历史，又多次出使他国，对国际形势和楚国的政治弊端认识得很清楚。

二

就在秦国国势蒸蒸日上之时，楚国走上了下坡路。楚国统治者们恃富而骄，恃大而惰，陷入了"虽有富大之名，其实空虚"（《战国策·魏策一》）的困境。贪图享受、追逐私利的权贵集团畸形发展，成为楚国越来越沉重的负担。

权贵们成天想的就是比富斗奢。楚国贵族们的奢华和享受，是很多国家所不能比的。《战国策·齐策三》中有一个例子："孟尝君出行国，至楚，献象床。"外国来一使者，楚国就轻易送一张贵重的象床，可见当时楚国之富，也可见楚国上层社会的奢侈程度。张正明说："楚人做出给马用的错金镂银大型铁带钩来，也是浮华的表现。"（张正明：《楚墓与秦墓的文化比较》）

三

早在宣威盛世中，楚威王就表达过自己的忧患，他发现楚国的贵族对国家的责任心已经不再强烈，把国家的事情放在了脑后。

《战国策·楚策一》有一段楚威王与莫敖子华的对话。楚威王与子华谈论前朝的忠臣，楚威王问子华："自从先君文王以至不谷之身，亦有不为爵劝，不为禄勉，以忧社稷者乎？"也就是说，从先祖楚文王到现在，有多少不是为了功名利禄、不是为了封爵而为国家肝脑涂地的大夫？莫敖子华列举了令尹子文、叶公子高等人。楚威王听后叹息不已："此古之人也，今之人焉能有之耶！"唉，这些都是先代的人物，今天朝中，一个这样的人也没有了！

到了屈原的时代，楚国贵族更是沉醉在享受和欲望当中，进取心越来越弱，腐败越来越深，国家大事根本不放在心上。公元前308年，秦国攻韩，楚师接受韩国请求出救。统帅景翠却同时收受秦、韩两国贿赂，佯装救助而实则观望。因此，楚国在国际战争中经常受挫，在国际外交舞台上一筹莫展。

在这样的背景下，屈原登上了历史舞台。

屈原认识到，楚国正处于这样一个关键点：如果楚国能够认清大势，深入改革，以楚国的国力基础，还是可以大有作为的。楚国虽然没有像秦国那样因为变法而脱胎换骨，但是原本雄厚的基础还在，除秦国外，仍然没有国家能与它抗衡。据《战国策·楚策一》记载，楚国当时的兵力号称"带甲百万，车千乘，骑万匹"。只有秦国能与它比肩。

在战国中期之后，国际形势已经明朗：天下最强大的两个国家，就是秦和楚。《战国策·楚策一》云："凡天下强国，非秦而楚，非楚而秦。"李学勤说："战国中晚期，天下的重归统一已成为历史的必然趋势……楚国灭国最多，疆域广阔，事实上已统一了东南半壁，在秦灭六国前，影响最为深远。"（李学勤：《中国古代文明十讲》）如果楚国能重新走上上升轨道，那么，最后统一天下的，有可能是楚国而不是秦国。

但如果楚国仍然在歌舞升平中沉醉下去，那么必然会被秦国甩到身后。楚国灭亡的命运也就难以避免。

因此，屈原在楚怀王的支持下，开始了自己的改革计划。

屈原的改革，从人才选拔机制入手。战国时代，各国都争相延揽人才，而王族掌握大权是楚国的惯例，所以楚国很少真正重用外卿。齐国名将田忌南下楚国，只被安置在闲地，"封之于江南"。魏相惠施逃到楚国，楚国干脆不予收留，将他送到了宋国。唯一一次任用吴起，吴起也很快被权贵集团杀死。不仅如此，权贵集团在本国人才中也只任用听自己话的庸人，而那些有进取心的人杰纷纷被排挤出国，因此出现了著名的"楚材晋用"的成语。其实，除了"楚材晋用"外，还有"楚材秦用"。我们可以列出一串长长的流失到外国的楚国人才名单：伍子胥、文种、范蠡、百里奚、甘茂、魏冉、李斯……有学者统计，从秦武王设立丞相一职，到秦始皇时代，秦国共有丞相21人，其中楚国人竟然占了三分之一，而甘茂、魏冉、李斯三人，尤其是春秋战国时代超一流的人才。这些优秀人才不仅流失他国，而且几乎都给楚国带来了极大的打击——伍子胥助吴国攻破楚都，原来在楚国上蔡看守粮仓的小吏李斯后来更帮助秦始皇消灭了楚国，统一了天下。

所以，屈原的改革方案很明确，那就是"举贤而授能兮，循绳墨而不颇"（《离骚》），"奉先功以照下兮，明法度之嫌疑。国富强而法立兮，属贞臣而日娭"（《惜往日》），也就是举贤任能，立法富国。屈原要继续吴起未完成的任务，第一要打破贵族重臣垄断仕途的局面，不避卑贱，唯才是用。第二要追赶各国潮流，实行明确的法治，重新修订法律，使全国上下政令统一，从上到下令行禁止。不过楚国的文化土壤，决定了屈原的政治理想要比法家更富人文精神。他制定的法度虽然严明，却并非商鞅式的严刑峻法，他把自己的政治理想命名为"美政"。如果这次改革能成功，楚国很有可能会脱胎换骨，再度强大起来，中国历史的发展很可能是另一番完全不同的面貌：如果楚国统一中国，中国社会可能不会出现焚书坑儒这样的文化大毁灭，不会出现"以吏为师""道路以目"的思想禁锢，也不会出现徒刑遍地、民不聊生的秦朝暴政。很多学者假设过这种可能。比如李学勤说："可以设想，如果不是秦国，而是楚国统一全国的话，《鹖（hé）冠子》一类的政治设计可能付诸实现。"（李学勤：《中国古代文明十讲》）

四

这次变法，可以说是楚国的最后一次机会。

屈原的名作《离骚》描述了他追求政治理想的热情："不抚壮而弃秽兮，何不改乎此度"，他发誓趁年富力强，大显身手，改革法度，弃旧图新；"忽奔走以先后兮，及前王之踵武""乘骐骥以驰骋兮，来吾道夫先路"，为了楚国的强盛，他奔走操劳，希望君王能赶上前代圣君的脚步，并主动承担起开路先锋的重任。

然而，楚国的政治惰性很难撼动。朝廷重臣争权夺利，倾轧不休，没有人为国家前途考虑。屈原的改革，势必影响权贵们的利益，因此受到了权贵们毫不迟疑的反抗。以上官大夫和郑袖为代表的贵族立刻施展他们娴熟的污蔑诋毁手段。"上官大夫与之同列，争宠而心害其能。怀王使屈原造为宪令，屈平属草稿未定。上官大夫见而欲夺之，屈平不与。因谗之曰：'王使屈平为令，众莫不知。每一令出，平伐其功，以为"非我莫能为"也。'王怒而疏屈平。"（《史记·屈原贾生列传》）屈原受王命起草法律，上官大夫想要提前看看，屈原不同意。上官大夫于是在楚怀王面前进谗言说："这些法律是本着您的指示起草的，但是臣民们不知道。屈原总是对外宣称，这全是他一个人的功劳。"楚怀王很生气，因此疏远了屈原。年轻且没有政治经验的屈原迅速被排挤出了权力中心，从左徒改任三闾大夫，只管宗族、祭祀之类的礼仪性事务，不能再参与军国大事的决策了。

历史的真实也许并非如这些历史记载这样富于故事性。事实上，楚国贵族存在三大家族：屈、昭、景。他们在楚国历史上势力呈相互交替的状态。屈姓一族的黄金时代是在春秋中晚期，进入战国，屈氏已经开始没落，很少有人能进入统治中枢。昭氏代之而起，占据了几乎全部要津。很多学者认为，楚怀王疏远屈原，并非如传统史论所述，是被谗言所惑。而是他破格任用屈氏一族的屈原，破坏了官场原有的生态结构，遇到了昭氏一族的强烈阻力，才导致了屈原被罢免。

我们无法准确地复原历史，我们唯一能确定的是，楚怀王无力对抗权贵集团盘根错节的庞大势力，在政坛根基不牢的屈原迅速被排挤出了权力中心，他的改革事业也就此中断。一心报国的屈原悲凉地写下这样的诗句："惜诵以致愍兮，发愤以抒情。所作忠而言之兮，指苍天以为正。"（《九章·惜诵》）

"沉舟侧畔千帆过，病树前头万木春。"在各国争相变法而日新月异的同时，楚国政治却沿着旧节奏缓慢地继续走下去。权贵集团的惰性和内争，断送了楚国最后一次自救的机会。

第二十四章 楚怀王之死

一

楚怀王即位的第一年,张仪到了秦国,献上了他的连横之策。

"合纵连横"是许多历史爱好者都熟知的名词。这个词的产生是基于地理原因。

秦国崛起的速度是惊人的。在商鞅变法以前,秦国是一个无足轻重的国家。许田波研究认为:"从公元前656年到公元前357年,在160场有大国卷入的战争(至少有一个大国卷入的战争)中,秦国只发动过11场(占7%)……由于受阻于黄河而无法进入中原地带,秦国只是影响'诸侯国间战争的一个不起眼的因素'。"(〔美〕许田波:《战争与国家形成:春秋战国与近代早期欧洲之比较》)

从公元前356年商鞅变法开始,秦国的实力迅速上升,秦孝公和他的继任者伺机开始扩张。"从公元前356年到公元前221年,秦国在96场有大国卷入的战争中发动了52场战争(占54%),

并取得了其中的48场胜利（占92%）。而在以秦国为攻击目标的联盟战争中，秦国五战三胜。"（〔美〕许田波：《战争与国家形成：春秋战国与近代早期欧洲之比较》）

秦国的崛起有地理优势。秦国的人口和面积远大于魏国等国家，而且秦国位于西部，只有一面与中原国家及楚接壤，其余都与弱小的戎狄、巴蜀等落后小国或部落相接，它们不能对秦形成真正的威胁。这样，秦国一旦向东扩张，并无腹背受敌之虞。

所以对于明眼人来讲，天下最大的威胁是秦国。别看它现在实力和楚国相当，但是它的扩张欲望是六国中最强的。凭借强烈的上升势头，它很快就会远远超过各国。各国阻止秦国东进的最直观思路，就是由北到南建立一道垂直的屏障：这道屏障以燕赵为北端，韩魏齐为中端，楚国为南端，各国联合起来，以抵抗秦国。这就是针对秦国的合纵。

反秦联盟的理论基础与后来欧洲形成的国际外交思维的均势理论完全一致。《威斯特伐利亚和约》的签订宣告了欧洲真正意义上的现代国际关系时代的开启，均势理论被欧洲各国视为外交政策的指南。他们认为，国际和平建立在各国力量对比大致均衡的前提下。如果有一个国家过于强大，那么势必破坏这种平衡，引起战争。因此必须使世界处于多极状态，让大国的力量保持均衡，保证没有任何一国可以取得支配地位以危及他国安全。（参见韦宗友：《制衡、追随与不介入：霸权阴影下的三种国家政策

反应》）

这一点，中国古人早就认识到了，因此韩非说："不救小而伐大，则失天下，失天下则国危。"（《韩非子·五蠹》）处理国与国关系的原则是扶助小国，削弱大国，防止一国独大局面的形成。因此六国试图联合起来，制衡秦国，保持各国力量的动态平衡。而秦国的对策是"连横"，即建立横向的同盟，试图通过与韩、魏、齐等国之中的一些国家结盟的方式，阻止或拆散合纵同盟，进而各个击破。或者通过计谋使其他诸侯国相互攻击，破坏他们的团结，让合纵失败。

在这个背景下，战国外交战场上展开了以张仪为首的连横派与以魏国公孙衍为首的合纵派的斗争。一开始，合纵派占了上风。公元前318年，经过苏秦的游说，楚、韩、魏、赵、齐、燕六国组成联盟，共同伐秦。因为楚国最为强大，楚怀王被推为"纵长"。[1]

二

宋代之时，人们在陕西凤翔发现了一块刻石。它就是《诅楚

---

[1] 此处根据《史记·楚世家》"十一年，苏秦约从山东六国共攻秦，楚怀王为从长"，与其他文献有差异，实际可能是以公孙衍为首的五国合纵伐秦。——编者注

文》石刻中的一块。这块刻石上共有326个字,其大意是:"秦王诚谨地以吉玉,告于大神之前。昔我国先王与楚王交好,两邦世世婚姻。如今楚王无道,淫夸奢侈,不遵盟约,违背十八世以来之盟誓,率诸侯之兵攻我,欲平我社稷,灭我百姓。我将率兵抵抗,祈求大神威灵相助。"

可见面对以楚国为首的气势汹汹的六国联军,秦国人是何等害怕。

很明显,楚国的现实选择,应该是与其他五国精诚一心、团结起来,共同抵抗秦国。因此,屈原等人一直是合纵的坚定支持者。然而,楚怀王对于合纵的意志并不坚定。

楚怀王即位之初,一度很想有所作为。然而,历史不久就证明了他缺乏雄主资质,不堪担当历史重任。他不但听信谗言,将屈原逐出政治中心,而且在国际政治中,犯了更大的错误。

秦国与楚国曾经有着几百年的传统友好关系,楚国许多贵族与秦国世代联姻。《诅楚文》中就说:"昔我先君穆公及楚成王,是僇力同心,两邦若壹,绊以婚姻,衿以斋盟。曰:世万子孙,毋相为不利。"性情憨厚的楚怀王总感觉,主动率兵攻击昔日的盟友,有些磨不开面子。因此虽然是六国联合出兵,但是楚国只派出很少的军队。

除了楚国之外,北方的燕国和东方的齐国对抵抗秦国也不热心,没有真正派兵。实际与秦作战的只有魏、韩、赵三国。

之所以如此，是因为各国基于地理原因，对秦国的威胁认识不同。

韦宗友分析说，对于直面秦国进攻锋芒的魏、韩来说，秦国的威胁是迫在眉睫的、巨大的。但对于地处偏北的燕国以及地处东端的齐国来说，秦国的威胁则是遥远的，甚至是微不足道的。楚国虽然与秦的东南端相接，但在秦未吞并巴蜀之前，很难直接向楚出兵。换言之，楚国也并不处于秦国的进攻锋芒之上。（参见韦宗友：《制衡、追随与不介入：霸权阴影下的三种国家政策反应》）

因此，燕国、楚国口惠而实不至，齐国则干脆持不介入的立场，坐山观虎斗，准备战争之后有机会的话再趁火打劫一把。只有受秦国威胁最大的三晋真正出兵攻秦。因为领袖意志不坚定，反秦联盟在集体行动中彼此提防，面和心不和，步调不一致。结果联军进军到函谷关前，就因各自心怀鬼胎，逡巡不进。等秦军大军一出关，联军就迅速退却了。《史记·楚世家》载："苏秦约山东六国共攻秦，楚怀王为从（纵）长。至函谷关，秦出兵击六国，六国兵皆引而归。"这次轰轰烈烈的联合行动，如此草率收场，让楚怀王的国际威望大受损失。

在那之后，各国还组织了几次合纵，无一例外都失败了。在战国时期"礼崩乐坏"的环境下，各国间缺乏最低限度的信任感，很难精诚合作。各国不仅担心在本国抗秦时，他国会坐享其成，甚至背叛盟友"阴构于秦"；更担心在削弱秦国后，又会有新的大国从中崛起。了解了这些，合纵不可能成功这一历史事实也就不难理解了。

三

虽然很多历史事件无论从时间上还是空间上距离都很遥远，但其背后的规律有很多共通之处。

在欧洲历史上，我们能找到一个与中国的合纵连横非常相似的案例，那就是法国大革命时期，各国联合制衡法国。

韦宗友在他的论文《制衡、追随与不介入：霸权阴影下的三种国家政策反应》中为我们介绍了当时的形势：法国大革命让欧洲君主们日益感受到欧洲政治秩序受到严重威胁。"1793年3月，英国组织了包括荷兰、俄国、普鲁士、奥地利、西班牙、德意志若干诸侯以及撒丁王国和那不勒斯等众多国家的第一次反法联盟。英国承诺将给反法国家提供金钱上的资助。"

法国与反法联盟在力量对比上的悬殊是十分明显的。反法联盟几乎囊括了欧洲所有的大国，人口达1亿之多，组织者英国财力雄厚；而法国形单影只，孤立无援，人口仅2800多万，更何况财政严重困难，政权几度更迭。但是第一次反法联盟最终失败，这是因为反法联盟内部并非铁板一块。英国政府虽积极反法，但由于地处岛国，与欧陆隔海相望，并没有迫在眉睫的安全威胁，不愿意提供一支强大的远征军，只愿意提供财政支持。俄皇叶卡捷琳娜二世对法国革命深恶痛绝，但俄国与法国之间被广阔土地隔开，相对于与法国毗邻的奥、普两国来说，法国革命的威胁要小得多。对俄国来说，更迫切的任务是夺取波兰的土地。奥、普虽因地理位置与法国毗邻而反法意志较为坚决，但同样觊觎波兰的领土，十分担心俄国趁机独占波兰。因此在这一成员众多的联盟中，各国更感兴趣的是追求一己私利而非公共利益。主要大国都希望其他国家承担制衡法国的高昂代价，本国坐享其成，最终导致联盟的分崩离析。（参见韦宗友：《制衡、追随与不介入：霸权阴影下的三种国家政策反应》）

四

经此一役，秦惠文王更加认识到，东方和南方的两大强国楚国和齐国联合起来，是秦国统一天下构想的最大障碍。公元前312年，秦相张仪带着要全力拆散齐楚同盟这一任务，出使楚国。

战国时代，各国在外交舞台上无所不用其极，落井下石、趁火打劫、背信弃义等现象比比皆是，马基雅维利主义盛行，国家间出现了以苏秦、张仪为代表的一类专门人才，叫"纵横家"。用今天的术语，也可以叫"现实主义外交谋略学派"（叶自成、庞珣：《中国春秋战国时期的外交思想流派及其与西方的比较》）。苏秦、张仪都师从于鬼谷子门下，他们的特点是以口才学为立身之本，专靠游说谋取成功。

张仪出身贫贱，很长时间内都在做贵族的门客。在一次宴席上，主人发现一块美玉不见了。仆人们说，刚才似乎是门客张仪经过摆放玉器的地方。张仪品行素来不端，主人遂把张仪抓来，鞭打数百下，遍体鳞伤。但是张仪死不承认，经过一番巧辩，主人把张仪放了。张仪被抬回家后，妻子痛哭不已，说："你要是不读书游说，又怎会受这样的屈辱？"张仪说："别哭了！你看看我的舌头还在吗？"妻子苦笑说："当然在啊，不在你用什么和我说话。"张仪说："只要舌头在，就够了，这就是我此生肯定会飞黄腾达的资本！"（"尝从楚相饮，已而楚相亡璧，门下意张仪，曰：'仪贫无行，必此盗相君之璧。'共执张仪，掠笞数百，不服，释之。其妻曰：'嘻！子毋读书游说，安得此辱乎？'张仪谓其妻曰：'视吾舌尚在不？'其妻笑曰：'舌在也。'仪曰：'足矣。'"——《史记·张仪列传》）

张仪的口才之利，世所仅见。他说话不仅逻辑严密，比喻精彩，甚至撒起谎来，都表情诚恳，言辞恳切，很少有人能敌得了他的三寸不烂之舌。

《鬼谷子》指出，谋略是成功的关键。通过观察事物的变化及其发展规律，了解人类思维习惯，可以预测事物的发展方向，以达到控制形势和他人的目的。决策前一定要分析事物的发展规律，要计算双方的综合实力对比，"量天下之权"，否则就会"量权不审，不知强弱轻重之称"。综合实力需要从多方面进行计算，"度于大小，谋于众寡。称货财有无之数，料人民多少、饶乏，有余不足几何？辨地形之险易，孰利孰害？谋虑孰长孰短？揆君臣之亲疏，孰贤孰不肖？与宾客之智慧，孰少孰多？观天时之祸福，孰吉孰凶？诸侯之交，孰用孰不用？百姓之心，去就变化，孰安孰危？孰好孰憎？反侧孰便？能知此者，是谓量权"。

苏秦、张仪都认为在实力相当的情况下，外交谋略是极其重要的，有时，甚至会起到决定性的作用。

春秋时代，一个国家在国际舞台上的胜负主要看实力，但在战国时代，则必须加上谋略。春秋时代的贵族鄙视阴谋，战国时代的外交家们却一天也离不开阴谋。战国时代各国的外交谋略水平之高令人吃惊，其中又以秦国最为突出。在其他各国还没彻底放弃礼乐文明的面纱时，本来就没有背上过礼乐文明包袱的秦国却将谋略与实力完美地结合起来，它大量使用马基雅维利式的阴谋诡计，毫不犹豫地欺诈、行贿和离间，成功地瓦解敌对联盟。"秦国毫不犹豫地在外交会议上撒谎，使用间谍来获取他国的情报，还贿赂其他诸侯国的高官与之合作。"（〔美〕许田波：《战争与国家形成：春秋战国与近代早期欧洲之比较》）

在这样的历史背景下，公元前313年，张仪来到楚国，与楚怀王举行会谈。

张仪摸准了楚怀王脸皮薄的心理特点,先提起他率兵攻打昔日盟友的事:"秦楚300年交好,前几年您却亲自带领联合军队攻打秦国,秦国国君非常伤心。不过他知道您是个厚道人,肯定是被他国强迫的,所以他并不怪罪您,而且希望秦楚两国能恢复过去的友好关系,仍然是兄弟之国。因此,请大王同意与秦国的敌人齐国绝交。"

楚怀王果然显出羞愧之色。不过,与齐国绝交,也不是那样容易决定的。怀王沉吟良久说:"楚国与齐国也已经交好多年,不好一下子就断绝关系。"

张仪抛出了他的杀手锏:"秦王说,只要楚国宣布不再与秦国的敌人齐国交好,秦国愿意将以前侵占楚国的600里土地退还给楚国。这应该能表示秦国的诚意了吧?"("大王诚能听臣,闭关绝约于齐,臣请献商於之地六百里。"——《史记·张仪列传》)

张仪知道,收复600里故地,是楚国君臣多年的愿望。因为秦楚之间这600里土地,是楚国祖先生活过的地方,对楚国有特殊意义。

楚怀王"大说(悦)而许之",同意中止楚齐联盟。

张仪出宫后,楚国的大臣都纷纷向怀王祝贺。只有大夫陈轸(zhěn)提出反对意见。他说:"为了稳妥起见,我们应该要求秦国先给了土地,再宣布与齐国绝交。"

楚怀王不以为然："大丈夫一言既出，驷马难追。我已经承诺了张仪，怎么可以反悔？"

受过严格贵族教育的楚怀王还信守着春秋时代贵族的诚信传统，他没有想到，秦国早已经把这个传统抛到了九霄云外。

楚国宣布与齐国绝交后，派使者到秦国去接收土地。

楚国使者见到张仪说："我奉国君之命，前来收取600里土地。"

张仪故作惊讶状，说："600里？哪来的600里？我说的是6里啊？"（"臣有奉邑六里，愿以献大王左右。"——《史记·张仪列传》）

发现上了当的楚怀王勃然大怒。他感觉深受侮辱，一怒之下起兵攻秦，战于丹阳。秦惠文王有备而待。结果楚师大败，损失惨重，元气大伤。"秦大败我军，斩甲士八万，虏我大将军屈匄（gài）、裨将军逢侯丑等七十余人，遂取汉中之郡。"（《史记·楚世家》）

楚国不但没有拿到秦国所承诺的土地，而且还丧失汉中之地600里，这等于为秦国打开了通向中原的通道。丹阳之战，是楚国由盛转衰的一个重要转折点。

在崇尚权诈、较量贪狠的残酷的战国时代，楚国统治集团却还保持着春秋时代礼乐文明熏陶而养成的质朴、文雅和慢节奏。在传统贵族教育中成长起来的楚怀王，性格天真单纯。他在外交上的几次重大失误，对楚国前途造成了致命的影响。

在丹阳之战后，秦国又试图施展手腕，收买楚国的欢心，离间楚国和其他五国的关系。《史记·屈原贾生列传》有这样的记载："明年，秦割汉中地与楚以和。"也就是说，秦国送还一块土地，希望再次和楚国结好。结果楚怀王不但没有坚定拒绝，反而一心想报私仇。"楚王曰：'不愿得地，愿得张仪而甘心焉。'张仪闻，乃曰：'以一仪而当汉中地，臣请往如楚。'如楚，又因厚币用事者臣靳尚，而设诡辩于怀王之宠姬郑袖。怀王竟听郑袖，复释去张仪。是时，屈平既疏，不复在位，使于齐，顾反，谏怀王曰：'何不杀张仪？'怀王悔，追张仪不及。"

楚怀王表示，不用给他土地，只愿杀张仪以解心头之恨。于是张仪很高兴地又一次来到楚国，因为他很清楚他有能力将楚怀王再次玩弄于股掌之上。张仪深知楚国政治腐败，政治高层人物可以用钱买通，于是他用重金贿赂靳尚，又"设诡辩于怀王之宠姬郑袖"，一心复仇的楚怀王最终还是抵不住郑袖的枕边风，居然真的放张仪回去了。

事实证明，屈原是了解天下大势的人。六国的统治集团大多目光短浅，苟且偷安，经不起秦国的软硬兼施，威迫利诱。只有屈原坚定地反对媚敌苟安。张仪刚刚走，恰好屈原出使齐国归来，劝谏楚怀王"何不杀张仪"，这时楚怀王才恍然大悟，但张仪已远去不可追了。

《史记》关于这段历史的写法，几近小说，过于绘声绘色。

楚怀王也许没有司马迁笔下那么弱智，但软弱无能且缺乏判断力是肯定的。屋漏偏逢连阴雨，一个国家在末世，往往会出现这样暗弱的领导人。

五

楚怀王终于认识到秦国的危险性，楚国与齐国再次交好，约定共同抵抗秦国。

秦国对这种形势非常担心。公元前299年，秦国出兵攻占了楚国8座城池。

大兵压境，楚国不得不忍辱求和。而秦国开出的条件是，只有楚怀王亲自去秦国议和，秦国才能考虑和平。秦昭襄王在信中说："秦楚两国山水相连，互为婚姻，交好已久。如果两国继续不和下去，何以号令诸侯？如今寡人愿与君王在武关相会，结盟友好。只要您亲自前来，一切都好谈。切望君王能命驾一行。"

楚国上下顾虑重重。人们都担心楚怀王赴约会如同羊入虎口，秦国险不可测，会遇到什么结果很难说。已经被贬为闲职的屈原也赶到王宫，力劝楚怀王不要亲自前去。（"时秦昭王与楚婚，欲与怀王会。怀王欲行，屈平曰：'秦虎狼之国，不可信，不如毋行。'"——《史记·屈原贾生列传》）

楚怀王坚持亲自赴约。虽然能力不足，但他倒是具有一国之君的责任感。虽然几年前他被张仪欺骗得那样惨痛，但是这位厚道天真的国君仍然认为，那只是出身卑贱、不讲贵族原则的张仪的个人行为。他相信，作为世代贵族，堂堂一国之君，秦王绝不会在天下诸国面前公然失信。何况即使真的有风险，他如果不亲身承担，最终也只能由楚国百姓来承担。

屈原深知怀王此行，关乎楚国命运，反复劝谏，结果激怒了怀王，被流放到外地。

在春秋前期，楚国本是天下各国中历史包袱最轻的国家。作为一个蛮夷之国，它利用后发优势，实现了对中原诸国的迅速赶超。但是到了战国后期，楚国却成了历史包袱最重的国家。战国时代，各国政治力量的中坚，都是通过变法而崛起的底层贵族和平民。他们头脑中没有那么多条条框框，也没有那么多道德信条。而楚国因为没有经过彻底的政治改革，传统贵族仍然是统治集团的核心。这些世代传承的贵族世家，一言一行仍然要在《诗经》《尚书》中寻找依据，一举一动仍然遵守优雅从容的贵族仪范。在国际关系上，他们本能地依然处处讲求诚与信。在战国时代，文明不再是一个国家的护身符，野蛮才是最有力的武器。温文尔雅的春秋时代已经过去了。在战国时代，除了弱肉强食的丛林法则外，所有其他的规则都已经失效。可惜，楚人迟迟没能明白这点。楚怀王因此执意踏上了赴秦之路。

楚怀王的车队抵达秦国边境上的武关。他发现这里空空荡荡的，根本没有国君到来。楚怀王一过境，他身后的秦国军队立刻关上了大门。秦军蜂拥而上，将楚怀王劫持到咸阳。楚怀王在车上大呼："秦人不义！秦人不义！"

他万万没想到，身为一国之君的秦昭襄王竟然采取市井流氓一样的欺骗手段。

秦国要求楚国必须割让两个地位险要的郡，但遭到了楚怀王的拒绝。秦国的如意算盘是，把楚国国君抓到手里，就可以获得战场上不能获得的利益。没想到楚怀王不论怎么威胁，就是不退步。从小所读的法家著作告诉秦昭襄王，人性都是趋利避害的，在异国为囚还是回国为君，这道选择题的答案如此简单，以致秦王无论如何不能理解楚怀王何以宁死不屈。没办法，他只好下令将楚怀王继续囚禁下去。楚国大臣闻讯，立楚怀王的太子横为国君，是为楚顷襄王。

公元前297年，被囚禁两年后，楚怀王乘看守疏忽，逃出了囚禁地。他一路夜行昼伏，逃向楚国。秦国在路上大行搜捕，楚怀王只好逃向赵国。赵国慑于秦国之威，拒绝让他入境，怀王又被秦人抓回。第二年，他在咸阳郁郁而终。

秦人最终也没能利用楚怀王得到任何好处，最后只好送还了楚怀王的尸体做个人情。楚怀王的棺木抵达楚境后，沿途所有楚国百姓都痛哭失声。《史记·楚世家》记载："顷襄王三年，怀王卒于秦，秦归其丧于楚。楚人皆怜之，如悲亲戚。诸侯由是不直秦。"这位不那么精明的君主虽然一生都是失败的，但是最后关头，他用自己的生命捍卫了楚国的利益，没有割让一寸土地给秦国。就凭这一点，他仍无愧是历代伟大楚君的后代。

楚国在早期的争霸路上，曾经将那位轻信仁义的宋襄公碾于轮下。如今历史重演，只不过角色进行了互换：楚国成了为礼义文明殉葬的悲剧性一方。在礼崩乐坏的战国时代，楚怀王是礼乐文明培养出的最后一代国君。他也用自己的生命，为礼乐文明殉葬。

六

屈原的名作《招魂》就是为楚怀王招魂而作。他呼唤怀王的灵魂不要去东方、西方、南方、北方，也不要上天宫下幽都，快快回到楚国的宫廷，楚王宫中有"高堂邃宇""层台累榭""冬有突（yào）厦，夏室寒些"，室内则有"翡帷翠帐""红壁沙版""兰膏明烛""二八侍宿"，都在等候怀王的灵魂来享用。

对于楚怀王的死，司马迁在《史记·屈原贾生列传》中作过这样的评论："怀王以不知忠臣之分，故内惑于郑袖，外欺于张仪，疏屈平而信上官大夫、令尹子兰，兵挫地削，亡其六郡，身客死于秦，为天下笑。"

然而，80多年后，已经被秦国兼并10多年的楚地民众首先倡义，掀起了反秦战争的序幕。为什么是楚人首先倡义？范增说："夫秦灭六国，楚最无罪。自怀王入秦不反，楚人怜之至今。"（《史记·项羽本纪》）

南宋学者吕祖谦也评论说："秦灭六国，皆以兵伐而取之，虽无道行之，犹自干戈相持，胜负已分。唯楚最无罪，独以重币诱怀王而杀之。其后天下亡秦，祸端亦起于楚之遗民。盖其灭楚亦是逆人心之大处。"（《左氏传说》卷十一）

秦国消灭其他国家，都是凭借强大的兵力，虽然是无道之举，但毕竟让其他国家输得心服口服。只有楚国最为冤枉，因为秦国是欺骗楚怀王，让他客死于秦，以此削弱楚国。所以后来天下起兵反秦，为首的也是楚国遗民。原因就是秦国灭楚的手段不光明正大。

确实，虽然楚怀王客死秦国与秦国最终灭楚还有相当的时间间隔，但是秦国在打击和削弱楚国的过程中，使用了过于卑劣的手段，这一点确凿无疑。正因为"楚人皆怜之，如悲亲戚""楚人怜之至今"，所以后来秦末战争中，项梁派出许多人到民间去寻找楚王后裔，终于在一片荒野中找到了已经沦落为牧羊人的楚怀王之孙熊心。楚国遗民在立熊心为王时，特意让他袭号为"楚怀王"，以纪念这位悲剧性的君主。

第二十五章 楚国的灭亡

一

屈原本来也可以像楚国其他人才那样,远走高飞,到他国去施展自己的才华。《史记·屈原贾生列传》说:"屈原以彼其材,游诸侯,何国不容?而自令若是。"但是他对楚国的感情,让他下不了这个决心。《离骚》说:"两美其必合兮,孰信修而慕之?思九州之博大兮,岂唯是其有女?……勉远逝而无狐疑兮,孰求美而释女?"诗中所谓到远方去求女,即是寻找理想中的君王,也就是要到他国去实现自己的美政理想。但最终屈原还是留了下来,他对楚国,还没有丧失最后一线希望。

然而,楚国的命运已经注定。

除了权诈之外,秦国更强大的力量当然是秦军的战斗力。

商鞅变法成功地激发了秦人的贪婪和欲望。他奖励军功,凡是杀敌有功者皆可获得一定的官爵和田宅。因此秦人"勇于公战"(《史记·商君列传》),"民之见战也,如饿狼之见肉"(《商君书·画策》），"民闻战而相贺也，起居饮食所歌谣者战也"（《商君书·赏刑》）。秦师更以刑徒为前锋，鼓励他们借军功以自赎。这些刑徒知道退则必死无疑，进则求生有望，因而死不旋踵，比起后世的"敢死队"来毫不逊色。

而楚国军队，还保持着春秋时代贵族军队的散漫作风。白起曾对秦昭襄王说："楚人自战其地，咸顾其家，各有散心，莫有斗志。"（《战国策·中山策》）组织严密的秦兵，其战斗力确实比组织松散的楚兵强得多。斯巴达最终摧毁雅典即这种情况。秦军这支虎狼之师，其他国家确实很难抵挡。

在楚怀王死后不久，秦国进攻蜀地，取得了巴蜀之地。这如同在楚国背后插入了一把刀子。

公元前280年，当秦国准备对楚国发动致命一击时，它有三条路可以选择：第一条是从易于行军但防守严密的中原进军，第二条是从防守同样严密的长江流域进军，第三条是从崎岖但防守松懈的山地进军。秦人选择了第三条，让远征军翻越无人防守的山地，并将援兵和补给顺长江而下。这正是《孙子兵法》所说的"行于无人之地"并"攻其所不守"的原则。

公元前278年，秦国成功地夺取楚国西部包括郢都在内的半壁江山。楚国人经营了几百年的故都灰飞烟灭，巨大的城墙出现了一道道缺口，城内的财宝被抢掠一空，宫殿府第被付之一炬。无数楚国典籍，在秦人的大火中烧成一片灰烬。被秦军破坏后的郢都，到处都是荒烟蔓草、断垣残壁的凋零景象。

听到郢都失陷的消息，屈原在《九章·哀郢》中说："曾不知夏之为丘兮，孰两东门之可芜。心不怡之长久兮，忧与愁其相接。"意思是说：想不到宫廷大厦变成了一片废墟，故都的两座东门也变成了荒无人烟之地；心情久久难以舒展啊，旧忧与新愁紧紧相连。

郢都失陷彻底击碎了屈原对楚国的最后一线希望。他之所以一直徘徊在放逐之地没有离开，是因为他心中对自己的祖宗之国的命运还抱有幻想。他一直认为，这个有着近800年历史的古老国家，应该还有机会如九头鸟一样浴火重生。但是，这次惨败于秦国，让他意识到楚国灭亡的命运已经无可挽回了。屈原深知秦国不是200年前的那个吴国，秦国一旦张开了口，不彻底吞下猎物，是绝不会罢休的。绝望的屈原跳进了汨罗江。

屈原的判断没有错。这位伟大诗人的自杀，为楚文化的毁灭奏响了不祥的序曲。虽然最终他的几首诗歌逃过了秦王朝的大火，流传了下来，但是更多的800年楚国文化成果，却永远消失在了历史之中。

二

秦国人毫不掩饰他们对财宝的贪婪。在灭郢之战后，郢都附近的楚国大墓，几乎都经过了盗掘。张正明说："从郢都附近的楚墓中，已出土的铜器不算很多。原因是可想而知的，即大型墓中随葬的铜器已被秦人盗掘殆尽。"（张正明：《楚文化史》）

除了掠走大量财宝之外，秦人更有破坏力的掳掠是工匠。秦国军队撤退时，带走了楚国都城所有能找到的工匠。

在古代，经验和技术是在工匠之间一代代口耳相传的，工匠们的个体生命和一个国家的生产力水平紧密地结合在一起。失去了一流的工匠，楚国的物质生产能力迅速丧失了生命力。

郢都失陷后，楚国丧失了半壁江山，首都东迁到陈城（今河南省周口市淮阳区）。30多年后，为了远离秦国的兵锋，楚国又一次迁都到寿春（今安徽省寿县）。考古学家发现，在楚国迁都后，楚国的工艺技术出现了明显的倒退。

在已发掘的楚国东迁后的墓葬中，最具代表性的是寿县李三孤堆古墓。在这座墓中，不见被曾侯乙墓青铜器广泛利用的镂空透雕与嵌错装饰技巧。李三孤堆古墓青铜器铸造简陋，与以前的楚国文物相比，大为逊色。最值得注意的是，在这批青铜器物中，共有有铭铜器70多件。据铭文分析，由"铸客"为"王后六室"所铸的青铜器多达19件，其中包括体形仅次于后母戊大鼎的铸客大鼎（图25-1）。此鼎高113厘米，口径87厘米，重约400千克，是我国目前已出土的第二大青铜鼎。虽然鼎体雄伟，鼎足粗壮，但已不见繁密细致的纹饰和镂空透雕的部件。"铸客"

图 25-1　铸客大鼎

是什么意思呢？学者刘节和徐中舒指出，铸客乃是在楚国手工业作坊中做工的他国工匠。楚国的铸造技术原本是极为发达的，现在居然要请他国的工匠来为王室铸造器物，且铸造的水平并不高明，可见郢都的陷落，对楚国造成的影响是沉重而深远的。

与此相类似，在郢都失陷之后，楚国的丝织业、刺绣业和髹漆业也都因为一流工匠被掠走而失去了生命力。正如张正明所言："损失最大的丝织业、刺绣业和髹漆业，从此一蹶不振了。在战国晚期的楚墓中，看不到第一流的丝织品、刺绣品和漆器。"（张正明：《楚文化史》）

在郢都故地江陵凤凰山的几座西汉墓里曾经出土了一些漆器，这些漆器虽然风格与楚式漆器有些相似，但上面却清晰地标

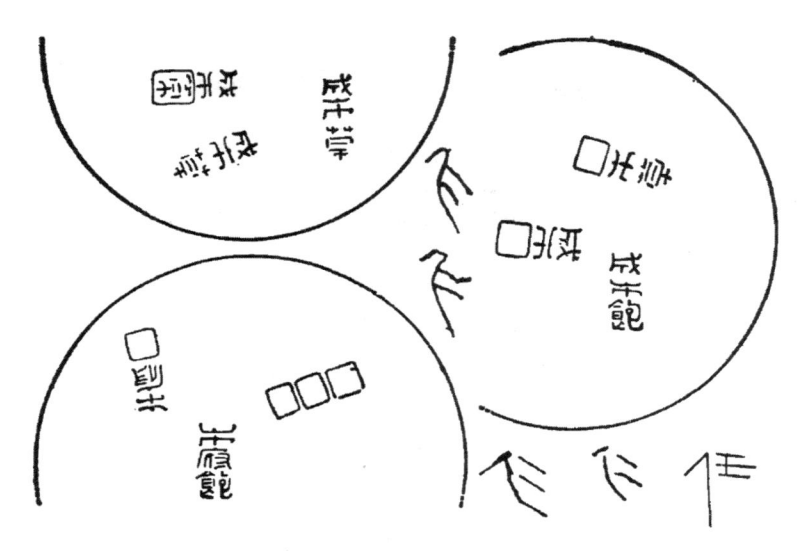

图25-2　江陵凤凰山168号汉墓出土漆器上的"成市草""成市饱"字样

有"成市草""成市饱"之类的字样（图25-2），"成市"即成都市府的简称，说明这些漆器根本不是郢都本地产的，而是从较远的成都市府运来的。这就是说，到西汉初期，本来制漆业非常发达的郢都一带，却不能制漆了。

虽然楚国在55年后才真正灭亡，但是郢都的失陷，标志着楚国已经在精神上死亡了。

三

楚顷襄王东逃迁都于陈城之后，做的第一件事是把青阳（今湖南省长沙市以西）割让给秦国，以讨好这个敌人。

楚国的灭亡越来越近了，而秦国又迎来了一个雄才大略的君主秦王嬴政。

历史学家们常常无情地抹杀嬴政性格和能力中光辉的一面。在大部分读者眼里，嬴政的性格只有刚狠暴戾、多疑猜忌的一面。其实，只要认真读一遍《史记·秦始皇本纪》，我们就会发现，嬴政用人的眼光、气度和手段，绝非寻常君主可比。

首先，从君臣关系的稳定性和亲密性上来说，嬴政高人一等。嬴政政治生涯中唯一杀的重臣只有吕不韦。除此之外，嬴政与其他重要政治人物，比如李斯、王翦、蒙恬等著名将相的关系都相当融洽。在历代王朝中，嬴政时代政治核心层的稳定性可以说是很高的。嬴政用人的眼光、胆识和手段都非同寻常。为了争取到尉缭，嬴政不惜以帝王之尊，"与之抗礼""衣服饮食与之同"。郑国是敌国间细，潜入秦国被发现后，嬴政不但没有诛杀他，反而予以重用，让他主持完成了著名的水利工程郑国渠，大大增强了秦国的经济实力。

以他国人才为主体的人才队伍，是秦王嬴政最终统一天下的最大资本。亲政之后，经过了7年的准备，秦王嬴政于公元前230年挥师东下灭了韩；于公元前228年攻克赵国首都邯郸；于公元前226年歼灭了燕军主力，于公元前222年灭掉了燕国；公元前225年，魏王投降。

接下来，他要对最大的对手楚国动手了。

一开始，秦王嬴政认为摧垮这个奄奄一息仅剩半壁江山的大国应该不是什么难事。他将几位最信任的将领叫到跟前，问他们灭楚需要多少人，老将王翦回答："非六十万人不可。"年轻将领李信却说："二十万人即可。"秦王大喜，说："王将军老矣，何怯也！李将军果势壮勇，其言是也。"(《史记·白起王翦列传》)

然而事实证明，对于强大的秦国，楚国仍然是一个不可忽视的对手。李信率领20万大军兴冲冲东下，与楚军战于城父，结果轻敌的秦军大败。这是嬴政灭六国战争中遇到的最有力的一次抵抗，证明楚国残存的实力，仍然是其他各国所不能比的。

"尽管疆土日削月朘（juān），这时的楚国还是仅次于秦国的第二大国，绝长续短，仍有方圆约三千里的江山。铜和铁的产量，还是楚国的最多……金和银的产量，也是楚国的最多。这时楚国铸造了大量金币和少量银币。"（张正明：《楚史》）这说明百足之虫，死而不僵，楚国还有一定实力。

20世纪60年代以来，人们在江苏和安徽分别发现了大量楚国金币（图25-3）。黄金货币实物出土范围遍及安徽、河南、江苏、陕西、山东、湖北、浙江等省，已经出土的郢爰金币重达4万多克。战国中晚期的楚墓中，已有多件天平和多套砝码出土，这些天平和砝码，无疑是专门用来称量贵金属的。

众多诸侯国之中，只有楚国制造黄金货币，考古学界至今没

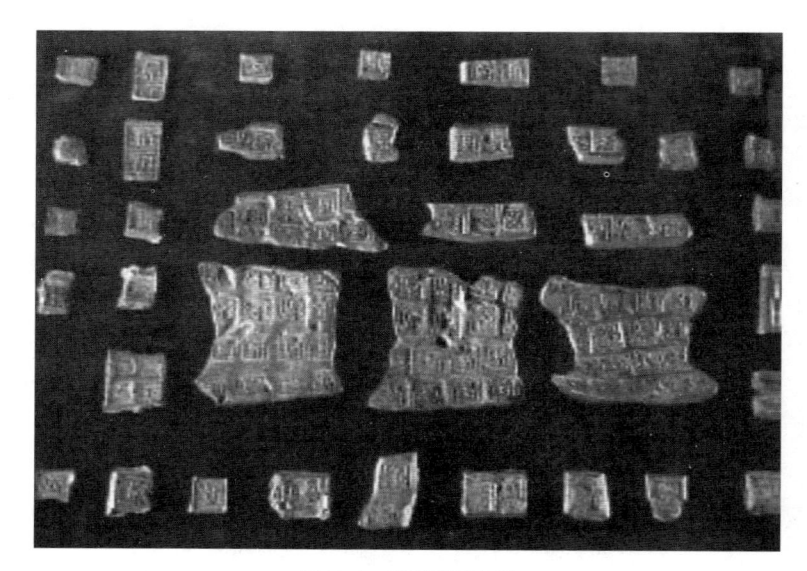

图 25-3　楚国郢爰金币

有发现楚国以外的国家所铸造的黄金货币,楚国铸行黄金货币无疑是楚国经济繁荣的突出反映。爰金作为各个国家都欢迎的国际货币,源源不断地大量外流,换回楚国需要的各种物资,满足了楚国加强军事装备的需要,提高了国家军事实力。

这不但是楚国在丹阳、蓝田两大战役中大败给秦国后,仍然能够继续抗秦近百年的原因,也是战国末年秦国20万人灭亡不了楚国的重要原因之一。

接到失败的消息,嬴政立刻亲自登门,向王翦道歉:"寡人

以不用将军计，李信果辱秦军。"(《史记·白起王翦列传》)

之所以当初不同意王翦的计划，是因为60万人是当时秦国所能征发的甲兵总数。把全国军队都用于一战，胜当然无话可说，如果败，那么就要亡国。不过，事已至此，秦王必须当机立断。秦王用人的最大特点是能放手。他将60万大军交于王翦，并没有设置障碍限制他的权力，也不干预他的作战过程。

公元前224年，王翦率60万大军入楚。秦军的数量起了决定性作用。公元前223年，秦军大破楚军于蕲（今安徽省宿州市），楚将项燕自杀。接着秦师南下，攻拔寿郢——楚国最后一个都城。

最后一任楚王负刍被俘，装在囚车之上，送往秦国。对于征服楚国，秦王非常重视。他亲自前往樊口，举行盛大的受俘礼。800年楚国最后一任君主放弃了国君的尊严，匍匐地上，向秦王行君臣之礼。秦王嬴政宣布将楚王废为庶人，带回咸阳安置。这位末代楚王从此在历史记载中消失，不知所终。

有着800年历史的楚国至此灭亡。

事实证明，如果统治者认识不清历史大潮的走向，一个再强大的国家也会迅速灭亡，正如《荀子·议兵》中所说："楚人鲛革犀兕以为甲，鞈如金石；宛钜铁釶，惨如蜂虿；轻利僄遨，卒如飘风。然兵殆于垂沙……是岂无坚甲利兵也哉？其所以统之者非其道故也。汝、颖以为险，江、汉以为池，限之以邓林，缘之以方城。然而秦师至而鄢、郢举，若振槁然。是岂无固塞隘阻也哉？其所以统之者非其道故也。"也就是说，一直到最后灭亡，楚国的武器之精良仍然天下第一，国力仍然相当雄厚。事实证明，再精良的武器，再高的城墙，也无法阻挡历史那滚滚而来的无情车轮。

四

灭楚的下一年，即秦王政二十五年（前222年），秦国扫除燕赵残余，二十六年（前221年），齐国不战而降。东周500年剪不断、理还乱的纷争，嬴政仅仅用了10年时间就彻底终结。整个过程如同一场干净利落的拳击赛，嬴政一击猛过一击，没出过一手缓着，没有给对手以任何喘息机会。

公元前221年，39岁的嬴政端坐在高大幽深的咸阳宫前殿。他注视着面前竹简上的两个字"泰皇"，思维良久，举起毛笔，圈去"泰"字，在后面加上一个"帝"字，并在旁边注："去'泰'，著'皇'，采上古'帝'位号，号曰'皇帝'。"（《史记·秦始皇本纪》）

这意味着一个崭新时代的开端。原本默默无闻的秦国最终统一天下，证明了法家文化在这片土地上取得了最后的胜利。

第二十六章 楚文化的遗产

一

成也法家，败也法家。秦始皇按照法家思想，开创了这样一种独特的制度。在这个制度中，整个天下是皇帝一个人的私产，万众都是他的奴仆。正如黑格尔所说，这是一种普遍奴隶制。只有皇帝一个人是自由的，其他的人，包括宰相，都是他的奴隶。

"居马上得之，宁可以马上治之乎？"（《史记·郦生陆贾列传》）可惜说出这句话的，是刘邦的谋士，而不是秦始皇的大臣。急功近利的秦人很难说出这样富于辩证性的话。过于迅速的成功，使得秦始皇更加迷信法家的力量。

《史记·秦始皇本纪》中的一段话千百年来不断被人引用："始皇为人，天性刚戾自用，起诸侯，并天下，意得欲从，以为自古莫及己。专任狱吏，狱吏得亲幸。博士虽七十人，特备员弗用。丞相诸大臣皆受成事，倚辨于上。上乐以刑杀为威，天下畏罪持禄，莫敢尽忠。"意思是，始皇之为人，刚戾自用。兼并天下之后，志得意满，以为自古及今，无人可比。他治理天下，专门倚用狱吏，只有狱吏得到他的信任。虽然设置了70名博士，但只是做做样子，备而不用。丞相以下诸大臣，都是唯唯承命，一切都决策于上。皇帝喜欢用严刑峻法来杀人立威，天下人于是谨小慎微，明哲保身，不敢尽忠竭智。

在统一天下之后，秦始皇把法家文化的潜力挖掘到了极致。他用严刑峻法来驯服那些刚刚被征服的六国人民，谁稍敢反抗，就会被毫不犹豫地关进监狱。他实行愚民政策，将除了医药、卜筮和农业技术之外的古书统统烧掉，其中包括楚国汗牛充栋的历史典籍和无数精彩的诗歌作品。

为了确保老百姓成为统治者的工具，秦王朝"遗礼义、弃仁恩"，规定"民有二男以上不分异者，倍其赋"，传统的宗族式大家庭迅速趋于瓦解，一夫一妻的个体家庭成为最基本的社会细胞。往昔那种存在于大家庭中的道德、伦理、亲情关系，也逐渐被冷冰冰的利害关系所替代了。贾谊说："秦人家富子壮则出分，家贫子壮则出赘，借父耰（yōu）锄，虑有德色；母取箕帚，立而谇语。"（《汉书·贾谊传》）秦人分完了家，儿子到父亲家里借把锄头，父亲都不愿意，给儿子脸色看。母亲到儿子家拿把扫帚用，儿媳妇叉着腰就破口大骂。整个社会风气为之一变。

凡事都是过犹不及，在法家文化的指导下，秦国政治一元化和暴力决定一切的倾向得到病态的强化，急功近利、轻精神而重物质成为秦文化越来越深的弊病。为了确保老百姓成为统治者的工具，秦王朝除了依靠残酷的法律施以高压外，还严格对人民实行信息封锁，实行愚民政策，对知识分子进行打击。缺乏节制的巨人最后总会因为滥用自己的力量而倒下。在法家文化的推动下，秦王朝出现了一个强大到了极点的政府，一个萎缩到了极点的社会，以及沉默到了极点的个人。秦晖说："秦王朝动员资源的能力实足惊人，2000万人口的国家，北筑长城役用40万人，南戍五岭50万人，修建始皇陵和阿房宫各用（一说"共用"）70余万人。还有那工程浩大的驰道网、规模惊人的徐福船队……"（秦晖：《传统十论：本土社会的制度、文化及其变革》）这是宗法时代的周天子绝对不敢设想的。

所以秦朝百姓造反是必然的，因为造反的成功率虽然低，但仍然比老老实实当顺民活下去的概率高。

二

楚国的灭亡，并不代表着楚文化的结束。楚文化中有着强烈的复仇情结，正如当初在伍子胥身上表现出来的一样。"楚虽三户，亡秦必楚。"秦始皇死后还不到一年，楚人陈胜、吴广就敲响了秦王朝的丧钟。秦文化的非人道性，导致它是一种不能长久的文化。贾谊在《过秦论》中写道："夫并兼者高诈力，安定者贵顺权。"也就是说，在征服阶段，可以依靠武力与狡诈。但是在治理天下之时，就要视民心之所向，调整统治政策，吸取中原礼乐文明的长处。作为第一个大一统王朝，秦朝没有来得及学会这一点。

楚国被灭后，秦国迅速调来大批官吏前来接收管理。为了"改造"楚国，秦朝付出了巨大的努力。比如人口只有2000户左右的迁陵县（今湖南省湘西土家族苗族自治州龙山县里耶镇），竟然安排了超过100个吏员，这些吏员大多来自秦国故地。张梦晗说："这样的编制无疑是过多的，这显然是秦为了确保有绝对充足的力量推行秦制所做的规划。"秦国严密的编户齐民，森严的"什伍"连坐制度，迅速在楚国推行。张梦晗在分析了里耶秦简反映出的秦国对楚地的编户统计工作后，感慨地说："考虑到当时秦军还在四处征伐，类似的改制各个新占领地区的郡县都在进行，则不能不让人感叹秦人的效率之高。"（张梦晗：《败亡与重生："亡秦必楚"的历史探究》）

楚国的社会治理原本是比较散漫的，楚国人短时间内实在受不了秦国的管理风格，更何况这些来自秦国故地的官吏对楚国民众充满了征服者的傲慢。《史记·项羽本纪》曾说："诸侯吏卒异时故繇使屯戍过秦中，秦中吏卒遇之多无状。及秦军降诸侯，诸侯吏卒乘胜多奴虏使之，轻折辱秦吏卒。"显然，秦国官吏蔑视战败的六国之人是当时的普遍现象。他们来到楚国后，苛政自不可免，"刑罚深酷，吏行残贼"（《汉书·谷永传》）。竹简中记载了相当多的巧取豪夺及辱骂、殴打楚地百姓的行为。事实证明，秦代的一些简牍，比如《为吏之道》之类的吏德文本，只是一个理想化的文本，实际操作中，很多做法是截然相反的。比如《为吏之道》反对"变民习俗"，而事实上，秦政权致力尽快改变楚地旧俗，推广秦国文化。"秦制在迁陵县或已开始稳定运行的秦始皇二十八年，当地徒隶和居赀赎债者中每六人便有一个'死亡'的统计。"北京大学教授赵化成认为，秦占领江汉地区后，当地"人口大为减少，秦徙民共处，当地文化仍有遗留，但已不占主导地位"。张梦晗分析说："秦吏所厉行的文化专制，当是导致该地区楚文化生存空间越来越小的一个重要原因。"（张梦晗：《败亡与重生："亡秦必楚"的历史探究》）

因此，入秦之后，楚地出现了大量的逃亡，也就是"亡人"。"群盗"也频频出现，甚至引发小规模叛乱。里耶秦简和岳麓秦简中均记录有群盗扰乱治安的案例。

楚国故地人的命运变化，从陈胜、吴广和刘邦、项羽的命运能够看出来。

陈胜是楚国阳城人，吴广是楚国阳夏人。陈胜、吴广在楚国时代虽然也生活在社会下层，陈胜还"与人佣耕"，但是可以太平度日，并无生命之忧。然而入秦之后，繁重的劳役和严刑峻法，导致他们不得不揭竿而起。

董仲舒曾经说过，秦代的田赋数量是以前的20倍。这还不是最可怕的，最可怕的是劳役，就是要为国家无偿劳动。在诸侯国时代，百姓也要服劳役，但是因为国土面积有限，所以服役地离家乡一般不太远。但是国家统一之后，服役距离大大增加，一路上条件非常艰苦。陈胜、吴广等900多人，需要从楚国故地，一路走到渔阳（今北京市密云区）去服役。路上恰遇天下大雨，道路不通，他们估计走到渔阳，肯定已经超过规定的期限。而过了规定的期限，按照秦朝的法律规定是该杀头的。陈胜对大家说："公等遇雨，皆已失期，失期当斩。藉弟令毋斩，而戍死者固十六七。"（《史记·陈涉世家》）也就是说，诸位遇上大雨，都已误了期限，误期是要杀头的。假使能免于斩刑，去守卫边塞十有六七也会死。所以陈胜、吴广就起义了。这一小小的意外事件很快点燃了楚国故地反秦的大火。

刘邦起兵时，已经做了10多年的秦朝人，此前他一直是楚国人。在楚国时代，他活得很潇洒，"常有大度，不事家人生产作业"（《汉书·高帝纪》），也就是没有参过军，没有做过生意，也没有种过田，到处游荡，到处喝酒，广交朋友，不为乡里所喜欢，被称为"无赖"。李开元认为他是战国时代的最后一代

"游侠"。

入秦之后,这种"游侠"或者说游荡的生活无法继续了。以前,刘邦想走就走,他曾追随在信陵君门下做过门客的著名游侠张耳。"高祖为布衣时,尝数从张耳游,客数月。"(《史记·张耳陈余列传》)为了追随张耳,刘邦从沛县(今江苏省徐州市丰县)徒步数百里路到外黄县(今河南省民权县宁车湾村)去投奔他,在张耳家一住几个月。而秦国实行严密的编户齐民,不许百姓自由流动。每个百姓的姓名、家庭成员、财产、住所,包括体貌特征,都被记录在竹简之上。五家为一伍,互相监视,不能随便外出,外出必须持通行证。刘邦只好做了一名基层小吏。在秦二世时代,他又一次要远程去服劳役,率领楚国故地的本地民工,千里迢迢去修秦始皇陵。结果因为劳役死亡率很高,众人一路走一路逃亡,最后刘邦发现,自己即使率剩下的人到达目的地,按秦律,也仍然是个死。

> 高祖以亭长为县送徒骊山,徒多道亡。自度比至皆亡之,到丰西泽中亭,止饮,夜皆解纵所送徒。曰:"公等皆去,吾亦从此逝矣!"徒中壮士愿从者十余人。(《汉书·高祖纪》)

刘邦干脆放走众人,带着十几个人在芒砀山落草了。

因此,刘邦最终加入反秦起义,从根本上讲,也是因为秦朝的劳役制度。

至于项羽，他本是楚国名将项燕的后人。"项氏世世为楚将，封于项，故姓项氏。"（《史记·项羽本纪》）入秦之后，本是贵族后裔的他和犯了罪的叔父项梁一直在流亡，过着朝不保夕的动荡生活。

楚人对秦政，总结出来只有一个字：苦。陈胜起兵时称："天下苦秦久矣。"楚军将领武臣说："夫天下同心而苦秦久矣。"刘邦也说："天下苦秦久矣。"这个"苦"字也是天下人共同的感受，因此"诸郡县苦秦吏者，皆刑其长吏，杀之以应陈涉"（《史记·陈涉世家》）。

三

《史记·高祖本纪》说："秦始皇帝常曰'东南有天子气'，于是因东游以厌之。"所谓"东南有天子气"，很可能是楚人强烈的反秦情绪的一种委婉表达，而且这个预言是正确的。后来的秦末农民起义，确实由楚国人发动，打着楚国的旗号，最终也是楚国人成为天子。

秦二世元年（前209年）七月，楚人陈胜、吴广在大泽乡起兵反秦。陈胜让人假装狐鸣，发出的预言是："大楚兴，陈胜王！"在起义仪式上，众人"袒右，称大楚"。陈胜、吴广对大家说:"今亡亦死,举大计亦死。等死,死国可乎?""死国"的"国"在这里指的是楚国,"死国"就是"为楚国而死"。这两个楚国之人,以殉国的楚国将军项燕的精神为号召,很快攻下楚国故都所在的陈县。陈胜称王,"号为张楚"。所谓"张楚",就是"张大楚国",清楚地表明了他们复立楚国社稷的决心。史载,"当此时,楚兵数千人为聚者,不可胜数"(《史记·陈涉世家》),"王楚之地,方二千里,莫不响应,家自为怒,人自为斗,各报其怨而攻其仇,县杀其令丞,郡杀其守尉"(《史记·张耳陈余列传》)。楚国上下同仇敌忾,无疑是压抑许久的反秦情绪的总爆发。

"楚虽三户,亡秦必楚。"这一事业虽然没有由陈胜、吴广完成,却由另一位楚国人项羽完成了。项羽是楚国英雄项燕之孙,他最初追随叔父项梁等人起兵,目标是恢复楚国。虽然项梁后来兵败身死,但是项羽最终率领着8000名江东子弟,杀入咸阳,一把火烧了秦朝壮丽的宫殿,为楚国人报了灭国之仇。

项羽也没有笑到最后,取代他的刘邦同样是楚国人。公元前202年,刘邦登上了皇帝的宝座,和他一起平定海内的开国元勋,也大多是楚人。因此,汉王朝的建立,一定程度上可以说是楚国的复国。

为什么楚人是反秦的急先锋呢?张正明说,楚人灭秦的原因有五:"楚地最广,楚人最多,此其一;楚人对秦人仇恨最深,此其二；楚人反压迫、反奴役的斗争精神最强，此其三；楚文化水平最高，气魄最大，此其四；楚人有混一夷夏的传统，容易团结东周其他各国的遗民，此其五。"（张正明：《楚史》）

确实，楚国的旧贵族和平民比任何其他国家的遗民都更积极、更坚决地投身反秦战争，这同山东诸国迥然不同。一个主要的原因是我们以前提到过的，三晋地区是法家文化的诞生之地，文化气质与秦国有相通之处，因而对秦制的接受程度要强于楚国，而楚国是法家文化最不适宜的地区。另一个原因则是楚国在战国几大强国里，王室世系最为久远。

明人何孟春说："田氏及韩、赵、魏分齐、晋，非夫旧脉。惟楚繇颛顼溯鬻熊而迨怀王，其统未之奸也。齐之田，晋之韩、赵、魏，国皆不义。嬴秦续吕得天下，重无复仁义焉。义之名，楚可丁耳。虽在春秋，必将楚与六国之灭，所以楚最无罪，而民特怜之，此其亡秦必楚。"（《馀冬录·君道》）

也就是说，战国七雄当中，齐国早已经为田氏所取代。这是指公元前386年，大夫田和取代了姜子牙的后人，成为齐国国君。而晋国也遭到韩、赵、魏三家瓜分。七国中的四国，不是原来的世系。而楚国的统治从始至终未被颠覆，血脉传承最为纯正。因此，"齐之田，晋之韩、赵、魏，国皆不义"，其灭亡"罪有应得"，而楚国是忠于仁义之道的，不应与这些国家同命运。

四

秦文化如火,虽然壮烈绚丽,却很快烧尽了一切。楚文化如水,表面柔弱,却如同九头鸟一样"死而复生"。

汉王朝在许多方面,都显示出楚文化的特点:楚人自称祝融之后,故楚俗尚赤,刘邦在起兵过程中也自称"赤帝子"。他成为汉王后,"色上赤","旗帜上赤,协于火德",这绝不是一种偶然。

汉帝国开始之初,奉行的治国之道是楚地产生的黄老之术,采取了"无为而治"的统治策略。"文帝本修黄老之言"(《风俗通义·正失》),"窦太后好黄帝、老子言,景帝及诸窦不得不读《老子》,尊其术"(《汉书·外戚传》)。这是楚文化自身价值的体现和张扬。

和偏狭封闭的秦帝国不同,汉帝国一建立,就显示出楚人不计仇怨的宽容胸怀。刘邦在开国后说:"秦始皇帝、楚隐王陈涉、魏安釐(xī)王、齐湣王、赵悼襄王皆绝,无后,予守冢各十家,秦皇帝二十家,魏公子无忌五家。"(《史记·高祖本纪》)

因为朝中显贵多是楚人,所以楚歌和楚舞,成为汉代最流行的文艺形式。汉高祖好楚舞,在确知不能立戚夫人之子为太子后,刘邦曾悲伤地对戚夫人说:"为我楚舞,吾为若楚歌。"(《史记·留侯世家》)楚声的一个显著特点是常用虚词"兮",

这种楚声用法在汉初随处可见。汉高祖十二年（前195年），刘邦荣归故里，"悉召故人父老子弟纵酒"，自歌曰"大风起兮云飞扬，威加海内兮归故乡，安得猛士兮守四方"（《史记·高祖本纪》）。

"秦世不文"，秦代是一个没有文学的朝代。秦代传世的几段文字，大都是楚人李斯所作，正如鲁迅所言，"由现存者而言，秦之文章，李斯一人而已"（郭预衡主编：《中国古代文学史长编（一）》）。而汉赋却是中国文学史上的华彩部分，贾谊的赋，师法《楚辞》而新之，成为一代典范。贾谊的《吊屈原赋》《鵩鸟赋》、司马相如的《大人赋》等不仅都带有"兮"字调，句子长短相差无几，而且其夸张浪漫的手法也都继承于《楚辞》。

然而，汉王朝毕竟不是楚国的继续。历史之车无法回头。大一统郡县制度带来的利益对任何一个统治者来说，都是无法拒绝的诱惑。

虽然抛弃了秦朝的历法、秦朝的礼仪、秦朝的文字、秦朝的歌舞，但秦王朝最主要的政治遗产——皇帝制度，却由汉王朝继承了下来。

《汉书·元帝纪》记载，汉元帝做太子时，看到父亲汉宣帝喜欢严刑峻法，打击敢言之臣，就劝父亲："陛下持刑太深，宜用儒生。"汉宣帝勃然变色："汉家自有制度，本以霸王道杂之，奈何纯任德教，用周政乎！"

虽然嬴政后来被以暴君的形象钉在历史的耻辱柱上，但是"皇帝"这一称号却被所有后来者珍爱。从秦王政二十六年（前221年）至清宣统三年（1911年）的2132年，数百名中国统治者袭用秦始皇发明的这个称号称呼自己，沿用了秦始皇确立的制度。

秦朝确立的政府对个人与社会的绝对控制，从此成为中国封建时代政治的基本特点，即使是吸收了楚文化的汉朝，也只是用经济上的让步来换取百姓的臣服。可以说，汉王朝是楚文化与秦文化的混合体。不过秦文化是骨，楚文化只是肉。

五

一个800年历史的古国，在战火中沉入了地下。不过，那些古老而辉煌的文化，都有着异乎寻常的生命力。它们总是以各种方式，顽强地传递着自己的基因。事实上，2000年之后，楚文化仍然以种种形式，流布在中国大地上。

楚文化的表现之一，是湖北人和湖南人的性格。

楚人性格浪漫冲动。早在孔子时就有楚狂人"凤歌笑孔丘"。班固指责屈原"露才扬己……怨恶椒兰，愁神苦思，强非其人，忿怼不容，沉江而死，亦贬洁狂狷景行之士"（班固：《离骚序》）。项羽更是以刚愎自用、轻狂傲慢闻名。司马迁曾这样评价

楚人:"其俗剽轻,易发怒。"(《史记·货殖列传》)

人们习惯把湖北人叫"九头鸟",这个称呼充分表现了湖北人狡黠、变化多端的灵动机变和富于创造力的性格特点。"湖北人的总体性格古来就是'躁强''剽悍''劲悍'。《湖北通志》卷21开篇称:'荆狄之也,圣人立,必后至;天子弱,必先乱','其人率多劲悍、决烈,盖天性然',湖北人'不蔽人之善,不隐人之恶,则其质未始不甚良'。"(霍修勇:《两湖地区辛亥革命新论》)

两湖人"突出地表现出火辣辣,热烘烘,敢斗,务实,正气凛然,好胜倔强的精神质素"(巫瑞书:《荆湘民间文学与楚文化》)。

楚文化的传承,在其他方面也有体现。

楚国古老的髹漆技术在荆州传承至今。在湖北恩施,至今仍然有一批靠割漆生存的人。

"苞茅缩酒"这一楚人的祭祀仪式,其遗风今天在湖北端公舞中也有所表现。端公舞是保存在襄阳南漳、保康、谷城一带的巫教祭祀舞蹈,这种巫舞就是从古代楚国流传下来的。在湖北襄阳和湘鄂西的苗寨也有变异的缩酒遗俗存在。

神奇的是,在韩国江陵,端午祭中有一个酿制神酒的环节与此非常相似。文化学家发现,这个仪式几乎是楚人"苞茅缩酒"习俗的翻版。韩国人把10小捆裹束整齐的菁茅与酒曲并放在一起。制作神酒时，先将菁茅、酒曲和米饭搅拌在一起，使米饭发酵成酒，然后主持用菁茅过滤掉酒糟，把酒浆装进大瓦缸，沾过菁茅的酒成为神酒。最后将神酒装进小土陶瓶子里，在瓶口系上一束茅草，以用于祭奠山神、城隍等的巫祝祭祀。

历经时间的淘洗，楚文化已经成为一只不死的九头鸟，一只一再浴火重生的凤凰。它战胜了时间，战胜了历史，它诡谲瑰丽的不朽精魂永远生存在奇丽的湖湘山水和广阔的东亚大地上。

参考文献

〔春秋〕《左传》,郭丹译注,中华书局2016年版。

〔汉〕《尚书》,王世舜译注,中华书局2011年版。

〔汉〕班固:《汉书》,中华书局2012年版。

〔汉〕高诱注、〔清〕黄丕烈撰札记:《战国策》,士礼居黄氏覆剡川姚氏本。

〔汉〕何休:《春秋公羊传》,永怀堂本。

〔汉〕桓宽、〔清〕王先谦:《盐铁论》,张氏考证本。

〔汉〕刘安:《淮南子》,岳麓书社2015年版。

〔汉〕刘向:《说苑》,明刊本。

〔汉〕刘向:《新序》,明嘉靖翻宋本。

〔汉〕司马迁:《史记》,武英殿本。

〔汉〕应劭:《风俗通义》,中华书局2021年版。

〔汉〕郑玄注、〔唐〕贾公彦疏、〔清〕阮元撰:《周礼注疏》,阮刻本。

〔汉〕郑玄注:《礼记》,相台岳氏家塾本。

〔晋〕范宁:《春秋穀梁传》,宋建安余氏刊本。

〔晋〕皇甫谧:《帝王世纪》,中华书局1985年版。

〔晋〕江统:《徙戎论》,《晋书》卷五十六。

〔明〕何孟春:《馀冬录》,岳麓书社2012年版。

〔南北朝〕沈约辑注:《竹书纪年》,明天一阁刊本。

〔南北朝〕魏收:《魏书》,武英殿本。

〔清〕丁晏撰:《楚辞天问笺》,黄灵庚点校,上海古籍出版社2018年版。

〔清〕顾栋高:《春秋大事表》,中华书局1993年版。

〔清〕顾炎武:《日知录》,清乾隆刻本。

〔清〕顾炎武撰、〔清〕黄汝成集释:《日知录集释》,四部丛刊本。

〔清〕吴乘权:《纲鉴易知录》,中华书局2015年版。

〔清〕严万里:《商君书》,平津馆本。

〔三国〕何晏集解:《论语》,永怀堂本。

〔三国〕王肃注：《孔子家语》，汲古阁本。

〔三国〕韦昭解、〔清〕黄丕烈撰札记：《国语》，士礼居黄氏重刊本。

〔唐〕李延寿：《北史》，中华书局2013年版。

〔元〕陈澔注：《新刊四书五经·礼记集说》，中国书店1994年版。

〔汉〕赵岐注，《孟子》，永怀堂本。

〔战国〕公羊高撰、〔汉〕何休解诂：《春秋公羊传解诂》。中华书局1988年版。

〔战国〕管仲：《管子》，四库全书本。

〔战国〕韩非：《韩非子》，清景宋抄校本。

〔战国〕吕不韦：《吕氏春秋》，陆玖译注，中华书局2011年版。

〔战国〕墨翟：《墨子》，明正统道藏本。

〔战国〕吴起：《吴子》，宋刻《武经七书》本。

〔战国〕荀况：《荀子》，清乾隆抱经堂丛书本。

陈振裕主编：《楚秦汉漆器艺术·湖北》，湖北美术出版社1996年版。

董治安：《先秦文献与先秦文学》，齐鲁书社1994年版。

冯立鳌：《列国政局的五百年云谲波诡》，中国言实出版社2015年版。

冯立鳌：《千年的遗恨：变动中的政治格局与列国沉浮》，上海三联书店2007年版。

葛志毅：《谭史斋论稿四编》，黑龙江人民出版社2008年版。

郭沫若：《郭沫若全集·考古篇》第八卷，科学出版社2017年版。

郭预衡主编：《中国古代文学史长编（一）》，上海古籍出版社2007年版。

胡小石：《胡小石论文集》，上海古籍出版社1982年版。

黄仁宇：《赫逊河畔谈中国历史》，九州出版社2011年版。

霍修勇：《两湖地区辛亥革命新论》，国防科技大学出版社2008年版。

雷海宗：《中国文化与中国的兵》，商务印书馆2001年版。

李学勤：《中国古代文明十讲》，复旦大学出版社2003年版。

李泽厚：《美的历程》，生活·读书·新知三联书店2009年版。

梁启超：《中国法理学发达史论》《饮冰室合集》第二卷，中华书局1989年版。

刘师培:《刘申叔遗书》,江苏古籍出版社1997年版。

刘再生:《中国古代音乐史简述》,人民音乐出版社2016年版。

罗运环主编:《荆楚文化》,山西教育出版社2006年版。

潘光旦:《中国人的特性》,海南出版社1998年版。

钱穆:《国史大纲》,商务印书馆1996年版。

秦晖:《传统十论——本土社会的制度、文化及其变革》,复旦大学出版社2003年版。

宋公文、张君:《楚国风俗志》,湖北教育出版社1995年版。

王建辉、刘森淼:《荆楚文化》,辽宁教育出版社1998年版。

王霖主编:《国宝档案之谜》,吉林音像出版社2004年版。

王玉哲:《中华民族早期源流》,天津古籍出版社2010年版。

魏昌:《楚国史》,武汉出版社2002年版。

巫瑞书:《荆湘民间文学与楚文化——楚文化探踪》,岳麓书社1996年版。

许倬云:《西周史》,生活·读书·新知三联书店2018年版。

姚磊:《先秦戎族研究》,武汉大学出版社2016年版。

张久和:《原蒙古人的历史:室韦-达怛研究》,高等教育出版社1998年版。

张荫麟:《中国史纲》,上海古籍出版社1999年版。

张正明:《楚史》,中国人民大学出版社2010年版。

张正明:《楚文化史》,上海人民出版社1987年版。

赵鼎新:《东周战争与儒法国家的诞生》,夏江旗译,华东师范大学出版社2011年版。

中国社会科学院民族研究所编:《马克思恩格斯论民族问题》,民族出版社1987年版。

〔美〕许田波:《战争与国家形成:春秋战国与近代早期欧洲之比较》,徐进译,上海人民出版社2018年版。

〔日〕青木正儿:《中国文学思想史》,孟庆文译,春风文艺出版社1985年版。

〔法〕勒内·格鲁塞:《草原帝国》,蓝琪译,商务印书馆1998年版。

〔英〕塞缪尔·芬纳:《统治史》卷一,王震、马百亮译,华东师范大学出版社 2014 年版。

陈跃钧：《江陵楚墓出土双矢并射连发弩研究》，《文物》，1990 第 5 期。

冯盛国：《两周时期华夷关系研究》，陕西师范大学 2014 年博士论文。

胡克森：《秦、晋法家文化之比较》，《邵阳学院学报（社会科学版）》，2008 第 1 期。

黄朴民：《战略均势与弭兵大会》，《文史知识》，2013 年第 7 期。

黄瑞云：《楚国论》，2002 年楚辞学国际学术研讨会暨中国屈原学会第九届年会交流论文。

蒋波：《楚怀王生前身后的悲喜剧及其原因分析》，华中师范大学 2006 年度硕士论文。

靳桂云：《齐国"因其俗，简其礼"政策的考古学观察》，《管子学刊》，1993 第 4 期。

李学勤：《〈左传〉"荆尸"与楚月名》，《文献》，2004 第 2 期。

刘玉堂：《夏商王朝对江汉地区的镇抚》，《江汉考古》，2001 第 1 期。

龙成松：《中古胡姓家族研究——以族源、地域、文化为中心》，武汉大学 2016 年度博士论文。

马世之：《略论楚郢都城市人口问题》，《江汉考古》，1988 第 1 期。

彭民权、彭筱澂：《近出楚简对楚国形象的书写及其文化逻辑》，《华中学术》，2018 第 2 期。

邵学海：《王子午鼎的繁缛与铸客鼎的简约——论楚国青铜艺术风格的形成与嬗变》，《江汉考古》，1995 第 3 期。

王峰、黄莹：《楚人文化心理论略》，《湖北大学学报（哲学社会科学版）》，2010 第 1 期。

王准：《春秋时期楚人自杀现象探析》，华中师范大学 2005 年硕士论文。

韦宗友：《制衡、追随与不介入：霸权阴影下的三种国家政策反应》，复旦大学 2004 年度博士论文。

吴庆：《先秦时期齐地古国考论——兼及齐文化之形成》，《山东师范大学学报（人文社会科学版）》，2014 第 1 期。

伍新福：《荆蛮、楚人与苗族关系新探》，《求索》，1988 第 4 期。

闫德亮：《楚人的华夏观及其神话论略》，《江西社会科学》，2015 第 1 期。

姚大力：《论拓跋鲜卑部的早期历史——读〈魏书·序纪〉》，《复旦学报（社会科学版）》，2005 第 2 期。

叶自成、庞珣：《中国春秋战国时期的外交思想流派及其与西方的比较》，《世界经济与政治》，2001 第 12 期。

叶自成：《中国外交的起源——试论春秋时期周王室和诸侯国的性质》，《国际政治研究》，2005 第 1 期。

尹弘兵：《商代的楚蛮与西周初年的楚国》，《华夏考古》，2013 第 1 期。

张梦晗：《败亡与重生："亡秦必楚"的历史探究》，中国社会科学院研究生院 2018 年度博士论文。

张正明：《"蜻蜓眼"玻璃珠传递的信息——楚人的开放气度》，《政策》，1997 第 3 期。

张正明：《楚墓与秦墓的文化比较》，《华中师范大学学报（人文社会科学版）》，2003 第 4 期。

张正明：《从考古资料看屈原在世时的楚国》，《岳阳职业技术学院学报》，2004 第 4 期。

赵鼎新：《霸权迭兴的神话：东周时期战争和政治发展》，《学术月刊》，2006 第 2 期。

左鹏：《"蜻蜓眼"式琉璃珠与人骑骆驼铜灯》，《寻根》，1997 第 2 期。

从声音到文字，分贵人迷恋

天壹文化